# 政府绩效预算中的绩效信息

马媛 / 著

国家行政学院出版社

图书在版编目（CIP）数据

政府绩效预算中的绩效信息 / 马媛著 .—北京：国家行政学院出版社，2014.6
ISBN 978-7-5150-1195-0

Ⅰ . ①政… Ⅱ . ①马… Ⅲ . ①国家预算－研究－中国 Ⅳ . ① F812.3

中国版本图书馆 CIP 数据核字（2014）第 132122 号

| | |
|---|---|
| 书　　名 | 政府绩效预算中的绩效信息 |
| 作　　者 | 马　媛 |
| 责任编辑 | 李少军 |
| 出版发行 | 国家行政学院出版社 |
| | （北京市海淀区长春桥路 6 号 100089） |
| 电　　话 | （010）68920640　68929037 |
| 编 辑 部 | （010）68928873 |
| 经　　销 | 新华书店 |
| 印　　刷 | 北京市昌平开拓印刷厂 |
| 版　　次 | 2014 年 6 月北京第 1 版 |
| 印　　次 | 2014 年 6 月北京第 1 次印刷 |
| 开　　本 | 787 毫米 ×1092 毫米　1/16 |
| 印　　张 | 14.5 |
| 字　　数 | 212 千字 |
| 书　　号 | ISBN 978-7-5150-1195-0 |
| 定　　价 | 30.00 元 |

# 出 版 说 明

　　近年来，中国工业化、信息化、城镇化、市场化、国际化进程加快，国民收入稳步增长，经济结构转型提速。同时，中国进入了一个高风险的经济社会大转型、大发展时期，经济社会发展中不平衡、不协调、不可持续问题突出。其中，经济增长的资源环境约束强化、投资和消费关系失衡、收入分配差距较大、科技创新能力不强、产业结构不尽合理、城乡区域发展不协调、就业总量压力和结构性矛盾并存、社会矛盾明显增多等问题表现得尤为明显。此外，随着中国国际地位不断提升和多极化趋势的发展，地区争端增多和多边贸易中的利益纠葛等一系列问题的出现，都急需在政策层面给予回应。

　　事实上，当前中国面临的诸多"疑难杂症"并非中国独有，如行政效率的提高、公共资源的分配与监督，城市化进程中的建设与治理、多元文化的社会融合与社会和谐、新技术新传媒给政治生活带来的机遇与挑战、国际组织与国际条约体系对国内的多重影响等问题具有相当的普遍性。

　　发展中国家被这些问题困扰，发达国家也没有完全解决这些问题。所以，问题的普遍性或世界性，使得当代执政者在面临和解决这些问题时，必须具有国际视野和创新观念，而不能拘泥于既有的执政经验和套路，也不应囿于一地一国的有限资源。

　　面对这种种挑战，我国各级党政领导干部和公务员应具有较强的应对问题、开拓局面、保持稳定、推动发展的综合素质与能力，应不断地主动拓宽理论和知识视野，积极跟踪世界范围内最新而有效的解决问题的政治实践模式，谨慎探索和总结中国现实中的成功经验。同时，也更需要知识阶层积极研究中国社会转型期的新形势、新问题，为应对挑战、解决问题提供智力支持。

"政治前沿新知识文库"是基于上述设想而产生的。这套文库以"资政"为目的，以世界眼光和创新视角聚焦公共政策与治理、社会建设与发展、政党与政治权威、政府与新技术、经济发展与金融战略、国际问题与国际战略等方面的重大问题，将多学科研究的前沿知识与"国家治理"实践中的重要政治、政策问题结合起来，力图打通理论、政策和实践的边界，让理论和政策更好地源于实践、关怀实践。

本文库致力于提供解决现实问题的理论参考、世界经验和丰富案例，以中高级党政领导干部、公务员、政策研究与制定者为主要读者对象，致力于更新其理论视野，提升其执政能力，努力打造影响深远的出版工程。

应该说，本文库是国内知识界在政治前沿问题研究上的一次较为全面的展示，是力图将学术科研界的研究成果转化为政治实践的有益尝试。这套丛书在编写过程中摒弃了传统的体系性的学科知识介绍，而以针对性研究问题的方式出现，看似没什么章法，实则切中肯綮。它既是实践的探索，也是实践的总结，既是经验的浓缩，也是经验的拓展，既是理论的创新，也是理论的积淀。我们认为，不论最终效果如何，这种尝试对于中国转型期许多问题的深入研究，将提供一种新的解决问题的思路。

尝试诚可贵，然纰漏难免。我们也希望能够得到各方面的批评和建议，帮助我们完善这个文库，为读者提供更优质服务，为实现"中国梦"多出一份力。

政治前沿新知识文库编委会<br>
2013年5月

# 目录

导　论 / 1

　　一、研究背景与意义 / 1

　　二、文献综述 / 9

　　三、核心概念界定 / 24

　　四、研究方法 / 28

## 第一章　学科理论与研究思路的形成 / 31

　　第一节　相关学科理论对研究思路形成的启示 / 32

　　第二节　管理学基础理论对绩效信息研究思路形成的作用 / 36

　　第三节　经济学理论对绩效信息研究思路形成的作用 / 45

　　第四节　研究思路、研究框架与结构安排 / 51

## 第二章 绩效信息在预算管理中的价值功能
### ——基于互动过程的分析 / 55

第一节　绩效信息消除财政部门与职能部门之间的信息不对称 / 55

第二节　绩效信息消除外部评价机构与预算部门之间的信息不对称 / 59

第三节　绩效信息消除人大与预算部门之间的信息不对称 / 66

第四节　绩效信息消除公众与预算部门之间的信息不对称 / 74

第五节　绩效信息消除审计部门与预算部门之间的信息不对称 / 85

第六节　绩效信息在预算中的作用分析 / 93

## 第三章 绩效预算中绩效信息的影响因素分析 / 98

第一节　制度环境对绩效信息的影响 / 99

第二节　实施机制对绩效信息的影响 / 107

第三节　技术工具对绩效信息的影响 / 110

## 第四章 绩效信息质量影响因素的实证分析 / 123

第一节　分析方法的选择 / 123

第二节　理论假设与模型建构 / 127

第三节　因子分析与模型评价 / 137

# 第五章　借鉴启示：绩效信息质量改进 / 145

第一节　重视非正式制度环境建设 / 145

第二节　完善绩效预算法制体系 / 155

第三节　理顺组织实施机制 / 163

第四节　改进技术手段 / 171

结　语 / 190

附　录　闵行区绩效预算公开文件列表 / 195

参考文献 / 201

# 导　论

本章主要在对研究选题的来源、研究意义进行阐述的基础上，对绩效预算和绩效信息的国内外研究概况进行述评，并对相关概念进行界定，提出本书将采用的研究方法。

## 一、研究背景与意义

### （一）问题的提出

1. 世界各国绩效预算改革潮流的推动

绩效预算最早起源于美国，其理念的萌芽出现于1907年，在纽约市政研究局提供的"改进管理控制计划"的报告中强调在对已批准项目的管理中提高资源使用效率；到1912年，美国联邦政府提出了政府官员应当把支出与提供的成果相结合，这标志着绩效预算思想的产生；1934年，美国农业部和田纳西流域管理局采用了绩效预算，实行了与项目和任务要求适应的预算分类计划，以增加预算的效率和透明度。二战之后，经济发展成为预算支出的首要需求，而传统的预算方法与社会的发展呈现出不相适应的局面。针对这种局面，1949年，胡佛委员会定义了绩效预算，提出"联邦政府全部预算应更新为以功能、活动和规划为依据的预算"及"政府的预算进程需要改善，新的预算进程应该着重于怎样帮助实现政府的公共目标，而不是简单的支出分类。"[1] 这个报告正式将成本的理念引入到了政府预算管理中，从支

---

[1] Irene S. Rubin. The politics of public budgeting: getting and spending, borrowing and balancing[M]. New York: Chatham House Publishers, 2000.

出控制转向关注支出取得的成果，并要求国防部在海军中采用绩效预算方法。1950年，联邦政府预算编制要求包含预算账户反映的规划或活动以及关于规划或绩效的描述性报告书。"各部门用各种附件阐释所有拟议开支中大约90%部门的开支理由，这些附件列明计划和绩效开支，并具体说明要达到的目的，并在一项工作中概述了为实现预定的目标而要完成的工作。"[1]但这些改革由于缺少立法的支持和国会的反对，政府向绩效预算方向所作的努力并未得到全面的推广，在此之后的三十多年中，尼克松、卡特政府都围绕着如何提高政府的效率与效益，在预算管理上进行了一系列改革：美国联邦政府相继推行了计划—项目—预算制度（PPBS）、目标管理（MBO）和零基预算（ZBB）改革，虽然与绩效预算并不相同，但是都是向着丰富预算信息、提升预算方法最终提高绩效水平的目的而努力。20世纪80年代，世界各国面临第三次经济危机，为了缓解政府困境，英国的撒切尔夫人提出了"减少浪费、官僚主义和过度政府"的主张，并任命雷纳爵士担任她的效率顾问，成立了效率小组，负责行政改革的调研和推行工作，对中央政府各部门的运作情况进行全面的调查、研究、审视和评价，促使政府部门开始关注政府的产出和结果，这就是英国著名的"雷纳评审"。此后，撒切尔夫人又相继推行了"下一步行动方案"、"公民宪章"运动、"竞争求质量"等运动，以此提高行政质量，衡量资金使用绩效。与此同时，西方各国掀起了一场声势浩大的"新公共管理"运动，新的社会现实要求行政管理者们抛弃旧的管理思想，借鉴企业管理方式"重塑政府"，奥斯本、盖布勒的《改革政府——企业精神如何改革着公营部门》应运而生。克林顿政府因而出台了政府改革的纲领性文件《从重视过程到重视结果：创造一个花钱少、工作好的政府》，并于1993年，美国第103次国会通过了《政府绩效与成果法案》，绩效预算又重新回到了改革者的视野当中。受美国和英国采取的绩效导向的改革和新公共管理潮流的推动，澳大利亚、新西兰、加拿大等OECD成员国也纷纷进行了以结果为本、绩效导向的预算改革，进入90年代之后，一些新兴工业化国家和发展中国家，

---

[1] 彭健. 政府预算理论演进与制度创新[M]. 中国财政经济出版社, 2006: 179-181.

如韩国、菲律宾等国也加入了改革的大潮，目前已经有 50 多个国家不同程度地实施了绩效预算。虽然各国的发展模式和具体方法不尽相同，但都是为了监督和控制预算支出、提高支出效益。

绩效预算的发展历程和世界各国的发展趋势，都预示着绩效预算将在接下来的很长一段时期内是政府治理和预算改革的主题之一，虽然我国的社会背景、政治经济背景等与西方国家有所区别，但是这并不妨碍我们对先进管理思想和工具的借鉴和吸收，因此加强对绩效预算的研究是非常有必要的。通过对发达国家长期以来形成的较为成熟的做法和当今绩效预算实践中运用的创新性工具：比如美国的 PART 评级机制、澳大利亚的绩效预算整体框架、瑞典的财务评级工具等进行深入研究，有助于我们把握这些工具的应用条件和适用范围，更好地指导我国的绩效预算改革。另外，从西方国家绩效预算发展的历程来看，绩效预算从产生到发展，其目的无论是为了增加预算透明度或是为了提升资金支出效率，都隐含着同样的要求：即进一步丰富和充实预算信息。因此，对绩效预算中的绩效信息进行考察，探求其作用机制和影响因素，是对绩效预算研究的纵向深入。

2. 政府职能转变的要求

政府履行经济调节、市场监管、社会管理和公共服务等职能，其根本作用在于满足社会公众的需求，为公众提供优质的公共产品和服务，而公共预算是实现政府各项功能的有力工具和重要途径。2002 年，党的十六大报告中提出"深化行政管理体制改革。进一步转变政府职能，改进管理方式，推行电子政务，提高行政效率，降低行政成本，形成行为规范、运转协调、公正透明、廉洁高效的行政管理体制"[1]。从 2003 年开始，从中央到地方开始积极探索预算支出绩效评价，这些实践工作普及了绩效理念，在不同层次和领域中总结了一些经验，为接下来绩效预算试点的推进创造了基础。

党的十六届三中全会通过了报告《关于完善社会主义市场经济若干问题的决定》，决定指出"改革预算编制制度，完善预算编制、执行的制衡机制，

---

[1] 江泽民. 江泽民在党的十六大上所作的报告 [R/OL]. 新华网，2002-11-17. http://news.xinhuanet.com/newscenter/2002-11/17/content_632260.htm．

加强审计监督，建立预算绩效评价体系，实行全口径预算管理和对或有负债的有效监控，加强各级人民代表大会对本级政府预算的审查和监督"[1]。在前期的经验积累和政策的推动之下，预算绩效评价进入了规范化发展的阶段，涌现出许多较为成功的绩效预算试点。这些试点上的成果为我国在绩效考评与预算管理的结合方面提供了有效运用的途径；在制度建设方面增加了可供借鉴的范本；在操作机制和方法上提供了一些思路。

温家宝总理在2004年3月的讲话中提出："我们要把政府办成一个服务型的政府，为市场主体服务，为社会服务，最终是为人民服务。"[2]政府对于公众负有公共责任，服务型政府既要回答公众"政府提供了哪些服务"，更要回答"政府花钱是否值得"，而绩效预算制度通过测评财政资金支出的效果，能够很好地解决政府职能转变遇到的问题。另外，服务型政府对公共责任的落实需要建立在公民支持的基础之上，因此，作为政府活动血液的预算资金如何分配和决策使用成为了服务型政府建设的关键。公共预算的形式和内容反映了政府过程中的政治理念和政治抱负，"预算决策十分重要，不仅因为它们决定了政府计划，而且因为它们把注意力集中在历史上不断被提起的两个核心问题上——即政府应该做什么？和政府中应该由谁来解决这些问题？"[3]对预算支出进行绩效考评，不仅能够准确了解政府是否承担起了公共责任，更能够反映民意、实现公众需求。政府的任何行为都要以人为本，以为人民服务为落脚点。绩效预算获得关注和运用，正是基于这样的需要和目的，对其最基本的元素——绩效信息进行研究，能够深入把握绩效预算实施的脉络，把"看不见的政府"变为"看得见的政府"，明晰政府在管理过程中的权责关系，建立透明、责任和效能的政府。

党的十七届五中全会要求"推进行政体制改革。优化政府结构，职能责任、

---

[1] 中国共产党第十六届中央委员会. 完善社会主义市场经济体制若干问题的决定[R/OL]. 新华网，2003-10-21. http://news.xinhuanet.com/newscenter/2003-10/21/content_1135402_6.htm.

[2] 贺劲松. 温总理谈服务型政府："文山会海"问题必须解决[OL]. 人民网，2004-3-9. http://www.people.com.cn/GB/shizheng/1024/2381334.html.

[3] 詹姆斯·费斯勒，唐纳德·凯特尔. 行政过程的政治[M]. 北京：中国人民大学出版社，2002: 289-290.

降低行政成本，推进政务公开，增强公共政策制定透明度和公众参与度，完善政府绩效评估制度，提高政府公信力"。[1] 在预算公开和公民参与政策的推动下，绩效预算的发展方向势必要加强对信息公开的要求。承载财政支出效果的绩效信息在何种层次上公开、对何种群体公开、选择何种公开方式、公开的内容要细化到何种程度等问题成为了绩效预算当下需要探索的方向。

3. 预算管理改革的要求

自 20 世纪 90 年代以来，随着公共财政基本目标框架的确立，我国的财政改革开始围绕着以支出管理为重点的预算管理制度改革。纵观其改革的历程，凸显的特点是预算在方法上更加科学、预算信息更加透明、预算资金使用更加规范。

1991 年国务院发布《国家预算管理条例》，规定从 1992 年开始，中央预算按复式预算形式编制；1995 年开始实施的《中华人民共和国预算法》对预算管理的职权、收支范围、编制程序、预算审查、预算执行、预算调整、决算、预算监督等环节作出了系统且明确的规定；1997 年，财政部出台《财政总预算会计制度》《行政单位会计制度》《事业单位会计制度》和《事业单位会计准则（试行）》等新的会计制度；1999 年 9 月，财政部出台了《关于改进 2000 年中央预算编制的意见》，其目的是为了解决财政性资金分配的问题；河北、安徽、浙江、海南等省份积极试点部门预算改革，将部门及所属单位的全部财政性资金都纳入预算编制的范围。这一系列规章制度的发布，解决的主要问题是明确了预算管理的基本规范、遵循的方法和准则，为之后的预算改革奠定制度基础。

此后，预算改革的主要精力放在财政预算资金的核算范围及预算监督上。1996 年 7 月，国务院发布《关于加强预算外资金管理的决定》并随后制定了《预算外资金管理实施办法》《中央预算资金财政专户管理暂行规定》等配套文件，将预算外资金纳入财政资金的范围内，并提出"收支两条线"的管理方式。安徽省、河南省、湖北省、云南省、深圳市等省市开始探索零基预算。2001

---

[1] 胡锦涛. 党的十七届五中全会报告 [R/OL]. 人民网，2010-10-15. http://politics.people.com.cn/GB/8198/204472/.

年，中央政府推行了国库管理制度改革，其目的是"建立以国库单一账户体系为基础、资金缴拨以国库集中收付为主要形式的财政国库管理制度，加强财政管理监督，提高资金使用效益"[1]。2002年，颁布了《政府采购法》，对政府采购行为进行了规范，确保财政资金使用的公开，进一步提高财政资金的使用效益。同年，命名并开通了"金财工程"，运用先进的信息技术，提升预算管理水平。2004年，财政部完成新的《政府收支分类改革方案》，使得政府收支活动更加完整和准确。

经过一系列的改革，我国预算管理的框架体系已基本形成，在核定预算资金的收支范围、规范预算流程、完善预算技术体系等方面都取得了较好的成绩，但预算管理的关注焦点仍是资金分配，对资金使用的效果和效率缺乏有效的管理机制，处于"重投入、轻产出，重分配、轻管理"的阶段。因此，绩效预算的产生和应用成为必然的发展趋势。同时，绩效预算的应用对预算管理精细化的要求起到推动和辅助作用。"从投入预算到产出预算继而过渡到绩效预算，意味着信息量的增加和信息类型发生了变化。绩效预算是在投入、产出和绩效之间建立联系的需要，绩效预算管理往往需要在更大程度上实现内部信息化。"[2]绩效预算中所产生和运用的绩效信息丰富了预算决策的依据，可以使得预算相关参与者更好地了解预算支出。因此，对绩效预算中的绩效信息加以系统性研究顺应了预算改革最新的改革趋势。

## （二）研究意义

### 1. 理论意义

（1）本研究可以丰富和深化绩效预算理论。绩效预算这一理论主题的产生在国外已有近百年的历史[3]，在国内获得关注也有十几年的时间，对于绩

---

[1] 财政部，中国人民银行. 财政部、中国人民银行关于印发《财政国库管理制度改革试点方案》的通知 [OL]. 找法网，2001-3-16. http://china.findlaw.cn/fagui/jj/23/65690_4.html.

[2] 中华人民共和国财政部. OECD实行绩效预算的总体情况 [OL]. 中华人民共和国财政部. http://www.mof.gov.cn/mofhome/yusuansi/zhengwuxinxi/guojijiejian/200810/t20081023_83674.html.

[3] 从1907年纽约市政研究局提供的"改进管理控制计划"的报告中引用，该报告强调"通过对已批准项目的管理，提高资源使用效率"。

效预算的研究方兴未艾。从研究视角上看，国内外学者已能够运用政治学、经济学、公共管理学、法学等学科对其进行研究，在一定程度上体现了多学科的特点。但是随着社会的发展，绩效预算所面临的环境愈加复杂，仅从单一角度进行研究已经不能解决绩效预算所面临的问题，加之现代信息科技的迅猛发展，使得人们对绩效预算的技术方法等提出了新的要求。因而本书立足于公共管理学科，融合经济学和管理学基本原理，对绩效预算中的绩效信息进行诠释和剖析，找出绩效信息在预算中的体现因素和实现方式，从而拓展绩效预算理论体系。此外，预算管理的实施过程是由不同的环节和内容组成，在导入绩效评估的方法之后，预算管理如何与政府管理的其他方面相协调、预算管理的各个环节如何在保证有机有序运转的情况下提升资金的支出效率，值得深入研究。因此，本书从宏观入手，在对作用于绩效信息的预算参与主体剖析的基础上，从微观切入，深入分析绩效信息对预算流程中各参与主体的作用方式。以宏微观相结合的方式，试图为完善绩效预算理论找到一种思路，推动绩效预算的发展。

（2）有助于完善绩效管理的理论体系。政府部门和公共组织的绩效评估自20世纪80年代开始受到了极大的重视和青睐，政府绩效管理的理论体系也在不断的扩充和完善，构建了较为系统的理论框架，其各个理论主题：绩效审计、绩效控制、绩效合同、绩效申诉、绩效评估、绩效目标等都获得了长足的发展。然而对于其理论构建的基石——绩效信息，却没有在研究中引起足够重视。虽然国外对绩效信息的使用和影响因素等已有一些探索，但是，国内似乎还未将绩效信息纳入专门性研究视野。因此，首先需要阐明绩效信息的内涵、指出其在政府绩效管理中的地位，为绩效管理学科理论体系的完善做出铺垫和些许的贡献。

2. 现实意义

（1）绩效预算不是单一的技术革新，而是一项系统性的、涉及范围较广的变革，它涉及参与者的观念、预算管理方式及其制度安排上的改变，有牵一发而动全身的作用，因此对绩效预算的这些重要组成部分加以细致的研究是非常必要的。"美国自1993年起酝酿实施绩效预算改革以来，仅引导和准备期就用去 5 年,期间涉及大量的知识传播、技术培训和制度建设。"[1] 同样,根据中国的实际情况,在将绩效预算进行大范围推广前,需要在某些地区先行试点,摸索实施的条件和技术。目前广东南海、上海浦东和闵行区、河南焦作、浙江温岭、湖北恩施等地已经开始了绩效预算的先行试点。各地的实际情况不同,推进绩效预算的路径也各不相同,例如广东省南海区主要是从项目绩效预算入手,上海浦东新区的特色是引入第三方评价机构,而上海闵行区是借鉴美国的 PART 评估体系,河南焦作则强化了财政部门内部监督体系。不同试点地区呈现出不同的特征,但如果不抓住其成功的本质特征、找出获得成功的原因,那么就无法为后来者提供经验。本研究的基本立足点在于,试点城市的做法是在预算过程的不同阶段消除了预算参与主体之间的信息不对称。虽然各地政府面临的外部经济环境、社会环境有所区别,但在相似的政治环境下,绩效预算中所需信息的产生方式和载体却具有可比性,因此本研究试图找出绩效信息的产生方式和载体,通过对试点地区成功经验的剖析,将其作为一个参照系,可以使得试点地区了解自身改革着力点所处的位置,较为清晰地看出绩效预算中的薄弱环节,从而为其他部分改革的完善提供方向;对于准备实施绩效预算的地区,可以明确改革重点,根据地区所处的环境选择性地选取可行的环节。

(2)近年来,公民的民主意识逐渐觉醒和加强,公民期望寻求一种能够获知政府产出的方式从而更好地发挥自己的监督权利,政府实施绩效预算这样一种管理方法从某种程度上说正是顺应了这样的呼声和要求,它能够增加预算信息和增进预算透明度。但是我们也应当认识到,绩效预算仅是预算改革进程中增进预算透明度的方式之一,它具有有限的作用,但从现阶段来说,它无疑是促进预算改革和实现预算监督的一种较好的方式。那么绩效预算能够从哪些方面增加预算管理的科学性?它是如何消除不同委托人和代理人之间的信息不对称从而实现各监督主体对财政资金进行有效监督的呢?这些都是本书要研究的目标。本书试图通过研究绩效信息揭示不同的预算监督主体对预算资金进行监督的过程,发现和总结绩效信息在丰富预算信息中所起到

---

[1] Janet M.Kelly. 苟燕楠译. 地方政府绩效预算[M]. 上海:上海财经大学出版社,2007.

的作用，从而使绩效预算实践者能够理性地认识绩效预算的功能，运用绩效预算推进财政资金支出的科学性和透明度。

## 二、文献综述

### （一）国外研究述评

1. 国外研究现状

20世纪80年代，在新公共管理运动改革浪潮的推动下，绩效预算在发达国家重新兴起，美国、澳大利亚、新西兰、加拿大等OECD国家率先开展了绩效预算改革，实践的发展促进了理论研究上的进步，艾伦·希克、菲利普·乔伊斯（Philip G.Joyce）、艾伦·S.鲁宾（Irene S.Rubin）等学者对绩效预算的理论展开研究。从整体上来看，国外学者重视预算改革过程中的政治要素，但也没有忽视绩效预算所必需的技术要求和手段。

在绩效预算研究的广度上，对绩效预算的主要实施主体的运作机制进行考察，同时强调将预算相关参与主体都纳入到绩效预算的研究对象之中。Shelly Lynne Tomkin从员工的视角剖析了美国管理与预算办公室（OMB），梳理了OMB近70年的发展变迁，围绕政治与行政、计划与预算、绩效与管理等重大问题，说明不同预算模式下OMB的运作基础，并对OMB内部的职能定位、组织结构、人员组成、业务活动等进行剖析，对原本"内向"的运作进行了公开。[1]凯瑟琳·纽科默、爱德华·詹姆斯认为："应从更宽广的视角而非狭义的理解来看待绩效预算改革。如果只关注核心机构——例如将中央预算办公室和立法团体作为成功的晴雨表，可能会错过很多潜在的发展机会。"[2] LuYi认为虽然绩效预算需求是普遍的，但是仍有一个挑战就是如何获得预算过程中与绩效信息完整性有关的利益相关者的支持。从政府机构的角度进行研究，发现多数国家采用绩效知晓型预算，其重点在于提升使用绩效

---

[1] Janet M. Kelly, William C. Rivenbark. 苟燕楠译. 透视美国管理与预算局 [M]. 上海：上海财经大学出版社，2009.

[2] 凯瑟琳·纽科默，爱德华·詹姆斯. 迎接业绩导向型政府的挑战 [M]. 广州：中山大学出版社．2003:58-91.

信息的管理能力，它是绩效信息向绩效计划转变的要素，且对绩效知晓型预算实践有积极的作用。其他两个对机构绩效评估具有影响的要素是外部绩效环境和测量质量。此外，需要认识到关键的一点：绩效预算是一个合作的过程，每一个参与者都发挥着重要的作用。[1] 在信息传播的流动方向方面，除了对预算参与主体之间的横向信息传播进行研究之外，也有学者对信息在上下级之间的纵向流动进行了研究。Robert J. Parker，Larissa Kyj 构建了在预算编制过程中上下级之间的纵向信息共享模型。向上的信息共享涉及由下级向上级传播的私人信息，当把工作绩效列入工作成果中时，其路径是通过预算参与和组织承诺。上级向下级的信息交流，是通过对模型中的角色模糊性研究来实现的。研究结果表明，纵向信息共享对于了解绩效对预算参与和组织承诺的作用来说是一个重要参与变量。[2]

在绩效预算研究的深度上，他们对绩效预算的研究一般采取较为细致的考察方式，深入探究绩效信息是如何与预算管理相结合、管理者如何使用它们等问题。具体来讲，其研究内容可以分为如下几个方面：

（1）对绩效信息在绩效预算中的作用和地位的探讨。从国外学者对绩效信息在绩效管理中的重要性的认识来看，他们普遍认为绩效信息是绩效预算的起点和关键要素，并对绩效信息未来的发展持有乐观态度。Van Dooren 认为如果我们想要了解绩效运动是成功还是失败，那么就要首先研究绩效信息的使用。[3] 奥巴马总统的首席绩效官员说，绩效管理工作最终的检验方式就在于是否使用了绩效信息。[4] Moynihan 和 Landuyt 将绩效信息的使用看作

---

[1] Lu Yi. Performance Budgeting: The Perspective of State Agencies [J]. Public Budgeting & Finance, 2007, 27(4):1-17.

[2] Robert J. Parker, Larissa Kyj. Vertical information sharing in the budgeting process [J]. Accounting, Organizations and Society, 2006, 31(1): 27-45.

[3] Wouter Van Dooren. Nothing new under the sun? Change and continuity in twentieth century performance movements[G/J]. Wouter Van Dooren, Steven Van de Walle. Performance information in the public sector: How it is used? Houndmills: Palgrave, 2008: 11-23.

[4] Jeffrey D. Zients. Before the Committee on Homeland Security and Governmental Affairs[R/OL]. United States Senate. Subcommittee on Federal Financial Management, Government Information, Federal Services and International Security. 2009-09-24. http://www.whitehouse.gov/sites/default/files/omb/assets/testimony/092409_government.pdf.

是组织学习和结构识别的一种元素及预示这些使用的文化变量。[1] Philip G. Joyce 对政府预算程序中应用绩效信息的前景作出概括。他认为，预算管理中所增加的绩效评定被用来左右资源分配更像是一种文化，它最初表现为机构层面发展得更好、更有效的绩效信息及用作报道而非预算用途的绩效信息。即使绩效评定仅仅是改变了机构层次管理者的思考方式，也是一种积极的表现。他相信在宏观层面上将会使用绩效信息来分配资源是必然会发生的事情，只是需要假以时日。[2]

（2）对绩效信息影响因素的探索。西方学者利用统计学方法，对绩效预算实践中的参与主体进行问卷调查或对已有数据资料进行定量分析，对影响绩效信息的机制进行挖掘。Donald P. Moynihan，Sanjay K. Pandey 通过对地方政府报告中的绩效信息进行研究后发现，公共服务动机、领导的作用、信息的可用性、组织文化和管理的灵活性，能够影响到绩效信息的使用。Askim，Johnsen 等通过一些研究发现适当资源的提供与绩效信息使用的关系密切。[3] John B. Gilmour，David E. 通过研究 OMB 的绩效预算倡议（PART）分析了绩效对总统预算建议的影响。在对项目的政治内容施以适当控制的情况下，对 2005 财年的预算进行多元分析，结果表明：从统计学上看，PART 分数对 OMB 内的预算决策具有显著影响。且 PART 分数对中小项目比大项目更具影响力。[4] Teresa Curristine 通过问卷对 OECD 国家 2005 年绩效信息进行了调查，研究了 OECD 国家预算绩效评价的使用和发展。通过分析绩效信息在运用中不同制度的角色和责任、预算实践中主要的趋势等问题后得出，绩效信息获得使用和发展的主要因素在于组织中具有强有力的领导力和变革中

---

[1] Donald P. Moynihan, Noel Landuyt. How do public organizations learn? Bridging structural and cultural divides[J]. Public Administration Review 2009, 69: 1097–1105.

[2] 乔伊斯著．苟燕楠译．基于绩效的预算，公共预算经典——面向绩效的新发展 [M]．上海：上海财经大学出版社，2005．

[3] Jostein Askim, Åge Johnsen, Knut-Andreas Christophersen. Factors behind organi- zational learning from benchmarking: Experiences from Norwegian municipal benchmarking networks[J]. Journal of Public Administration Research and Theory, 2008(18): 297–320.

[4] John B. Gilmour, David E. Lewis. Assessing Performance Budgeting at OMB: The Influence of Politics, Performance and Program Size[J]. Journal of Public Administration Research and Theory, 2005(11): 169-186.

的政治压力。[1] 无独有偶，Andrews Rhys，Boyne George 对公共管理中的黑箱模型进行研究后发现，管理能力是服务质量得以提升的重要影响因素，特别是黑箱模型假设中管理系统的影响是通过领导力的有效整合实现的。他们利用此假设分析了英国地方政府的绩效同管理能力和组织能力的关系。研究结果显示，能力对地方政府绩效有促进作用，领导力能够加强管理系统的有效性。[2] Hossein Nouri，Larissa Kyj 运用归因理论及多变量方差分析（MANOVA）研究了工作绩效是否会影响预算参与或干预变量。研究结果表明，绩效知识、通过绩效评价和外部线索所获得的信息会影响个人对预算的参与。[3]

（3）绩效信息在绩效预算流程中的运用。国外学者对绩效预算进行"解构"，通过对绩效预算流程中某一环节进行剖析或对已有的绩效预算实践进行考察，以此对绩效预算进行深层次的理论思考，其中，最为重要的方面就是绩效信息如何在预算管理中使用的问题。Teresa Curristine 通过研究发现 OECD 国家在绩效数据的数量上已取得很大进步但在数据质量和相关性上仍存在许多问题。他认为预算绩效评价运用中的问题在于变革的程度和绩效信息是否能够运用于预算决策中。通过对绩效预算的运用方式进行分类后发现多数国家都是在财政部门水平上实施绩效预算，在实践中，绩效预算很少与绩效结果直接相关且仅是运用在某些特定领域。事实上，它可能只适用于某些类型的活动和行业。绩效信息同其他信息一样多被用来形成预算但是不能决定预算分配，造成这种情况的原因是缺乏将绩效信息融入到预算过程中的方法。[4] Theodore H. Polster 认为在公共和非营利性组织中实施绩效考评和在预算过程中使用绩效数据意味着将关于产出和效果的信息融入资金分配决策

---

[1] Teresa Curristine. Performance Information in the Budget Process: Results of the OECD 2005 Questionnaire[J]. OECD Journal on Budgeting, 2005, 5(2): 87–131.

[2] Rhys Andrews, George A. Boyne. Capacity, Leadership, and Organizational Performance: Testing the Black Box Model of Public Management[J]. Public Administration Review, 2010, 70(3): 443-454.

[3] Hossein Nouri, Larissa Kyj. The effect of performance feedback on prior budgetary participative research using survey methodology: An empirical study[J]. Critical Perspectives on Accounting, 2008, 19(8): 1431-1453.

[4] Teresa Curristine. Performance Information in the Budget Process: Results of the OECD 2005 Questionnaire[J]. OECD Journal On Budgeting, 2005, 5(2): 87–131.

中，其目标是运用绩效信息来做出关于资源分配的更客观的决策，而提倡在决策中使用绩效信息是源于责任制的要求。[1] Donald P. Moynihan 认为绩效信息的目的在于解释，它有时被用来澄清问题，通过对绩效信息的讨论从而对一个问题产生新的想法从而重塑解决方式，绩效信息还能减少不确定性并且可能得到一些比其他方式更可信的解释。虽然绩效预算中仍然存在一些模糊之处，但它至少会被更好的理解。他还认为，预算增量资金受 PART 影响的期望可能太高了，这种过高的期望将会导致绩效预算的另一种失败。另外，一个对于 PART 来说更可行的目标是仅仅鼓励政策制定者在考虑资金产出和管理选择时考虑绩效评价的因素。[2]

除此之外，很多学者将目光放在对绩效预算某一环节中绩效信息的使用研究上，现有研究基本涵盖了绩效预算的整个实施过程。在对绩效预算工具的研究方面。Gilmour，Lewis 运用布什政府的 PART 管理评级来检验联邦政府的绩效预算，探究它在形成 2004 财年总统预算备忘录中的优点和政治角色。研究结果发现 PART 分数和政治支持能够影响到预算选择。如果将政治成分考虑在内，那么管理对预算决策的影响会减弱。[3] Gloria 研究了机构管理者选择绩效评估方法的工具及预算准备中的信息提供。他认为机构员工不能忽视预算中的政治和行为维度。另外，机构管理者和预算人员必须要接受绩效评估工具，只有这样，组织才能够凭借可靠的评测指标来判断预算请求。[4]

Mark K. Hirst 讨论了在不同工作情境下绩效目标对工作绩效的影响。工作绩效目标设置的具体性和困难性程度取决于任务的不确定性水平。具体来

---

[1] Polster T H. 肖鸣政译. 公共与非营利组织绩效考评：方法与应用 [M]. 北京：中国人民大学出版社，2001: 179-196.

[2] Donald P. Moynihan. What Do We Talk About When We Talk About Performance? Dialogue Theory and Performance Budgeting[J]. Journal of Public Administration Research and Theory, 2006, 16(2): 151-168.

[3] John B. Gilmour, David E. Lewis. Does Performance Budgeting Work? An Examination of the Office of Management and Budget's PART Scores [J]. Public Administration Review, 2006, 66(5): 742–752.

[4] Gloria A. Grizzle. Performance Measures for Budget Justifications: Developing a Selection Strategy [J]. Public Productivity Review, 1985, 9(4): 328-341.

说,任务不确定性高,设置的绩效目标的有效性就不如任务不确定性低时高。[1] Bernardino Benito, Francisco Bastida 运用国际比较的方法对预算透明度、财政状况与政治投票之间的关系进行了研究。他们利用41个样本国家的国际标准建立了包含40个预算特征的预算透明度综合指数,通过对指数的分析发现:国家政府的财政平衡和预算的透明度之间呈正相关关系——预算披露的信息越多,政客利用财政赤字实现机会目标的可能性越小。从某种程度上讲,预算报告越透明,就越能激励人们投票。[2] Eeva-Mari Ihantola 提出了预算气候的概念及在组织预算中的应用,用它来理解和分析预算行为与人类活动在组织和社会环境中的关系。[3] David T. Otley 研究了管理会计系统的有效性,它不仅取决于特定组织和环境中的技术特征,更取决于组织中的参与者如何利用所提供的信息。绩效评价中预算信息使用的不同方法会对管理者的行为产生很大影响,包括管理者的内心状态、态度和感受。常见的情况是会计信息常常被忽视,有时提供信息的人提供虚假信息或伪造信息。为了消除会计系统中的技术失败,组织需要设计良好的系统与预算控制相匹配。[4]

2. 对国外研究的基本评价

国外对绩效预算的研究经过几十年的发展,对其研究的范围不断拓宽,研究的程度也较为深入。西方学者对于绩效信息在绩效预算中的重要地位达成一致共识,对绩效信息的研究成为绩效预算领域中的一个重要研究主题,而且成为绩效预算向纵深研究的切入点。

从绩效预算的研究视角上来看,西方学者对绩效预算的研究对象没有局限于财政部门本身,而是寻求更广阔的研究空间。他们已经意识到绩效预算不是靠财政部门和立法部门所能独立完成的事情,而是需要各种参与主体的

---

[1] Mark K. Hirst. The Effects of Setting Budget Goals and Task Uncertainty on Performance: A Theoretical Analysis [J]. Public Productivity Review, 1987, 9(4): 774-784.

[2] Bernardino Benito, Francisco Bastida. Budget Transparency, Fiscal Performance, and Political Turnout: An International Approach[J]. Public Administration Review, 2009, 69(3): 403–417.

[3] Eeva-Mari Ihantola. The budgeting climate concept and its application to case organizations' budgeting—an explorative study[J]. Emerald Management Reviews, 2006, 22(2): 138-168.

[4] David T. Otley. Budget Use and Managerial Performance Institute of Professional Accounting [J]. Journal of Accounting Research, 1978, 16(1): 122-149.

合力。因此，他们认为寻求绩效预算发展的出路就在于对各方参与主体的运作机制进行深入研究。此外，在研究预算参与主体的层次上，开始出现较为立体化的研究模式，绩效预算参与主体之间的互动及某个参与主体内部上下级的互动方式都纳入了研究视野。在理论基础的运用上，都提到了政治因素在绩效预算中的重要影响，除此之外，与绩效预算密切相关的经济学、管理学等相关理论也是重要的考量因素。另外，部分西方学者开始考虑个体心理对于绩效预算实施的影响，如运用归因理论或研究管理者的内心感受等，更有学者研究文化因素（如预算气候概念）对绩效预算的影响。新的研究视角和理论的出现拓展了绩效预算的研究领域，增强了其理论解释力。

从绩效预算的研究内容上看，表现出较为明显的趋势就是对绩效预算中绩效信息研究的重视，已有许多学者对绩效信息的目的、重要性、作用等进行了阐释。然而，他们并未对绩效预算中的绩效信息本身做出明晰的界定，虽然现有文献已对绩效信息的影响因素、绩效信息对预算决策的影响、绩效信息的传导方式等问题有较多论述，即使有些文献没有对其专门研究或明确指出绩效信息这个词语，但仍能看出绩效信息思想的渗透。在这种情况下，认为绩效信息的概念是不言自明的想法显然无法更好地展开进一步的研究，尤其是在绩效预算研究视角不断拓宽的背景下，绩效预算中绩效信息的研究边界、产生方式、作用机制、传导过程等问题都需要进行界定和明晰。

从绩效预算的研究方法上看，呈现出两个特点：一是对微观领域的重视。较少的探讨绩效预算的实施框架、理论体系等宏大问题，而是从具体的案例入手进行研究，这里面既有国别研究，如对不同国家之间绩效信息运用于预算决策程度的对比；也有案例研究，如通过对地方绩效预算实践具体事例的描述，继而提炼出相应理论。对微观研究的重视，很大程度上是因为西方绩效预算已获得广泛应用且发展较为成熟，这就促使了学者们从理论上进行反思。二是在研究工具的选择上，广泛应用统计手段对问卷调查数据、统计数据、设计指标等进行分析继而得出结论，相关分析、多变量方差分析、结构方程等定量分析方法的运用，从很大程度上增强了原有理论研究的科学性，并能够主动发现其内在的联系，深化和丰富理论研究。

### （二）国内研究述评

1. 国内研究现状

（1）对于绩效预算的一般性研究。国内对于绩效预算的研究开始于20世纪90年代末，山西财经学院学报刊载的《行政事业单位应建立绩效预算制度》一文，是可以找到的最早提出在政府部门运用绩效预算方法的文章。此后的几年中，陆续有文章对绩效预算进行初步介绍，但数量不多。从2004年开始，随着项目绩效评价试点工作的开展，对于绩效预算的研究开始得到研究者的重视，最初研究的重点是对绩效预算的含义、基本特征、适用条件等基本理论进行探讨，较有代表性的是马骏、白景明、余小平、马国贤等学者。马骏首先对新绩效预算的基本特征进行了分析，他认为，"新绩效预算改革一是能够实现目标和总额上的集中控制；二是手段分权，在政策制定者决定了大致的支出方向和支出总额后，管理者可以像企业家那样灵活地、创造地根据环境的变化使用资金；三是对结果负责，政策制定者希望他们所选择的项目能够有效率的完成，预期的结果能够实现。"[1] 在对一些基础问题进行探索之后，绩效预算的研究得到了进一步的发展，不仅在研究成果的数量上有很大提升，而且研究角度多样化、研究程度不断深入，之后随着绩效预算试点的开展，研究范围不断拓宽。根据研究视角和研究内容的不同，国内学者们大致从以下三个方面对绩效预算进行探讨：

从研究视角上来看，一些学者采取了整体的研究视角，对绩效预算理论进行系统化的研究。例如，邓毅以绩效预算制度作为研究主题，运用公共选择理论、X效率理论、委托—代理理论及新公共管理理论，结合我国特殊的政治、文化、预算制度等背景来分析绩效预算所面临的挑战、改革要点及其在我国的发展方向。[2] 孔志峰运用新公共管理理论、理性预算理论、增长预期理论和角色理论结合生产函数模型、成本和工作量的测算模型对绩效预算进行分析，从而提出中国绩效预算框架体系，他认为绩效预算应当包括绩效核算体系、绩效指标体系、绩效标准体系、绩效方法体制、绩效预算编制体系、

---

[1] 马骏. 新绩效预算 [J]. 中央财经大学学报, 2004(8): 1-6.
[2] 邓毅. 绩效预算制度研究 [M]. 武汉：湖北人民出版, 2009(8): 1-2.

绩效审计体系和绩效奖惩体系等。[1]游祥斌对不同视角下的预算管理模式进行了分析,包括控制导向的预算模式、管理导向的预算模式及政策导向的预算模式,认为我国正在推动的以部门预算为核心的预算体制改革,属于以"总额控制及配置效率"为特征的预算模式,具有"控制导向"的色彩,提出中国在今后一段时期内,中国预算制度改革的努力方向应该是在建立现代预算制度的同时,日益强调公共预算的"绩效化"。[2]王进杰将预算放在宽泛的政府绩效管理环境中,将宪政理论、政治博弈理论、委托—代理理论、公共选择理论、制度变迁理论和公共财政理论引入到预算管理过程中,将我国绩效预算改革路径和步骤设计为四个阶段:条目预算阶段、项目预算阶段、产出预算阶段和结果预算阶段,根据每个阶段的具体要求和我国预算管理现状为我国绩效预算编制、绩效预算执行、绩效预算评价、绩效预算会计等改革分别设计了改革路径和步骤。[3]

另外一些学者则选取某一类型或者绩效预算的某一部分对其进行研究。主要分为三个方面:第一是对于部门绩效预算的研究。如孙克竞的研究指出:"政府部门预算支出绩效管理改革框架是以公共部门'理性人'和制度契约假设为理论研究前提,突出组织实施系统构建、部门预算分析员设置、绩效信息审计约束等制度体系创新,同时配合以必要的技术手段,使政府部门能够在科学的制度保障下,在产出、效率、结果和生产率四种不同层次绩效评定间进行理性选择,并最终为建立适应市场经济需要,以提高支出绩效水平为根本目标的现代政府部门预算支出管理模式奠定基础。"[4]第二是对项目绩效预算的研究。如刘群、邱锦昇认为"项目绩效预算可以分为申报绩效预算、实施绩效评价和应用绩效信息三个实施阶段。但基于项目层面的绩效预算的实施存在着缺陷和需要改进的地方,这些不足之处也是项目绩效预算发展的方向,一是绩效信息的收集、整理和有效的应用;二是注重绩效评价的量化

---

[1] 孔志峰. 绩效预算论 [M]. 北京:经济科学出版社,2007: 147.

[2] 游祥斌. 公共部门绩效预算研究 [M]. 郑州:郑州大学出版社,2007: 157.

[3] 王进杰. 政府绩效预算管理改革研究 [M]. 北京:中国财政经济出版社,2009: 3-9.

[4] 孙克竞. 政府部门预算支出绩效管理改革框架分析 [J]. 审计研究,2011(3): 102-108.

技术研究和指标体系的建立完善；三是向单位绩效预算和部门绩效预算过渡发展，以更广泛的视角看待项目的绩效"[1]。第三是对于特定领域的绩效预算，较多的是对与政府管理方式较为接近的事业单位、非营利组织、高校等进行研究。如余满均、王丽萍"对非营利组织绩效预算管理的组织体系、预算的编制与审批、预算的执行与决算、预算的监督等方面进行了探讨，认为应将绩效考评贯穿于整个预算管理过程"[2]。张雪芹指出"高校专项资金使用效果不理想，在高校发展资金紧张的情况下，仍存在着大量的专项结余、甚至是净结余现象"。其原因在于"政府与高校之间潜存的委托—代理关系，一定程度上滋生了政府和高校在信息掌握和追求目标利益上的不一致，这种现象同样存在于高校专项资金预算管理领域"[3]。朱红认为"传统的绩效预算强调预算支出所导致的产出，新绩效预算则关注支出的最终结果。高校预算管理工作应以目标管理和部门预算为支柱，以畅通的信息传导与反馈渠道为保障，以协调发展的内生制度与外生制度为条件，构建效益分析框架和绩效预算管理的运行模式"[4]。

从研究内容上看，现有研究除了对绩效预算的理论体系进行探讨之外，一些学者采用庖丁解牛的方法，对绩效预算的技术性操作机制进行研究。第一是对绩效预算的核心——预算支出绩效评价体系的研究。如白文杰在对财政支出绩效评价体系的内涵进行界定的基础上，分析了财政支出绩效评价体系与绩效预算的关系："财政支出绩效评价是绩效预算得以实施的主要工具和载体，而绩效预算又进一步为改善政府管理提供新视角——基于投入产出角度来观察政府绩效、政府职能履行等情况。"[5]杨琪认为"绩效评价是一种绩效评判行为，绩效预算是一种预算管理模式，二者关系密切，不可分割"[6]。

---

[1] 刘群，邱锦昇.浅议项目绩效预算[J].现代商业，2008(23): 128-129.

[2] 余满均，王丽萍.非营利组织绩效预算管理模式研究[J].财会月刊，2007(7): 19-21.

[3] 张雪芹.对构建高校专项资金预算管理体系的几点思考——基于"绩效预算"的视角[J].会计之友，2009(11): 21-23.

[4] 朱红.新绩效预算理论在高校预算中的运用[J].管理方略，2009(5): 46-50.

[5] 白文杰.财政支出绩效评价内涵解析[J].地方财政研究，2011(1): 42-59.

[6] 杨琪.绩效预算与绩效评价有机融合的思考[J].财经界，2009(5): 52-55.

第二是对实现绩效预算的相关预算技术进行研究。如阳迅、陈靓在分析传统预算的特点及与收付实现制确认基础的适应性之后，探讨了绩效预算导入后会计确认基础改变的必要性，其必要性之一就在于收付实现制让会计能够"通过提供完整的绩效信息和财务信息反映受托责任的真实履行情况"[1]。叶风华、刘用铨认为推行新绩效预算至少需要四项技术支持："（1）完善的绩效指标体系；（2）全面的政府资产管理系统；（3）基于权责发生制的政府成本会计系统；（4）强化的问责机制。"[2]第三是决定绩效预算成败的绩效评估技术的研究。如游祥斌对绩效预算战略规划进行分析后认为"传统控制导向的预算制度由于缺乏战略视角而陷于支离破碎，绩效预算制度通过引入战略规划因素，将政策、规划和预算有机地结合起来"[3]。郝书辰、王进杰对绩效预算执行控制模式进行了研究，分别对绩效预算的三种控制模式——外部控制、内部控制和管理责任的特点、种类和类型进行了分析，提出绩效预算"在不同的发展阶段，选择合适的控制形式和类型对实现预算绩效是十分必要的"[4]。绩效预算的最后一部分研究内容是对绩效预算试点经验的分析和总结。这其中，包括对国内试点经验的分析。如白景明、赵新国等探索了广东省南海区绩效预算形成的基本原因和动力，阐述了南海绩效预算在绩效目标设定、绩效指标选择和绩效控制系统构建方面如何克服西方在绩效预算中遇到的理论难题，以及如何在实践中通过探索逐渐形成了符合中国国情的绩效预算模式。[5]过剑飞对上海浦东新区实行的绩效预算改革进行了总结，详细描述了浦东新区在民生、经济发展和环境优化方面所进行的探索。[6]财政部预算司总结了近年来绩效考评的试点经验，对国家海洋局、农业部、中国科学院等中央部门及广东省、湖北省、北京市等地方财政部门绩效考评试点的

---

[1] 阳迅，陈靓.绩效预算导向下政府会计确认基础变迁及建议[J].商业会计，2010(8): 66-67.
[2] 叶风华，刘用铨.新绩效预算基本特征、技术支持及其适用性[J].会计之友，2010(1): 57-58.
[3] 游祥斌.试论绩效预算改革的战略规划基础[J].中国行政管理，2010(1): 30-34.
[4] 郝书辰，王进杰.政府绩效预算执行控制改革研究[J].财政研究，2007(4): 24-28.
[5] 白景明，赵新国，李成威，马洪范等.广东南海模式与建立中国式绩效预算[M].北京：中国财政经济出版社，2010: 3.
[6] 过剑飞.绩效预算：浦东政府治理模式的新视角[M].北京：中国财政经济出版社，2008.

情况进行介绍，分析了存在的主要问题，包括在绩效考评程序上，绩效目标和指标的制定具有事后特征、缺乏绩效目标、没有摆脱财务考评或者竣工验收的影子等问题。[1]

再就是对国外绩效预算实践和理论成果的介绍。较有代表性的有，朱春奎介绍了美国联邦政府预算编制程序、《政府绩效与结果法案》、《总统管理议程》、政府会计为核心的财务管理体系等美国联邦政府的经验，并对美国州和地方政府绩效预算的发展态势进行了分析。[2] 牛美丽、马骏对新西兰绩效预算改革的原因、进程、措施等做了全面的介绍，其中，对新西兰为改进结果信息质量而推行的"政策建议过程制度"进行了描述。[3] 王晓明、谭静总结了新加坡绩效预算的特点：高度法制化的预算编制过程、权责统一的部门"一本帐"式预算体系、预算硬约束与部门执行自主性有机结合的监督机制、严格的国库集中收付与核算制度、科学有效的评估机制和稳健的财政盈余增值机制。[4] 赵永全介绍了瑞典正在进行的绩效预算改革的相关措施：建立规范的绩效评价制度，推行权责发生制会计，采用新的评估技术等。[5] 万新对爱沙尼亚的绩效预算探索过程进行了评述，通过八年来爱沙尼亚实施绩效预算的历程，指出其不足之处，如"不同的预算文件（中期目标框架、预算提案和年度预算报告）采用不同的结构形式，且这些形式互不兼容；预算分类与会计科目表不匹配；保守的战略策划技巧（有时是故意不传达准确的绩效信息）导致目标设置含糊不清并产生误导；绩效管理和绩效预算并未完全在每个机构或每一进程中贯彻实施等问题"[6]。吕昕阳研究了英国的绩效预算改革，提出成果管理、支出和成本管理、绩效信息管理、绩效评估充分体现了结果为本、公共利益导向、公共服务市场化等理念，对中国的绩效预算

---

[1] 财政部预算司. 绩效预算和支出绩效考评研究 [M]. 北京：中国财政经济出版社，2007: 336-337.

[2] 朱春奎. 政府绩效预算——美国经验与中国方略 [M]. 北京：中国财政经济出版社，2008: 1-2.

[3] 牛美丽，马骏. 新西兰的预算改革 [J]. 武汉大学学报（哲学社会科学版），2006(3): 802-810.

[4] 王晓明，谭静. 新加坡的绩效预算管理 [J]. 中国财政，2010(5): 75-76.

[5] 赵永全. 瑞典绩效预算改革的研究 [J]. 理论界，2010(10): 199-201.

[6] 万新. 爱沙尼亚对绩效预算进行的实验性探索 [J]. 工业审计与会计，2003(5): 39-42.

改革具有积极的借鉴意义。[1]陈工对英美澳新等国家的绩效预算实践进行总结,认为有五个方面的特点:增强财政透明度、公开绩效预算信息,改进政府会计和预算的基础,提高预算的灵活性,增加预算的确定性和强化支出机构的责任和压力。[2]另外,财政部预算司的网站对于美国、英国、澳大利亚等OECD国家,还有墨西哥、泰国等国实施绩效预算的历程及做法进行了较为详细的介绍,为系统地了解这些国家绩效预算的现状提供了很好的素材。

除了在整体上对国外实施绩效预算的特征进行总结之外,还有学者试图从更深的层次对国内外绩效预算的实施背景和条件进行比较,如乔彬彬在对国内外绩效预算的实施环境和实施目标进行分析之后发现,我国与西方国家存在市场化程度和财政公共化程度的差异、政府再造与提高财政管理水平的差异,据此提出改善我国民主法制环境,探讨绩效预算需要的其他公共财政改革条件,继而寻求绩效优化部门预算、改进现有预算管理的政策建议。[3]

(2)对于绩效信息的研究。国内学者对于绩效信息的专门研究并不多,就出现的少量文章来看,其研究方向多集中于四个方面。

第一,是对政府绩效信息本身的一般性研究,对绩效信息的作用、现状和问题进行了讨论。其中,对于绩效信息的作用方面,卓越、赵蕾认为"有效的绩效信息是政府绩效管理过程中重要的辅助工具……它能够减少政策制定的不确定性,增强公共政策的理性和科学成分,从而实现预期的管理目标和政治追求;它可以加强政府与社会之间的互动,增强政府的公信力,间接提升政府的管理绩效"[4]。总体而言,现有文献对绩效信息的重要性基本达成一致看法:即"全面、真实的绩效信息是绩效管理的重要组成部分"[5],是"实现绩效评价和绩效预算的现实基础"[6]。

第二,是关于绩效信息的获取和使用问题。朱国玮认为"绩效指标的选

---

[1] 吕昕阳. 英国绩效预算改革研究 [J]. 经济研究导刊, 2011(22): 24-26.
[2] 陈工. 英美澳新等国家实施绩效预算的改革及对我国的启示 [J]. 财政研究, 2006(1): 74-76.
[3] 乔彬彬. 绩效预算实施条件的中外比较及原因分析 [J]. 经济体制改革, 2007(1): 133-136.
[4] 卓越, 赵蕾. 绩效评估:政府绩效管理系统中的元工具 [J]. 公共管理研究, 2008(6): 207-217.
[5] 赵明亚. 绩效管理三要素 [J]. 中国电力企业管理, 2007(12): 24.
[6] 蒋会强. 绩效信息:绩效预算和绩效评价的现实基础 [J]. 中国财政, 2005(3): 42-44.

择和规范性、程序化的信息收集方式决定了政府绩效信息获取的质量"[1]；胡春萍、孟凡蓉运用德尔菲法，对"地方政府绩效评估中绩效信息来源的现实使用状况"进行了研究，为绩效信息的获取、使用方式提供了现实依据；盛明科、杨玉兰则介绍了"西方国家在绩效信息公众获取权利保障、绩效信息资源深度共享、绩效信息资源开发市场化等法制保障建设"[2]方面的经验，为后来的研究提供了参考和借鉴。

第三，是对于绩效信息质量的探讨。张创新、芦刚总结了绩效信息失真的原因，他们认为"绩效信息失真，不仅存在着人为主观性因素，也存在着组织、制度等客观方面的因素"[3]；毕鹏志"构建了绩效信息提供者和使用者的博弈模型"[4]，对绩效信息失真进行了研究；而程新生、李海萍则对此问题采取了设计多智能体仿真模型的方式对其进行系统性研究；魏四新、郭立宏"分析了在晋升竞争的环境下地方政府虚报绩效信息动因"[5]。由此可以看出，现有文献运用不同理论对绩效信息失真问题进行了研究，并在研究当中考虑环境因素对于绩效信息质量的影响，呈现出系统性的特征。

第四，是将绩效信息与绩效预算进行结合的研究。这方面的文献却并不多见，目前对两者结合研究的只有马洪范，他从信息的视角诠释了政府绩效预算管理的内容与特征，并且提炼和概括出信息理论的分析框架，根据美英等国的实践经验，揭示出信息与绩效之间的互动关系：绩效指标的科学选取与合理运用、信息公开与透明、激励与约束并举、预算管理信息化，进而从信息的视角对中国政府预算进行了剖析。[6]他的研究为从绩效信息视角下探

---

[1] 朱国玮，黄珺，汪浩. 政府绩效信息的获取、使用与公开制度研究 [J]. 情报科学，2005，23(4): 621-625.

[2] 盛明科，杨玉兰. 西方国家政府绩效信息资源公共获取的法制保障及其启示 [J]. 湘潭大学学报 ( 哲学社会科学版 )，2012(1): 39-76.

[3] 张创新，芦刚. 地方政府绩效评估信息失真的成因及其治理 [J]. 学术探索，2006(12): 25-29.

[4] 毕鹏志. 绩效信息失真的博弈分析 [J]. 科技情报开发与经济，2007(7): 83-85.

[5] 魏四新，郭立宏. 晋升激励下地方政府虚假绩效信息产生与治理 [J]. 科技管理研究，2011(6): 202-205.

[6] 马洪范. 绩效预算信息论——信息视角下的政府绩效预算管理与改革 [M]. 北京：经济科学出版社，2008: 1-5.

讨绩效预算问题提供了可行性和研究范例，他从信息论出发，虽然其中暗含了绩效信息的要素，但是他并未对"绩效信息"进行界定，仅是从一般信息论的视角对绩效预算进行了研究。

2. 对国内研究的基本评价

综述以上研究文献，可以发现我国对政府绩效预算的关注和研究，呈现多样化发展的局面。一是注重绩效预算理论体系的构建，融合政治学、公共管理学、经济学等多学科的理论对绩效预算进行分析，并利用既有的理论，对绩效预算的基本特征、类型进行总结，提出绩效预算的发展模式、发展阶段、框架体系等，这是对绩效预算理论的拓展和深化。二是目前的研究对绩效预算对于政府管理的重要意义已达成共识，它能够提升财政资金的使用效益，是预算管理的发展方向。三是对于绩效预算的研究不仅仅局限于政府部门，而是扩大到事业单位、非营利组织等与政府部门管理方式类似的组织，这些研究成果也为政府绩效预算研究提供了例证和借鉴。四是理论研究和实践经验总结相结合，逐步探索中国模式的绩效预算。五是系统性地对国外已实行绩效预算国家的发展历程及做法进行了介绍，且范围较为宽泛，不仅有实施绩效预算比较成熟的国家，而且有同样刚刚起步的发展中国家，意识到不仅要借鉴和学习国外的经验，它们出现的问题也是值得我们思考的方面。

然而，从研究的视角来看，更多的文献较侧重于从各种理论出发，对绩效预算体系进行研究，而从特定的视角去窥视绩效预算的文献并不多。即使游祥斌从信息的角度对绩效预算进行了阐述，但是它从内容上来讲同其他文献类似，都是从较为宏观的角度进行研究，并没有从信息论的角度出发对绩效预算进行细致的考察。比如，正在进行的部门预算改革作为实施绩效预算的一个重要组成部分，从信息流动的角度来看，它是如何促进绩效预算实施的呢？两者是怎样进行衔接的呢？诸如此类的问题为本研究的开展提供了得以深入的方向。

从研究的内容来看，现有研究对绩效预算各个环节的考察均有涉猎，多采取"各个击破"、分别研究的方式。我们对绩效预算评价体系的作用、以绩效信息结果分配预算资金、绩效评价所需的相关技术、绩效预算流程等基本问题已能达成共识，但是对于预算参与主体之间的作用和相互联系、预算信息如何在绩效预算中发挥作用等问题却甚少研究，只关注于部分的研究，而忽视了从总体上进行把握，对绩效信息与预算管理从总体上进行结合的机理及复杂性缺少认识。目前存在的这些研究上的薄弱的环节为本研究的内容提供了很多启发。

从研究方法来看，现有研究多采用定性的分析方法，从理论出发，擅长逻辑推演，而较少运用定量的方式印证其逻辑结论。这些不足提醒接下来的研究不仅要对现有研究进行深化，更要对已有的研究结论进行证实，才能更好地检验其可行性。

## 三、核心概念界定

"概念是人认识思维活动结果的一种体现，以语言词语形式表现出来，成为承载人认识思维信息的载体。"[1] 因此在研究开始之前，需要对绩效预算和绩效的涵义做出界定。

### （一）绩效信息

虽然绩效信息在国外已有较多的研究，但甚少有学者对其进行明确的定义，从目前少量的绩效信息的定义来看，大多数学者将绩效信息看作是一个连续的过程。例如，英国审计署在绩效审计报告中指出："绩效信息包括一系列的定量数据和统计结果，包括财务信息也包括非财务信息。绩效信息被用于监控和管理绩效。"[2] 南非财政部从绩效信息的内容对其进行定义（如图导-1所示），他们认为绩效信息包含五个过程，即输入、行动、产出、结果、影响。

国内学者卓越认为"绩效信息是对政府绩效的特征及其运动变化状态的

---

[1] 陈世军. 技术评估理论与方法 [M]. 北京：中国农业出版社，2008：前言 1.
[2] Improving performance information [R/OL]. The public audit forum, 2005-12. www.public audit forum.gov.uk.

反映和表述"[1]。张创新认为政府绩效评估信息是指"在进行绩效评估的过程中收集、处理、储存和传递的所有绩效信息。具体包括政府及各部门的工作计划与方案、工作记录、物质投入与消耗、解决实际问题的数量、实际取得的工作结果与社会效果、公众意见与调查数据等"[2]。朱国玮将绩效信息定义为"泛指政府在进行绩效评估过程中产生、收集、整理、传输、发布、使用、存储和清理的所有信息"[3]。

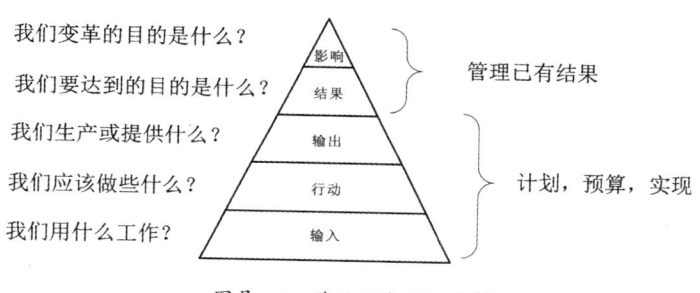

图导-1 绩效信息的概念[4]

根据以上对绩效、信息及部分学者对绩效信息的定义，本书对绩效信息的概念界定如下：绩效信息的完整含义包括两个方面，第一，绩效信息是在管理活动的过程中，利用绩效评估工具而产生的反映被评估对象活动特征的信息。第二，绩效信息是管理活动中的多方主体为了产出包含绩效内容的信息而发生主体之间或主体与外界之间的各种相互作用，在这些相互作用的过程中所产生、加工、传播、运用的所有信息。从定义中可以看出，绩效信息是一个复合性的概念，它在管理活动中的不同阶段的表现方式不同，承载的内容不同，对管理活动中主体的作用也不尽相同。

---

[1] 卓越．政府绩效管理概论[M]．北京：清华大学出版社，2007．
[2] 张创新，芦刚．地方政府绩效评估信息失真的成因及治理[J]．学术探索，2006(6):25-29．
[3] 朱国玮．绩效信息获取、使用、公开研究[J]．情报科学，2005, 23(4): 621-625．
[4] Department of national treasury of Republic of South Africa. Framework for Managing Program Performance Information[R/OL]. 2007-05. http://www.treasury.gov.za/publications/guidelines/FMPI.pdf．

## （二）绩效预算

绩效预算并不是一个全新的概念，其理念早在1907年纽约城市研究局"改进管理控制计划"的报告中就已提出，如前文所述，其发展过程历经规划—项目预算、目标管理预算、零基预算到如今的新绩效预算，[1]经过一系列的发展，绩效预算的内涵也引起了许多学者的争论，但总体而言，可以分为两种观点。

第一种观点将绩效预算看作是预算管理的辅助技术方法。美国管理与预算办公室（OMB）对绩效预算给出以下定义："绩效预算是这样一种预算管理制度，它要求预算单位请求拨款时须明确阐述：所要达到的某种合意的目标；为实现这些目标而拟定的支出计划需要花费多少；用哪些可量化的指标来衡量其在实施计划的过程中取得的成绩（或工作完成情况）。"[2]珍妮特·M.凯丽（Janet M. Kelly）认为绩效预算是强调绩效管理的预算编制和采用过程，它允许资源分配决策在一定程度上以服务提供的效率和有效性为基础。[3]乔伊斯认为，采用基于绩效的预算（Performance-based Budget）可以保证在分配政府的资源并进行管理的过程中考虑效果。[4]这些学者认为绩效预算是一种协助预算编制者决定预算目的与分配金额的分析工具，在预算中起辅助分析的作用。

学者Brizius认为"绩效预算是根据达到的可计量结果来进行资源分配的过程"[5]。Schick将绩效预算宽泛地定义为"任何一种表达'特定政府机构用所得到的拨款做了哪些事情或希望做哪些事'等信息的预算"，严格定义

---

[1] 有些学者为了与50年代的绩效预算相区别，所以将90年代后期兴起的绩效预算称之为新绩效预算。然而鉴于其通行的叫法仍为绩效预算，因此本书除非特别说明，绩效预算均指90年代之后的新绩效预算。

[2] 张志超. 美国政府绩效预算的理论与实践 [M]. 北京：中国财政经济出版社，2005: 40.

[3] Janet M.Kelly. 苟燕楠译. 地方政府绩效预算 [M]. 上海：上海财经大学出版社，2007.

[4] 菲利普·G乔伊斯. 基于绩效的预算：公共预算经典——面向绩效的新发展 [M]. 上海：上海财经大学出版社，2005.

[5] Brizius, J. et al.. Deciding for Investment: Getting Returns on Tax Dollars[M]. Washington, D.C.: Alliance for Redesigning Government, National Academy of Public Administration, 1994.

为"明确地将每一项资源的增加与产出或其他成效的增长相联系的预算"[1]。这些学者把资源增量与绩效增量相挂钩,在这种情况下,绩效预算是一种决策规则,即绩效信息决定预算决策。

第二种观点是将绩效预算看作是对预算管理全过程的革新。卡森(Cothran)将绩效预算定义为"控制支出、利润分享及各种不同措施的一种预算制度"[2]。它不同于传统预算的决策者整合各部门所提供的需求,而是对支出设限,其预算程序是采取自上而下的方式编制,并非传统的自下而上的预算编制方式;且透过分权奖励的方式,给予专案管理者最大的自主权以使资源作最佳分配,并对预算执行结果负责。[3] 卓越认为"绩效预算的核心和主要议题在于绩效评估。绩效评估是绩效预算实施的主要依托工具,而绩效预算又为绩效评估提供新的视角——基于成本因素来观察行政绩效。绩效预算以后果为导向,注重预算制定前的预期效果分析、执行中的过程分析、预算结束后的实效对比,通过严密的绩效指标、评估体系和定量分析方法衡量预算实际效果"[4]。

本书认为绩效预算是技术要素和管理改革的结合体。从技术层面来说,绩效预算运用了绩效评估的工具和方法,通过对产出效果的科学测评,从而增加预算在编制和决策中的科学性;从管理层面来说,绩效预算是对预算管理流程的再造,主要体现在两个方面,一是它在原有的预算管理基础之上增加了绩效目标这一环节,即财政资金支出以绩效为导向,为了完成这一目标,则需要预算流程的变革,即预算编制时注重预测分析、执行中注重过程的反馈、决算中注重效果的对比;二是绩效预算改变了原来预算过程的顺序的进行方式,成为一个动态的、实时反馈的过程,通过反馈和修正的方式进行自我更新。

---

[1] Allen Schick. The Performing state: Reflection on an Idea whose Time Has Come but whose Implementation Has Not[J]. OECD Journal on Budgeting, 2003, 3(2): 71-103.

[2] Dan A. Cothran. Entrepreneurial Budgeting: An Emerging Reform?[J]. Public Administration Review, 1993, 53(5): 445-454.

[3] Dan A. Cothran. Entrepreneurial Budgeting: An Emerging Reform?[J]. Public Administration Review, 1993, 53(5): 445-454.

[4] 卓越. 政府绩效管理概论[M]. 北京:清华大学出版社,2007: 255.

## 四、研究方法

研究方法是由阐述清晰明确的规则、步骤和过程组成的体系。它是形成新的思想和理论所必备的前提，具体到公共管理领域中，吴建南教授将其比喻为"公共管理探索 y=f(x) 世界的求解工具"[1]。因此，运用何种工具，在很大程度上决定了研究结果的可信度和准确度。而在学术界，并存着两大方法论主题，即实证研究与规范研究。实证研究在方法阐述、研究的客观性及操作程序上更加规范化，而规范研究擅长对相关理论进行深层次的探索和整合。因此，本书根据研究需要，采取两者结合的方式展开研究。

### （一）规范研究方法

规范分析方法的主要特点就是在分析以前首先确定某种准则，再依据准则来判断研究对象目前所处的状态是否符合这些准则。如果不符合，其偏离的程度如何，如何调整等等。本书首先对绩效信息做出界定，分析绩效信息的基本特征，从而为探索绩效信息的影响因素确立基本准则和"标杆"。此外，在探索出绩效信息的影响因素之后，对这些因素影响绩效信息质量的程度进行测量，从而为改进绩效信息质量提供依据。

文献分析方法。"文献是指包含有我们要加以研究的对象的信息的各种载体。而利用文献资料间接考察历史事件和社会现象的研究方式就称为文献研究。"[2] 本书的研究对象为绩效预算中的绩效信息，而文献大多并不直接对其探讨，因此需要从大量的文献资料中剥离出相关内容，进行梳理和归纳。同时，借鉴相关理论，构建出绩效预算中绩效信息的研究脉络。

比较研究方法。"比较研究方法，又称类比分析法，是指对两个或两个以上的事物或对象加以对比，以找出它们之间的相似性与差异性的一种分析方法。"[3] 首先，本书在文献综述的基础上，对绩效信息和绩效预算的涵义进

---

[1] 吴建南. 公共管理研究方法导论 [M]. 北京：科学出版社，2006.
[2] 林聚任，刘玉安. 社会科学研究方法 [M]. 济南：山东人民出版社，2004: 128.
[3] 林聚任，刘玉安. 社会科学研究方法 [M]. 济南：山东人民出版社，2004: 151.

行了阐释，分析了绩效信息、绩效预算中不同界定之间的联系与区别；其次，通过对预算管理过程与绩效预算过程的比较，发现预算管理与绩效预算之间的传承与革新，得出绩效信息的作用方式及功能；最后，对支持绩效预算的相关技术性因素进行了国内外的比较，得出我国改进绩效信息质量的方法和发展方向。

历史研究方法。历史研究法是按照历史发展的顺序对过去事件进行研究的方法，它是以过去为中心的探究，它通过对已存在资料的深入研究，寻找事实，然后运用这些信息去描述、分析和解释过去，同时揭示当前关注的一些问题，或对未来进行预测。绩效预算这个名词早已有之，但近几十年获得普遍关注和广泛发展说明它能够适应新时代的需求。因此，本书的研究起点即是从历史的角度分析绩效预算，使得大家对它的认识更加清晰，更好地把握研究重点继而展开研究。

### （二）实证研究方法

"实证研究方法是建立在事实观测的基础上，通过一个或若干具体事实或证据而归纳出结论。"[1] 绩效预算是一个实践性非常强的主题，而绩效信息在绩效预算中的使用及其影响因素更是需要将现实状况作为研究的起点和对象。本书采用的实证研究方法综合运用了访谈调查法、问卷调查法和统计分析方法。

访谈调查法。"访谈调查是调查者通过与被调查者面对面的交谈，以口头问答的形式了解某人、某事、某种行为和某种态度的调查方法。访谈调查的一般程序就是探访被调查者，把要调查了解的问题逐一向被调查者提问，由被调查者根据要求一一作答，同时，调查者及时将被调查者的观点、意见和看法记录下来，然后对所做记录进行汇总、分析，从而得出调查结论。"[2] 由于国内对绩效信息的研究甚为薄弱，即使国外有学者进行研究，但是由于国情的差异，其研究结论或许并不适合。因此，访谈研究成为本研究在前期

---

[1] 李怀祖.管理研究方法论（第2版）[M].西安：西安交通大学出版社,2004:126.
[2] 陈伙平.教育科学研究方法与原理[M].福州：福建科学技术出版社,2005:48.

研究思路形成部分和问卷形成部分运用的主要工具。通过对政府工作人员的访谈，了解目前预算管理和绩效预算实施的一般情况及存在的主要问题，为后期研究工作的开展提供参考和依据。

问卷调查法。"问卷法是以书面提出问题的方式搜集资料的一种研究方法。研究者将所要研究的问题编制成问题表格，以邮寄方式、当面作答或追踪访问方式填答，从而了解被试者对某一现象或问题的看法和意见。"[1]本书在文献梳理和访谈的基础上，编制了绩效预算中绩效信息的影响因素调查问卷，其计量尺度采用李克特5级量表。在调研对象上，由于难以找到绩效预算实施较为成功的试点，如广东、上海等政府工作人员，所以选取了正在尝试进行绩效预算工作的厦门地区以及正在开展绩效管理的其他地区的政府工作人员。

统计分析方法。统计分析法就是运用数学方式建立数学模型，对通过调查获取的各种数据及资料进行数理统计和分析，形成定量的结论。本书运用统计学工具之一——结构方程模型（SEM），对影响绩效信息各种因素的权重进行筛选，从而形成绩效信息影响因素结构模型。

---

[1] 朱德全. 教育研究方法 [M]. 重庆：重庆出版社，2006: 75.

# 第一章

# 学科理论与研究思路的形成

分析视角是指"由某一门学科本身所固有的某些特定的基本范畴和规范构成的一些整理和建构研究资料的基本范式或图式"[1]。对于科学问题,尤其是社会科学中的问题,其问题的本身往往具有综合性,只有从不同的角度去看待问题,才能对其进行较为系统的研究,从而得出相对科学的结论。"对任何一个时代问题作出适当的解答,都绝对不能只靠迫切的愿望和渊博的知识,还需要真正的理论视角和方法论的根本创新"[2]。因此,从多学科的理论视野出发,研究绩效预算中的绩效信息问题,正是上述观点的体现。本章首先论述相关学科理论对绩效预算的研究内容,然后用两节的内容分别论述管理学和经济学相关理论对研究思路形成的启示,最后形成全文的研究思路与结构安排。

---

[1] 谢维和.教育活动的社会学分析——一种教育社会学的研究[M].北京:教育科学出版社,2000: 60.
[2] 马克斯·舍勒著.艾彦译.知识社会学问题[M].南京:译林出版社,1999.

# 第一节 相关学科理论对研究思路形成的启示

"在公共财政的框架下，政府预算就是指经法定程序审核批准的具有法律效力的政府年度财政收支计划，是政府筹集、分配和管理财政资金的重要工具。"[1] 从政府预算的定义中可以看出，政府预算需要通过一定法律程序审核并具有法律效力，说明预算具备法律性范畴；预算分配需有决策和审批，这个过程涉及政治活动；预算是财政收支的环节之一，它是分配稀缺经济资源的过程，因此又具备经济学特征；预算更是一项管理活动，它是政府施政的工具和手段，是表达政府政策导向和行为的资金表现。预算的多维特征形成了对预算管理不同的研究视角，学者们从政治学、法学、经济学和管理学的视角研究政府预算，不同的学科对政府预算研究的问题和侧重方面虽然有所区别，但它们之间并不存在严格的分界线，本书试图在管理学和经济学的学科理论基础之上吸收借鉴其他学科的研究成果，对研究内容进行丰富和完善。

## 一、管理学和经济学

### （一）管理学

管理学是政府预算的重要研究视角，因为政府预算本身就是一项管理活动。尤其是进入20世纪之后，随着新公共管理运动和治理理念的产生与发展，对预算的控制、管理、规划等功能方面的研究获得了较多的关注，并借鉴企业管理的相关技术和方法，政府预算管理研究形成了工具性与价值性并重的局面。

---

[1] 李燕. 政府预算理论与实务（第2版）[M]. 北京：中国财政经济出版社, 2010: 2.

管理学对政府预算的研究即是探索"资金如何流入各个政府机构、如何在各政府机构内流动以及如何流出的过程"[1]。且在对此过程的研究中运用多种技术与管理方法。也就是说，管理学研究视角的特点，首先是突出了管理的过程导向，对预算活动流程中的各个环节的计划、组织、协调、控制、监督等逐一进行分析，考察预算管理链条中的每一部分的运行条件和控制节点对预算管理整体运行的影响，从而提升预算管理整体的控制功能和管理的科学化水平；其次是突出管理的技术导向，借鉴运用企业管理中先进经验，例如会计核算技术、信息系统平台建设、管理流程控制方法、决策技术、评估技术等管理科学手段，提升预算管理的质量水平。

### （二）经济学

经济学的研究思路和已有的理论为绩效预算中的绩效信息研究提供了思路和依据。经济学认为税收是公众为政府提供公共服务活动而付出的价格，预算计划是实现预算资金供给方和需求方相平衡的工具，政府预算的功能是配置社会资源和体现集体选择的方式。因此，在配置资源的过程中，如何更有效率地进行公共产品的分配和决策从而满足公众需求，成为经济学研究政府预算的视角。

经济学对政府预算已形成了较多的理论，例如，尼斯坎南于20世纪70年代创立了"官僚经济学"理论，运用经济学理论对官僚的预算行为进行了分析，认为官僚和政治家存在自身利益最大化倾向并通过信息不对称实现预算最大化；20世纪80年代，科斯运用产权理论、交易成本理论等新制度经济学相关理论对预算进行了研究，他认为"预算协议和预算分配也是一种交易，在预算过程中同样充满着机会主义行为、不确定性、信息不对称和交易成本现象"[2]。这些理论观点解决或解释了政府预算中某一方面的问题，在一定时期中得到了广泛的运用，表明经济学视角中的预算研究具备一定

---

[1] 邵绪亮,吴春丽.多维视角看政府预算[J].广西财政高等专科学校学报,2005,18(5):39-43.
[2] R.科斯,A.阿尔钦,D.诺斯.财产权利与制度变迁——产权学派与新制度学派译文集[C].上海:上海三联书店,上海人民出版社,1991.

的解释力。

总之，管理学和经济学的研究思路和理论与"绩效信息"、"绩效预算"的本质要素具备较高的契合度。从前文对两者的定义可以知道，两者都是包含过程性导向和技术性导向的结合体，这与管理学对预算管理的研究特性相吻合，因此从绩效信息的视角对绩效预算进行研究，可以借鉴管理学中较为成熟的研究路径——过程导向的研究和技术导向的研究两条路线；经济学中的委托—代理理论和信息不对称理论等理论从经济学的视角解释了"信息"的作用和绩效预算形成的原因、存在的必要性等问题，并且形成了信息经济学这一分支，现有的研究成果和研究思路对于框架形成的思路和研究内容具有重要启发。

## 二、政治学和法学

除了管理学和经济学的研究途径之外，还有较多学者从政治学和法学的视野对政府预算进行了研究。这些学科对本研究框架的形成思路也大有裨益。

### （一）政治学

政治学对政府预算管理的关注点在于政治过程中的利益分配和预算活动的民主性。政府通过分配公共资源为社会提供公共产品和服务，预算编制的过程就是利益分配的过程，在这个过程中，预算过程中的利益相关主体为争取利益而进行政治争夺。如何发现公共利益、表达公共需求偏好并协调各方利益主体的预算需求，是从政治学视角研究政府预算的课题之一。另外，政治学将政府预算看作是表达民主诉求的工具，公共财政是民主政体的表现形式和重要特征，为纳税人负责是民主政体的根本要求，且政府预算是政府活动的表征，因而具有财产权利的纳税人有权利控制支付财政，政治、法律程序都需要对纳税人的利益进行保护。现阶段公民对预算资金透明度的需求和对预算参与的渴求成为政治学在政府预算研究中的侧重点，将全部政府资金纳入预算范围、提高预算透明度及预算编报质量，预算决策中吸收听取公民意见、扩大公民参与政府预算的范围和改变公民参与方式等等与政治决定和公民参与相关的行动均是政治学视角中的研究范围。政治学对绩效预算研究的相关成果对于解释和分析预算决策和分配以及公民参与预算监督方面的信息等问题提供了思路。

## （二）法学

法学视野中的政府预算管理则以预算的法律性为基本研究对象。"预算的形成过程实际上是国家立法机构审定预算内容和赋予预算执行权的过程"[1]。任何国家的预算都是经过立法机构的审批之后才能获准执行,经过审批生效之后的预算就成为了具有法律效力的文件,它的执行过程需要按照文件执行并接受立法机构的监督,任何人无权对其进行改动和变更。政府预算是宪政的组成部分之一,它赋予了公民法律上的权力来约束和监督预算形成和执行过程。同时,政府预算也反映了政府与公民之间的权利义务关系,公众的权利义务是缴纳税收和享受预算支出,政府的权利义务是提供公众需要的公共物品和政府管理,政府与公众之间体现了委托—代理关系。因此,公众有权通过立法机构行使自己对行政权力的约束,政府行政机构的法律责任和义务是提供公众需要的公共物品和服务,并接受立法机构和社会的监督。由此也可以推知,绩效预算的产生能够更好地保障公民行使行政权力,同时,绩效预算的实施离不开法律制度的保障,因此,法学的研究视角为绩效预算未来的发展方向提供了依据。

综合以上分析,本书为了研究需要,以管理学和经济学的分析视角为主,由于预算管理的综合性特征,因此在分析中也会相应涉及政治学和法学对绩效预算的研究内容,并将其与管理学、经济学对绩效预算的研究内容进行融合,共同对问题进行分析。

---

[1] 李燕. 政府预算理论与实务(第2版)[M]. 北京:中国财政经济出版社,2010: 3.

# 第二节　管理学基础理论对绩效信息研究思路形成的作用

在确立了基本的分析路线之后，需要利用相关理论对其进行细化，明确分析的基本内容。本书首先借助于管理学中的系统论、信息论和控制论。选取这三种理论是因为"系统论的基本思想方法，就是把所研究和处理的对象，当作一个系统，分析系统的结构和功能，研究系统、要素、环境三者的相互关系和变动的规律性，从优化系统的观点看待问题，世界上任何事物都可以看成是一个系统，系统是普遍存在的"[1]。系统论为本书所研究的问题提供了一种立足整体、统筹全局的宏观思路；而信息论和控制论则是从微观的角度对问题进行分析。三者结合能够更加全面地分析问题。

## 一、系统论

### （一）系统论的基本理论主旨

系统一词，最早来源于古希腊语，是指由部分构成整体的意思。由于客观事物是以系统的形式存在的，所以人类很早就有了系统的观念。古希腊辩证法奠基人赫拉克利特在《论自然界》一书中说，"世界是包括一切的整体"，古希腊唯物主义者德谟克利特在《宇宙大系统》一书中最早采用"系统"这个名词。古希腊思想家亚里士多德的"整体大于它的各部分的总和"的论点，就是从系统的角度对问题进行表述的。随着科技进步和人类认识的发展，人们对于系统的认识也更加的深入和完善，系统已经成为一个科学名词，而不同的学者也从不同的角度进行定义。目前比较公认的系统的概念是"处在环

---

[1] 于兴治. 国家行政监控系统的分析理论与应用研究 [D]. 大连理工大学管理博士学位论文, 2010: 42.

境之中相互作用和相互依赖的若干部分（要素）组成的具有一定结构和确定功能的有机整体"[1]。从定义中可以看出系统的构成需要具备四个条件：（1）具备两个以上的要素。要素始终是和系统不可分割地对应着的，要素是构成系统的必要因素，即构成系统的各个部分或成分，是系统最基本的单位，因而也是系统存在的基础和实际载体。系统离开了要素就不能称其为系统。（2）要素之间存在相互联系、相互作用的关系；要素作为系统存在和发展的基础，是通过要素之间相互联系形成的结构决定着系统整体。（3）要素之间的联系与作用必须产生整体功能，使得这个系统能够存在和发展，达到预定的目的。系统和要素之间是对立统一的关系，它们互为依存、互为条件。（4）系统有一定的环境，系统与环境之间也相互作用和相互联系，系统和环境互相伴随而产生、相互作用而变化。系统功能体现了一个系统与外部环境之间的物质、能量和信息的输入与输出的变换关系。（如图1-1所示）

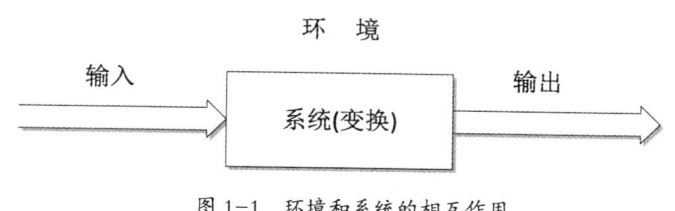

图1-1　环境和系统的相互作用

### （二）系统概念下的预算管理定义重构

结合系统的思想，我们可以认为政府预算管理的过程即是一个系统，借用系统论的观点对预算管理的定义进行重构：为了实现有效管理社会公共事务、增进公共利益，由特定的组织（群体）管理、使用可用资源并接受外部监督的过程。我们可以进一步地从系统的定义出发对绩效预算的特征进行剖析：

第一，预算管理是由多个要素组成的集合体。预算管理的构成要素从参与主体的角度可以分为财政部门、资金支出部门、第三方机构、立法机关、

---

[1] 马丽扬. 系统论、信息论、控制论通俗讲话 [M]. 石家庄：河北人民出版社，1987: 6.

审计部门、社会公众，每一个参与主体都是预算管理中不可或缺的一部分。

第二，预算管理具有整体性功能。在大的社会环境中，预算管理可以被看做是一个完整的系统，它是财政管理系统中的一个子系统，在财政管理的系列环节中发挥重要作用，其存在的目的是对公共资源进行合理配置，满足社会需求。其内部的各个部分处于有机复杂的联系之中，每一个部分都是相互影响、相互制约的。预算管理每一个参与主体都可能会对预算资金支出及使用的质量产生影响，反过来整体又制约着部分。

第三，参与预算管理的各个主体之间存在联系性。预算资金支出能否科学有效与各参与群体对预算参与的积极性、主动性、参与方式等息息相关。因为预算管理涵盖范围较广，而且资金配置和决策需要综合考虑多种因素，仅靠单一主体的参与难免会有失偏颇，所以需要考虑参与主体之间的联动关系和可能发生的利益冲突，通过某种制度安排和机制设计使得各参与主体达成共识、制定政策、互相合作，最大程度地促进预算资金科学化的提升。

第四，预算管理具有动态性。预算管理的动态性是指预算管理系统与社会环境之间相互影响发生"交换"活动；预算内部各参与主体之间与政府组织环境之间发生"交换"活动。也就是说，预算管理的实施方式并不能一概而论，其作用形式受所处的社会环境和组织环境的影响，同时也要反映环境、系统和组织成员战略变化的要求，不断推陈出新，随实际状况进行调整，应用新的方法更新管理方式。

### （三）系统论对绩效信息分析思路的作用

系统论为从绩效预算中绩效信息分析视角的建构提供理论指导和宏观思考。其首要的思想是整体的观念及整体与部分的关系，因此从这个思想出发，我们首先将预算管理本身划归为一个整体，即作为一个系统。它既是一个独立的整体又是更高层次的系统中的一部分，即为一个子系统。若作为整体的系统，它是由许多次级要素组成且包含了许多更低层次的系统；若作为子系统，它同更多子系统一起构成更高层次的系统。如图1-2所示：

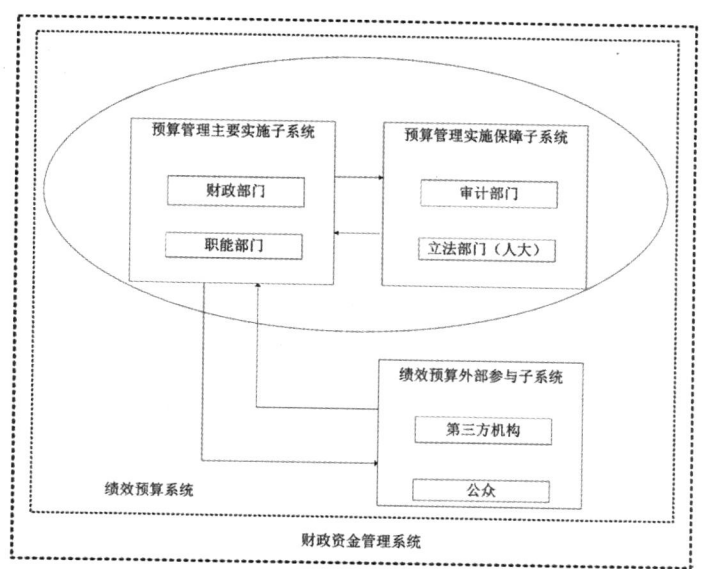

图 1-2 预算管理中各系统组成结构图（资料来源：自行绘制）

预算管理系统是本书将要研究的目标，它从属于财政资金管理系统，是它的子系统。预算管理系统由三个子系统构成，分别是预算管理主要实施子系统、预算管理实施保障子系统和绩效预算外部参与子系统，每个子系统又由多个要素组成。预算管理主要实施子系统由财政部门和职能部门组成，他们承担预算的决策、编制、执行、监督等主要任务；预算管理实施保障子系统由审计部门和立法部门（人大）组成，他们主要承担预算的监督，保障预算整个流程的合法性和执行的有效性；绩效预算外部参与子系统由第三方机构和公众等组成，他们对预算的运行过程和运行结果享有知情权，他们通过专业优势或通过实际参与到预算实施过程的方式对预算的运行进行监督。

另外，预算管理系统是一个开放的系统，它和其内部组成部分同周围环境、内部组成部分之间同周围环境进行着信息交换、物质交换和能量交换。预算实施系统和保障系统中的构成要素，其共同的特征是均为政府组织，因此其行为方式受政府组织结构、政府管理方式、政府规章制度等政府环境的影响和制约；外部参与系统中的构成要素与具有政府组织特征的预算实施系统和预算保障系统发生互动时，由于三者均处于整个社会大环境中，因此其行为方式又同时受到社会政治制度、经济制度、社会文化、传统思想观念等因素的制约与影响，从而对其互动方式和参与形式产生影响。

再者，预算系统是个动态的系统，其各组成部分之间、组成部分同外部环境之间的互动关系是个时刻变化的动态过程，并不是一成不变的，它们之间发生着信息流动既是预算本身的要求所致，更是系统论理论发展的逻辑结果。

## 二、信息论

信息论是随着第二次世界大战后电讯业的发展而日渐成形的，大规模的战争必须动用大量的人力、物力、财力，要打败敌人，就必须发展自动预测、自动瞄准、自动跟踪、自动控制，这些都迫切要求研究信息、利用信息，这些需要促使许多科技工作者在不同岗位上对信息进行大量的研究，从而促使了信息论的产生。现代信息论成为科学是源于1924年奈奎斯特（H.Nysguist）《影响电报速率因素的确定》一文中对信号带宽和信息率之间关系的解释和1928年哈特莱（R.V.Hartley）在《信息传输》一文中引入了非统计（等概率事件）信息量概念。到1948年美国数学家香农（C.E.Shannon）发表了两篇有关"通信的数学理论"的文章，讨论了信源和信道特性，并用概率测度和数理统计的方法，系统地阐述了通信的基本问题，得出了几个重要且带有普遍意义的结论，由此奠定了现代信息论的基础，香农也成为了信息论的奠基人。

### （一）信息论揭示了预算参与主体之间互动的本质

香农建立的信息接收系统的一般模型，对我们科学认识信息创造、传播、接收的过程具有重要意义。如图1-3所示：

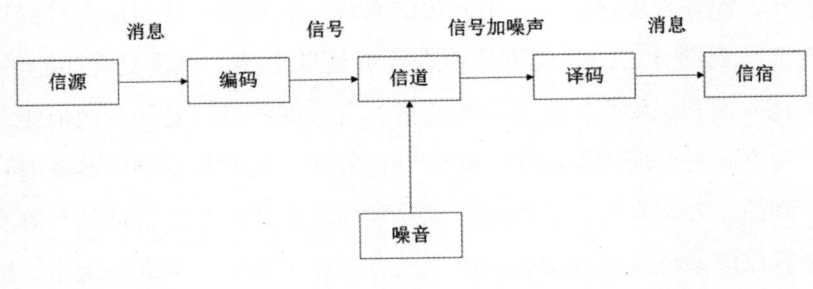

图1-3 香农通讯模型图

信源系统阐述了或者选择了由需要传递的信号所组成的信息，经过编码把信息转换为一套信号，通过信道传送给接收者。接收者再把信号转换为信息。信源是发送消息的一方，信源发出的消息承载了信息，并通过信道传递到接收消息的一方，即信宿，信宿收到了来自信源的消息，了解到了许多之前不知道的关于信源的认识，也就是获得了信息。从这个过程中，我们可以理解信息在预算参与主体之间的产生与传播过程。预算参与主体的互动就是信息在他们之间的流动过程，而绩效管理方法导入到预算管理中之后，增加了流动中的信息类型，绩效信息是预算参与主体发送的承载有预算绩效相关内容的信息，通过某种传播方式到达信息的接收方，信息接收方利用绩效信息增加了对预算过程的了解。

## （二）信息论是分析预算参与主体之间互动方式的依据

1. 用于分析预算参与主体间的信息获取与传递。信息论研究的目的在于尽可能地保证信息传输的有效性、可靠性、保密性和认证性尽善尽美，以实现理想的通信系统。"信息论的研究者所使用的'信息'概念强调的不是意义，而是刺激因素或者信号的量化过程，可以把信息视为减少不确定性所需要的信号数量"[1]。不确定性是信息论中的重要概念，也是信源的重要性质。信息论认为"一个实际有用的信源具有不确定性，信源的不确定程度与信源所包含的消息数和每种消息发生的概率有关"。在预算的过程中，以公民与预算部门之间的互动为例，首先，信宿（公民）在接收了预算信息之后，公民增加了对预算资金使用状况的了解，减少了对预算资金使用的不确定性，而其减少的程度在于公民从预算部门那里获得的信息量的多少。其次，公民收到的信息量与预算部门发出的信息量并不一定存在等价关系，因为在传输过程中存在许多干扰因素，用信息学上的术语来说，就是受到"信道中噪声的干扰"，也就是说，预算信息在传播中会受到传播手段的影响造成信息损耗，因此，公民收到的净信息量是预算部门发出的信息量与传播过程损耗的信息量之差，更进一步说，公民对预算部门中资金使用的不确定性程度之所以会部分的消

---

[1] 崔佳颖.组织的管理沟通研究[D].首都经济贸易大学博士学位论文，2006: 16.

除，其本质在于公民在获得预算信息之后，其消息的概率空间发生了变化。

2. 用于分析预算参与主体间的信息加工。美国著名科学家、认知心理学和人工智能的创始人之一西蒙，从人与机器的智能活动的信息加工活动的角度提出了一个"物理符号系统假设"。如图1-4所示：

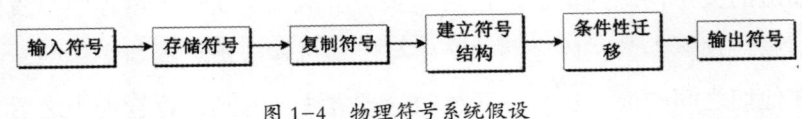

图1-4 物理符号系统假设

物理符号系统假设其实是一种信息创生系统模型，也就是对已有信息进行加工处理而产生新信息的系统。对于社会科学来讲，物理符号系统指代人或组织等能够表现出智能活动的系统对于信息的加工过程。假设的重心是活动的结果，因此，钨焜对以上两种模型进行综合，建立了信息创生模型。如图1-5所示：

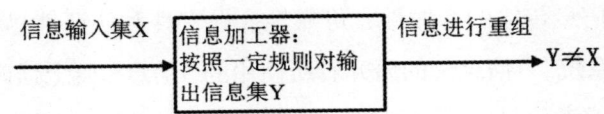

图1-5 一个最简单的信息加工器模型图示[1]

信息创生是指通过对已有信息的加工处理而产生新信息。它与信息传递不同，其重点不在于对已有信息的模式、内容进行简单保持、变换、再现或复制，而是对其进行创新性改变。信息创生模型对于绩效信息的产生具有一定的解释力，汇总和收集而来的原始信息需要经过一定的加工过程才能成为可用的绩效信息，其加工的方式除了对类似"噪音"的无用信息进行剔除之外，更重要的是运用合理的绩效指标、科学的绩效评估程序对筛选而来的信息进行处理。原始预算信息输入到预算绩效评价体系中，预算绩效评价体系通过绩效指标等方式对预算有关的信息进行加工，从而产生了能够反映预算资金结果状况的绩效信息，绩效信息显然不再等同于原始的预算信息，绩效信息的质量如何也就直接受到绩效预算评价体系的影响。

---

[1] 钨焜. 信息认识论[M]. 北京：中国人民大学出版社，2002：42.

## 三、控制论

控制（cybernetics）一词来源于希腊单词 κνβερνησης 掌舵人[1]。这个词起先为柏拉图所用，后来亚里士多德将它用于表示对社会的掌控，19世纪时安培（Ampere，1775-1836）用它来描述对政府和国家的控制。[2] "一个系统，总会存在许多不确定因素，使得系统处于不稳定状态。为了使系统保持稳定，就必须根据外界信息的变化，多次反馈，对系统施加一定的作用，这种作用就是控制。"[3] 规划的有效实施，组织的良性运转、行为的合理引导，都有赖于控制职能的有效运作。控制论的基本要素（反馈、信息和控制）互为前提，三者密不可分。

控制论诞生于20世纪40年代，它是一门跨学科的理论，几乎与所有学科都存在或多或少的关系。它以控制系统（即能够形成目的的系统）为研究对象，研究这些系统（如生物体和机器以及各种不同基质系统）的通讯和控制的过程，研讨它们共同具有的信息交换、反馈调节、自组织、自适应的原理和改善系统行为、使系统稳定运行的机制。控制论创始人维纳对控制论的经典定义是："控制论是关于动物和机器中控制和通讯的科学。"他认为一切有生命的系统与无生命（机械）的系统都是控制系统和反馈系统。他从系统功能的意义上消除了非生命系统与生命系统之间的壁障，而揭示了它们之间某些共同的规律。控制系统最基本的构成要素有两个方面，一是施控系统，二是受控系统，它们之间的互动关系如图1-6所示：

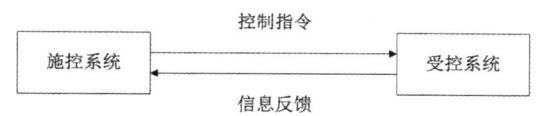

图1-6 施控系统和受控系统互动关系

如图1-6中所示，根据外部环境的变化，施控系统通过系统的变换和传

---

[1] 维纳著.郝季仁译.控制论（第2版）[M].北京：科学出版社，1985.
[2] Felix Geyer, Johnnaes van der Zouwen. Nobert Wiener and the Soeial Seiences[J]. Kybemetes, 1994, 23(6/7): 46-61.
[3] 马丽扬.系统论、信息论控制论通俗讲话[M].石家庄：河北人民出版社，1987.

递后发出指令，调整受控系统的行为，以期达到预定的目的，使得系统向稳定状态发展，最终达到预定的目的。同时，受控系统接收并执行施控系统发出的指令，受控系统存在反馈调节功能，它将被控制中执行指令的情况、出现的问题及与目标的偏差等通过信息反馈功能传达给施控系统，作为下一次调整控制指令的依据，由此形成一个循环。我们从中可以看出，系统控制的过程就是信息流通的过程，控制就是通过信息的加工、处理、变换、传输来实现的，而它有别于信息论的重要特征就是其反馈功能，反馈是控制论的核心问题。

反馈分为两种，正反馈和负反馈。正反馈是指偏离施控系统预定目标的反馈，它加剧了系统给定信息与真实信息之间的差异，使系统处于更加不稳定的状态。正反馈发展的极端方式便是系统的崩溃，例如爆破、战争爆发等均是正反馈的代表。与之相反，负反馈指的是对偏差的纠正，它通过反馈作用及时调整，不断缩小系统预定目标，减少偏差，使得系统实现其稳定控制的作用，保持其正常状态。

控制论是对信息论的进一步完善和扩展，一是它使得信息传播由单向性传播变成了循环性传导，其过程用图1-7进行表示。二是它更加强调目标性和目的性。也就是说施控系统通过一定的控制方法对受控系统进行控制，均是为了实现明确的目标、达成预设的目的，使得系统的发展向人们期望的状态前进。

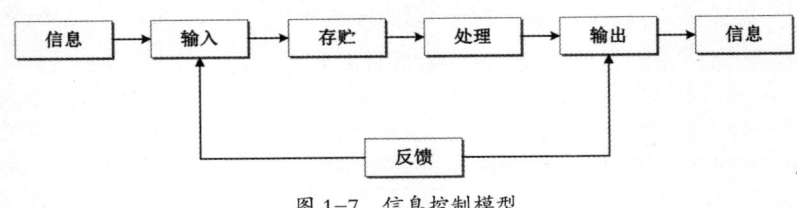

图1-7 信息控制模型

绩效预算管理对原有的预算管理方式最大的改变就是通过绩效信息实现了反馈功能，"反馈是从流程的产出到投入或者流程的差异信息返回（差异信息是实际产出相对于绩效标准的偏差），据此进行调整，以保持理想的绩效水准或控制系统的稳定"[1]。具体而言，绩效预算系统控制功能表现为通过

---

[1] Robert Simons. Performance Measurement and Control Systems for Implementing Strategy: Text and Cases[M]. New Jersey: Prentice Hall, 1999.

绩效信息的反馈对预算执行状况和预算资金支出效果实现动态的控制。在预算执行开始之前的预算编制阶段，各执行部门就需要制定预算支出的目标，并以此目标为基础制定支出计划，在预算执行过程中，预算监督部门与预算执行部门通过绩效信息发生联系，预算监督部门对预算执行部门的预算资金执行情况进行追踪，并对其衡量、测度和评价，及时发现存在的问题，对与预算支出目标之间的偏差进行及时的纠正，防止偏差的扩大化，保证预算执行与预算目标的一致性；在年度决算中，对全年的预算执行情况进行总体评价，并且利用结果绩效信息，结合预算执行环境和未来发展的需求，对预算目标和预算计划进行调整或修订，为未来年度的预算制定提供参考，这个过程循环往复，施控主体与受控客体通过建立绩效评价指标从而实现绩效信息反馈，体现了控制论的思想。

## 第三节　经济学理论对绩效信息研究思路形成的作用

利益相关者理论、委托—代理及信息不对称理论都是信息经济学中用以分析市场中交易主体间信息问题的重要理论，它们可以辅助支持管理学理论对信息问题的研究，同时也是绩效信息产生与作用的根本目的。其中，利益相关者理论可以为系统论中提出的预算参与主体划分提供分类依据；预算参与主体间的委托—代理关系与其之间存在的信息不对称问题是绩效信息运用于预算管理中的分析起点。

### 一、利益相关者理论

汉朝司马迁曾在《史记》中说："天下熙熙，皆为利来，天下攘攘，皆为利往。"即是表明社会生活中的一切活动都是以"利益"为联系和纽带，利益是人类生活的根本目的所在。马克思和恩格斯也曾说,"人们奋斗所争取的一切,都同他们的利益有关"[1]。这些论断都说明利益在人类存续和生活中的重要作用,人们对于利益的追求是复杂社会关系和社会互动的起点。

19世纪30年代,杜德(E.Merrick Dodd)提出"企业不仅是股东利益的代表,也应该是其他利益主体的代表"的思想,这一想法预示着利益相关者理论的产生。斯坦福研究院继而认为利益相关者是"那些除了股东之外对组织存续具有重要利害关系的团体",此后,利益相关者的思想开始获得人们的关注并在实践中加以应用,对实际问题的研究产生了一些影响。进入80年代之后,一些经济学家开始对利益相关者理论进行拓展和深入研究,许多学者对利益相关者的界定持有不同的观点,这其中影响最为广泛并且被广泛认可的是美国经济学家弗里曼(Freeman)对它的定义,他认为利益相关者指的是"任何可以影响该组织目标、行为、决策、活动的或被该目标、行为、决策、活动影响的群体或个人"[2]。从弗里曼的观点中可以得出以下推论:一是利益相关者理论由企业中产生,但是弗里曼的定义不是将视野局限到企业中,而是推广到一切组织范围内,以组织活动的流程为分析起点。二是他的定义是对利益相关者涵盖范围的拓展和深化,它将一切与组织活动有关的群体和个人均纳入到利益相关者群体的范围内,不仅有主动影响组织的群体或个人,更囊括了被动受组织活动影响的群体或个人。由于他横向拓展了利益相关者定义范围,能够更好地分析社会现象和社会问题,因此受到了管理学、经济学研究者的一致赞同,自90年代后成为了利益相关者界定中的一个研究范式。

"利益"为我们提供了一个看待事物的角度。从利益的定义中可以推断,利益构成社会活动的基本元素和取向,而关系一国政府一切活动支出安排和资源配置的政府预算则更是集中体现了对"利益"的诉求。预算管理是资源配置的过程,更是利益的协调过程,预算过程中不同的参与者都在寻求自身

---

[1] 马克思. 第六届莱茵省议会的辩论(第1篇论文)(A). 中共中央马克思、恩格斯、列宁、斯大林著作编译局. 马克思恩格斯全集(第1卷)[C]. 北京:人民出版社,1964: 82.

[2] R. Edward Freeman. Strategic Management: A Stakeholder Approach[M]. Harpercollins College Div, 1984.

利益最大化，他们之间存在或冲突或一致的行为取向。马蔡琛将政府预算组织体系中的利益相关主体分为"民众及其代表组成的监督制衡方、政府预算部门及其官员组成的资金供给方、资金使用者团体组成的资金需求方"[1]三类。他对利益主体的分类从资金的需求—供给角度，其突出的是预算的"交易"属性。而本书所理解的利益则更倾向于以绩效预算流程中的活动主体为着眼点，借鉴弗里曼对利益相关者的定义，本书认为预算管理中的利益相关者是指参与到预算管理实施过程中的组织或群体，其分类的标准既包括预算资金的需求和供给，更需要突出其群体的特征。因而我们将绩效预算中的利益相关者分为五类，它包括负责预算实施与管理的财政部门；负责预算编制与执行的职能部门；负责预算监督、同属于政府系统的政府预算审计部门和立法部门（人大）；不属于政府系统，但能够利用专业知识为预算实施提供技术支持和具有部分监督职能的第三方组织；政府预算的委托人及预算的外部监督主体——公众。

本书对绩效预算中利益相关者的群体划分，是后文进行分析的基本主体和分析对象，之所以采取这种分类方式，是源于研究目的的需要。本书所理解的利益相关者，虽然也体现和隐含部分的预算"交易"的特性，但更多的是突出预算的过程导向与工具导向，因此为了便于分析预算过程中的参与群体的行为特征和作用方式而进行的类型划分。

## 二、信息不对称理论和委托—代理理论

### （一）信息不对称理论

信息不对称理论的提出者是美国哥伦比亚大学教授维克里（W. Vickrey）和英国剑桥大学教授莫里斯（J. Mirrlees）。维克里通过研究所得税和投标、喊价，分析了在信息不对称情况下，掌握信息较多一方如何运用信息获取利益继而优化资源配置的问题。莫里斯则更深入地研究了此问题，他提出了委托人和代理人之间关系的激励机制设计理论。他们二人因为对于信息

---

[1] 马蔡琛.政府预算管理中的"寻租"活动分析[J].财贸经济,2004(11):50-54.

不对称的研究而获得了 1996 年的诺贝尔经济学奖。此后，美国加利福尼亚大学教授阿克罗夫（Akeriof）、阿罗（Arrow）、斯坦福大学教授斯宾塞（M. Spence）、哥伦比亚大学教授斯蒂格利茨（J. E. Stigliz）等也对这一理论相继进行了研究。其中，阿克罗夫（Akeriof）在《柠檬市场：质量不确定性和市场机制》一文中提出，由于信息不对称导致二手车市场中劣质商品排挤优质商品的"逆向选择"理论，又被称为"柠檬市场"理论。阿罗（Arrow）在《信息经济学》论文集中将信息与经济行为、经济分析和风险转移等相联系，并对信息的特征、信息成本及信息在经济活动中的作用等问题进行了研究；斯宾塞（M. Spence）提出"信号理论"，并在《就业市场信号的使用》和《市场的信号使用》两篇文章中指出市场中介通过使用信号可以抵消逆向选择效应的观点。斯蒂格利茨（J. E. Stigliz）在《竞争性保险市场的均衡：论不完备信息经济学》论文中提出市场运作理论，其基本观点是，在信息不对称的市场中，处于信息劣势的一方可以通过自我选择的筛选方式来改善自身处境。这些经济学家在这一领域的研究，极大地充实和丰富了对信息不对称理论的研究，并在此后的几十年中信息经济学在各个领域均得到了广泛的应用。

"信息非对称是信息的基本特性"[1]。由此可以看出，信息表现出不对称的状况是其常态，而对称则是偶尔才会发生的事情。信息不对称指的是信息在相互关联的经济个体之间呈现不均匀、不对称的分布状态，即在市场交易中某些参与人拥有而另一些参与人不拥有的信息。信息不对称现象在社会生活中随处可见，在任何交易当中的交易主体之间，总会有某个交易主体拥有比对方更多的私人信息，而私人信息的拥有者就可以利用他的信息优势谋取自身利益，从而导致利益单方倾斜，产生不公平，从而对对方交易主体造成利益损害。那么在预算管理领域中，各利益主体之间所掌握的预算信息存在着巨大的差异性，预算信息呈现出不对称和不均匀的分布状态。

信息不对称从内容上来说可以分为两类：一类是内生性信息不对称，它是指"个体利用管理者对其行为事前无法预测、事中无法观察和监督、事后

---

[1] 乌家培. 信息经济学与信息管理 [M]. 北京：方志出版社，2004.

无法验证而造成的信息不对称"。另一类是外生性信息不对称，它是指"由于个体所从事的工作本身所具有的技术禀赋、内涵、性质、特征等决定的，而不是由于个体的主观意识所造成的"[1]。结合前文对信息的定义，我们可以将预算管理中存在的信息不对称分为两种类型：一是信息源的不确定性使得信息不对称。即拥有较多预算信息资源的一方为了维护自身利益而采取垄断信息资源的特性及产生保密、掩盖信息资源的主观行为。二是受信息传播方式、工具和手段的影响导致信息从信源传向信宿的过程中产生信息失真现象，增加了信息不对称的可能性，同时，信宿之间也可能存在信息质量问题，从而加剧信息不对称。也就是说产生绩效信息的技术手段的不同会导致信息质量的差别，信息质量的低下会使信息产生歪曲，引发信息不对称的现象。

### （二）委托—代理理论

委托—代理理论是对信息不对称理论的纵向延伸和进一步扩展。其理论思想最早形成于1973年，美国经济学家罗斯（Ross）认为："如果当事人双方，其中代理人一方代表委托人一方的利益行使某些决策权，则代理关系就随之产生。"[2] 随后，詹森（Jensen）和麦克林（Meekling）对委托—代理的概念进行了明确和界定："一个人或一些人（委托人）委托其他人（代理人）根据委托人利益从事某些活动，并相应地授予代理人某些决策权的契约关系。"[3] 也就是说，委托—代理关系是一种契约式的关系，这种契约关系存在于两个市场活动主体之间：委托人和代理人，代理人根据委托人的利益从事一些活动，从而产生了这种契约关系。

委托—代理关系的形成有赖于如下基本条件：一是委托人和代理人之间存在利益不对称。委托人与代理人之间的利益诉求存在差异，且代理人较委

---

[1] 张辉. 论信息不对称下的审计管理分析 [OL]. 中华人民共和国审计署网站，2006-11-30. http://www.audit.gov.cn/n1057/n1072/n1342/29679.html .

[2] Stephen A. Ross, Randolph W. Westerfield et al. 吴世农译. 公司理财 [M]. 北京：机械工业出版社，2000.

[3] 费方域. 经理行为、代理成本与所有权结构：詹森和梅克林的企业理论评介 [J]. 外国经济与管理，1995(10): 31-34.

托人存在较多的信息优势，因此代理人可能会做出损害委托人的利益的机会主义行为以此为自己谋求利益最大化，所以委托人为了防止这种情况的发生，则会采取措施对代理人加以监督，但是监督的方式和成本等因素在实际操作中很难掌控，如果稍有偏差，便会起到不利影响。因此一套有效的制度安排是监控代理人行为的较好方式。二是委托人和代理人之间存在明显的信息不对称。如果信息完全公开透明，代理人的所有行为均可观测，那么委托人完全可以根据代理人的实际表现对其进行定价。然而现实中的多数情况是，委托人难以知悉代理人的行为细节，代理人的欺诈行为难以观测和考察。三是委托人和代理人之间的契约关系不完全。能够对市场中所有可能出现的情况加以描述并且对市场中交易双方的权利义务关系进行明确界定和描述的契约是完备性契约，而在大多数情况下，对契约进行明确描述和界定是相当困难的，因为难以准确估计到未来可能出现的状况，且对交易双方的权利义务进行明晰也存在现实性困难。

### （三）信息不对称理论和委托—代理理论揭示了绩效信息产生的根本原因

预算管理过程中存在多重的委托—代理关系，因此在预算参与主体之间普遍存在信息不对称问题。根据前文对预算管理组成系统的分析，在预算管理主要实施子系统中，预算执行部门与财政部门之间即是一对委托—代理关系。预算执行部门作为代理人，直接承担着预算目标制订和预算编制、预算执行的任务，因此它具备较多的信息优势，然而他又具有部门利益，存在经济人自利的天然本性，因此便可能利用预算管理中缺乏预算目标预测、执行监督等制度缺陷，在预算目标设计中歪曲目标，而在执行当中则往往存在执行偏差，例如敷衍执行、选择执行、隐瞒真实支出情况等问题，这些问题的出现不仅造成财政资金利用率不高和资金浪费，更损害了公共利益，使得公众对政府部门满意度降低和支出部门权威性的下降。同样，预算管理实施保障子系统与预算管理主要实施子系统之间，预算管理外部参与子系统与预算管理实施子系统之间也形成了委托—代理关系。正是由于预算参与主体间存在以上信息障碍，那么采取某种机制解决这些问题成为预算管理改进的方向。

绩效管理是一种管理方法更是一种制度安排，它通过改进管理流程、产出绩效信息，从而部分地消除预算管理中存在的信息问题。

## 第四节 研究思路、研究框架与结构安排

### 一、研究思路及各部分之间的逻辑关系

研究框架体现了研究的思路和逻辑结构，是进行研究的前提和基础。绩效信息是与绩效有关的信息，它产生于绩效管理体系中，将绩效管理的方法导入预算管理，会引起预算管理模式、流程和内容的改变。绩效信息是一般绩效管理和预算管理的连接点，是绩效预算形成与发展的基本元素。本书对绩效预算中的绩效信息展开系统性的研究，以绩效信息的理论本质、绩效信息的价值功能、绩效信息的应用条件及发展趋势为研究主线，依次对绩效信息的产生目的与理论本质、功能价值、影响因素、影响路径及改进方式这五个方面展开研究。（如图1-8所示）

第一，在具体的研究思路上，以相关理论作为研究的起点，运用理论对绩效信息的产生过程进行阐释从而得出分析的方法和内容。"信息"并不是一个全新的概念，不同的学科也从各自的领域对信息问题开展了研究，然而对于"绩效信息"却少有系统的研究先例。要科学、系统、全面地对其展开探索，则需要借助于相关理论和学科的研究方法和研究内容，这就是将理论作为切入点的原因所在。系统论、控制论和信息论是管理学中的基本原理也是解释一切管理活动的基本理论基础，因此将学科基础理论作为研究起点，能够从深层次上把握研究对象的本质，从而更有针对性地解决管理问题。利用系统论可以对预算管理过程做出抽象性解释，即参与预算管理的组成主体发生相互作用的过程。而这些参与主体包含哪些群体？主体之间是如何相互作用的呢？利用经济学中的利益相关者理论可以对系统论下的预算参与主体

进行界定，帮助厘清研究边界。信息论和控制论是解释主体互动的主要理论，即预算管理各参与主体之间发生信息沟通与反馈，预算参与主体之间的信息分布水平可以影响到预算管理质量。而预算各参与主体之间存在委托—代理关系导致信息不对称问题的产生，影响预算参与主体之间的信息沟通继而导致预算配置效率的低下。为了解决预算管理中的信息问题，产生了许多改进信息分布的管理方法，绩效管理就是其中之一，它的根本方式是通过一定途径产出绩效信息从而影响预算参与主体之间的信息分布，解决信息不对称，也就是说，绩效信息产生的根本目的和主要功能就是解决预算中的信息问题。

第二，通过研究预算参与主体之间的互动过程，揭示绩效信息的价值功能。通过基本理论的梳理明确了绩效信息的作用目的之后，绩效信息是如何改变预算管理主体之间的信息分布的？其作用发挥的具体方式是什么？为了对这些问题进行研究，在研究范围上，选取预算管理中的五类参与主体，包括财政部门、职能部门、审计部门、第三方组织、公民，对存在委托—代理关系的双方互动过程分别进行研究。在研究方法上，采取比较研究法，对绩效管理方法导入之前预算参与主体之间的信息流动过程同绩效预算管理中预算参与主体之间的信息流动过程进行对比，从互动的过程中发现绩效信息的功能。在研究内容上，利用信息论和控制论对信息流动和反馈的相关理论，对每一类预算参与主体获取信息、使用信息、信息传播与反馈的具体过程分别进行论述，最后总结形成绩效信息在绩效预算中的功能。

第三，研究绩效信息的影响因素，寻求改进绩效信息质量的途径。绩效信息的功能价值并非保持在一个固定的水平，其价值的高低受其产生条件的影响。那么，影响绩效信息的条件有哪些？这些影响因素是通过什么途径对其产生影响的？影响程度分别是多少？采取什么方式才能提高绩效信息质量呢？

从绩效信息产生与作用的逻辑中可以推知，绩效信息产生于绩效管理这种管理方法之中，那么绩效管理中所运用的技术、方法是绩效信息的重要影响因素；将绩效管理的方法导入到预算管理之中，绩效信息就需要反映预算信息的内容，因此预算管理的一些技术方法也会对绩效信息产生影响；从系统论的理论可知，各种要素功能的发挥都需要处在一定的环境条件下，因此无论是社会环境、制度环境还是组织环境都可能会对绩效信息产生影响。在逻辑假设之下，通过对现有文献的分析推演，从理论上对这些影响因素作用于绩效信息的方式进行证明，同时通过理论研究，为进一步探索影响绩效信息的路径及作用程度作出铺垫。接下来为了探索不同因素对绩效信息的影响程度，采用实证分析方法，对各种因素影响绩效信息的程度进行定量的分析。其目的在于，一是对之前的逻辑假设和理论分析进行验证，通过数据推导寻求影响因素之间的作用路径；二是通过统计分析工具，揭示不同因素影响绩效信息的程度，为未来的改革提供发展方向与完善重点。那么，提升绩效信息质量，应当采取何种操作方法呢？在这个问题的研究中，采取了比较研究法，通过对国外具体实施条件和方法的比较，立足于我国的发展阶段，找出我国改善绩效信息质量，提高绩效预算管理水平的方法。

## 二、结构安排

导论阐述了研究背景、研究意义，对国内外相关研究的文献进行梳理，界定本研究的核心概念及运用的研究方法。

第一章是绩效信息形成的理论推演与研究思路。主要包括不同的学科理论对研究思路形成的启示；管理学中的系统论、信息论和控制论的理论主旨及对研究思路形成的作用；经济学中的利益相关者理论、委托—代理理论和信息不对称理论的理论主旨及对研究思路形成作用；本书的研究思路、研究框架及结构安排。

第二章是对绩效信息具体作用与功能的探讨。分别阐述了绩效信息在以下主体互动中的信息问题：财政部门与职能部门；专业机构与预算部门；人大与预算部门；公众与预算部门；审计部门与预算部门。最后对绩效信息在预算管理中的作用进行了探讨。

第三章是对影响绩效信息因素的理论分析。主要内容包括绩效信息影响因素的分类，以及文化环境、制度环境、机制设计及工具方法等因素对绩效信息影响方式的理论分析。

第四章是对影响绩效信息因素的实证分析。主要内容是在第三章理论推演的基础上，假设各种因素对绩效信息的影响途径得出其影响的结构模型，之后对实地调研和问卷调查的统计结果利用 AMOS 软件计算出具体的影响路径及影响程度。

第五章是改善绩效信息质量的对策研究。利用西方发达国家绩效预算改革方式及方法的经验，从文化环境、制度设计、实施机制及工具方法四个方面分别提出我国可行的改进建议。

最后是本书的结语部分，内容包括研究结论、研究的创新与不足以及未来研究的建议等。

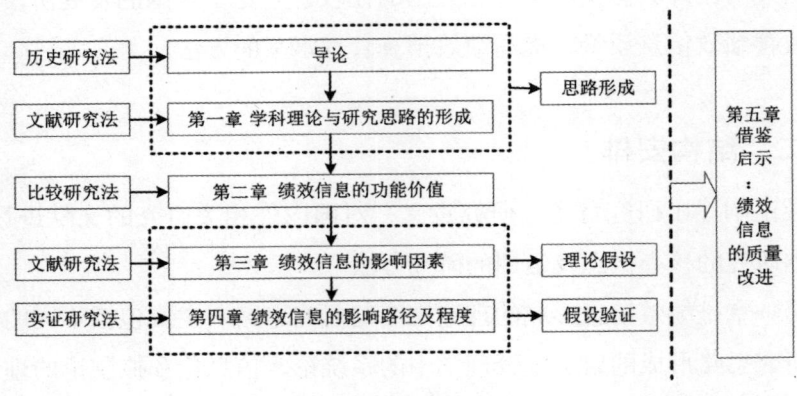

图 1-8 研究框架图

# 第二章

# 绩效信息在预算管理中的价值功能
## ——基于互动过程的分析

上一章分析了绩效信息产生的原因及目的,那么绩效信息运用到预算管理中,它能起到何种作用呢?其作用方式又是什么呢?从绩效信息的定义中可以得知它具有一般信息的动态性特征,因此考察绩效信息的作用,就需要研究绩效信息使用主体间的互动过程,分析绩效信息对其信息获取、信息使用与信息沟通的作用。

## 第一节 绩效信息消除财政部门与职能部门之间的信息不对称

在预算编制与执行中,最为核心的组成部分是财政部门与各职能部门。根据《预算法》的规定,政府预算中具体编制、执行和决算机构是本级政府财政部门,政府预算收支的各项管理工作,由财政部门统一负责组织。也就是说,财政部门承担了本级预算的管理和监督的职能。2012年5月1日开始实施的《财政部门监督办法》在第十六条中进一步明确了财政部门的监督范围，即财政部门依法对"预算编制、执行、调整和决算情况"进行监督。而政府预算的申请和执行部门则包括本级所有同财政部门发生预算缴款、拨款关系的国家机关、政党组织、社会团体、直属单位等，它们使用财政资金维持自身运转并向社会提供公共产品和公共服务。在每个财政年度开始之前，各部门需要编制本部门的预算并向财政部门提交申请，经财政部门审核和政府、人大审批之后执行预算，而其执行情况的主要监督者则是财政部门。从财政部门和各职能部门的工作职责来看，两者之间存在监督与被监督的关系，那么不可避免地存在信息不对称，而且正是因为信息不对称的存在使得财政部门的监督效力弱化，下面就对其作出具体的分析。

## 一、财政部门与职能部门之间信息不对称的表现

财政部门对资金使用部门预算支出的主要信息来源即是其预算编制报表，预算计划的质量关系到财政部门能否真正履行其监督职能，然而目前在部门预算编制中存在一些问题，影响了财政部门对预算编制进行有效监督。其原因既有客观性的缺陷，也有出于自利动机的主观性因素。

从客观上来讲，现行制度上的许多不完善导致了部门预算编制质量的低下。首先，从编制时间上来看，预算法律规定中对部门预算编制的时间规定相互冲突，导致预算支出和监管的空白。我国《预算法》第十条规定"预算年度自公历1月1日起，至12月31日止"。而《预算法实施条例》规定预算编制上报的时间为1月份，而各地召开人代会的时间集中在2—3月份，那么在不足一个月的时间内财政部门需要对预算编制情况进行审查，质量自然难以保证。其次，我国虽然自2000年以来规定下达预算指标的时间为每年的9月份，然而经过层层传达部署、汇总、汇报等，留给预算编制的时间并不充分，时间上的仓促使得部门预算编制的质量较低。

在预算编制方法上，多数地方仍采用基数加增长的方式确定各项预算收支，具体支出项目不够细化，尤其是其形成的过程缺乏科学手段，主观随意性较强，更是缺失对资金预期支出效果的测算。从主观上来讲，预算申请部

门对本部门的预算进行编制申请,他们对本部门的资金实际需求、开展工作的方式及能力等有着天然的信息优势,预算支出部门也具有追求自身利益最大化的"理性人"特征,为了实现对自身利益——预算最大化的需求,可能会出现隐瞒对本部门不利的信息,利用自身信息优势夸大本部门的预算需求以争取更多预算资金的现象。"当代理人在编制部门预算时有虚报、隐瞒动机时,提交部门预算的信息可靠性就会大打折扣。"[1] 由于预算涉及范围较广,部分预算项目专业性较强,财政部门更是缺乏甄别不实信息的方法和能力,因此以往对预算的审批只能是在控制额的基础上根据以往经验进行批复。这种预算审查方式受主观性因素影响较大,财政监督者更多关注的是预算资金的切块分配,而对部门预算编制的真实性、综合性、绩效性的审查却并不重视。[2] 作为年度预算的起点,预算资金的审批是预算管理环节中较为前置的环节,其科学性程度的欠缺,直接影响到后续预算执行的效果。

在预算执行过程中,预算单位在缺乏对其约束的机制之下出现执行不规范的现象,然而财政部门却不能及时、有效地对其不规范行为进行监督。预算执行中的问题表现在不按规定用途使用预算资金、无预算支出、频繁申请追加预算、不按进度支出、虚列经费支出等,然而财政部门缺乏对预算执行进行跟踪监督反馈的机制,没有获取预算执行信息的渠道,那么自然难以实现对预算执行的有效控制。

## 二、试点地区利用绩效信息消除信息不对称的做法

面对财政部门对使用预算资金部门的信息匮乏,我国的许多试点城市也正在尝试将绩效信息纳入到预算申请和执行的过程中,通过绩效信息在预算编制和执行中的使用,打破财政部门与职能部门之间的信息障碍。例如,上海市闵行区借鉴美国的 PART 项目评级工具,对预算项目的申请进行评价。PART 工具实际上是一套调查问卷,通过设计一系列的问题对预算申请的项

---

[1] 江龙. 公共财政监督产生的理论溯源 [J]. 财政研究, 2001(11): 12-16.
[2] 曹艳杰. 我国部门预算委托代理问题的制度分析 [J]. 审计与经济研究, 2006(3): 74-76.

目进行打分,问卷选项"涉及项目的目的与设计、战略规划、管理、结果与问责等多个方面"[1],从这些方面依次对项目进行评分,从而对预算申请进行量化排序和评级。对于项目申请部门而言,PART 工具可以使其在预算的编制中更加细化,增加预算编制的科学性水平、增加信息透明度;对于财政部门而言,通过评级使得财政部门对部门申请的项目获得较为科学的认识和理解,从而将其作为预算决策的依据,更加合理地对预算资源进行分配。其基本的内容如表 2-1 所示:

表 2-1　闵行区 PART 基本问题[2]

| | |
|---|---|
| 第一部分:项目定位(20%) | |
| 1.1 | 项目的目标是否具体明确?(35) |
| 1.2 | 项目的预算是否合理?(35) |
| 1.3 | 项目的设计是否避免了重大缺陷?(15) |
| 1.4 | 项目是否避免了与其他项目的重复?(15) |
| 第二部分:项目计划(10%) | |
| 2.1 | 项目是否有结果导向、针对性强的绩效指标?(40) |
| 2.2 | 项目的绩效指标是否有挑战性?(30) |
| 2.3 | 项目是否有明确的责任主体?(30) |
| 第三部分:项目管理(20%) | |
| 3.1 | 部门是否能够运用绩效信息管理项目?(20) |
| 3.2 | 项目管理者是否有明确的责任?(20) |
| 3.3 | 项目是否有有效的财务管理方法?(20) |
| 3.4 | 项目是否有切实可行的改进计划?(40) |
| 第四部分:项目结果(50%) | |
| 4.1 | 项目是否能够实现年度绩效目标?(40) |
| 4.2 | 项目是否有助于长期绩效目标的实现?(40) |
| 4.3 | 项目在实现年度绩效目标时是否能够改进效率或节约成本?(20) |

---

[1] 孙一平.美国联邦政府项目等级评估工具应用及借鉴意义分析[J].理论界,2009(6):194-196.
[2] 苟燕楠.绩效预算:模式与路径[M].北京:中国财政经济出版社,2011:181-182.

同样，广东省也在预算编制和执行中运用绩效信息增加预算编制的透明度、增强预算监督效力。广东省的做法是将绩效信息纳入预算申报需要提交的材料中，从申报材料的内容来看，在预算材料中需要说明五个方面的内容：（1）预算申报的依据。预算申报需要列明该项支出的法律依据，并须与该部门的法定职责相一致。（2）预算目标。该项支出的目的是什么？发生预算支出是为了解决哪方面的问题？预计能够解决到什么样的程度？（3）预算数额。为了完成预算目标，所需多少预算经费？每一笔经费将用到何种地方？如何支出？（4）预算实施方案。预算申请部门需要对完成预算的能力做出分析与说明，是否有足够的能力保障支出的进行？制度条件、管理条件是否具备？（5）对于连续性项目的申报，更需要提交上年度项目绩效评价的结果，将其作为申请依据之一。部门预算申请通过对预算支出项目的详细说明，使得财政部门对其进行审核时更加清晰地了解到预算支出的目的，合理评估预算支出的合理性，并且通过预算目标和预期完成效果的说明，使得在后期预算执行中，财政部门对其的监督有进行比对的目标和依据。广东省在"预算年度的中间时段或者项目实施进度的中间节点上要求部门单位按照预算环节确定的实施方案和实施计划向财政部门报告资金使用和工作完成的进度情况，通过过程管理将总体绩效目标的分解落实到过程的具体管理之中"[1]。

## 第二节  绩效信息消除外部评价机构与预算部门之间的信息不对称

"第三方评估又称社会评估，主要包括公民个人、社会团体、社会舆论机构、中介评估机构等通过一定程序和途径，采取各种方式，直接或间接，

---

[1] 广东省财政科学研究所. 中国政府管理改革突破口——绩效预算在珠三角地区的理论与实践 [M]. 北京：经济科学出版社，2011：151.

正式或非正式地评估政府绩效。"[1]（注：本书对公民参与预算管理另有论述，本节的外部评价机构指除公民之外的社会组织）

## 一、外部评价机构与财政部门之间信息不对称的表现

根据财政部财政科学研究所 2010 年对财政管理实践进行的调查，如表 2-2 所示：65% 的省本级没有绩效评价中介机构库，有 70% 的省本级没有绩效评价专家库，有 75% 的省本级没有出台专家管理考核制度。这说明我国目前的外部评价机构对预算管理的监督评价作用非常有限。

表 2-2 我国绩效预算外部评价机构的设立情况一览表
（节选自表"绩效管理核心指标"[2]）

| 省本级 | 中介机构库 | 专家库 | 专家管理考核制度 |
| --- | --- | --- | --- |
| 上海市 | 0 | 0 | 0 |
| 山东省 | 0 | 0 | 0 |
| 河南省 | | | |
| 河北省 | 0 | 0 | 0 |
| 内蒙古自治区 | 1 | 1 | 1 |
| 安徽省 | 0 | 0 | 0 |
| 海南省 | 1 | 1 | 1 |
| 广西壮族自治区 | | | |
| 重庆市 | 0 | 0 | 0 |
| 福建省 | 1 | 0 | 1 |
| 吉林省 | 0 | 0 | 0 |
| 山西省 | | | |
| 北京市 | 1 | 1 | 1 |
| 天津市 | 0 | 0 | 0 |
| 广东省 | 1 | 1 | 1 |
| 湖北省 | | | |

---

[1] 彭国甫. 对政府绩效评估几个基本问题的反思 [J]. 湘潭大学学报, 2004(3): 6-11.
[2] 财政部财政科学研究所. 地方公共财政管理实践评价 [M]. 北京：中国财政经济出版社, 2011: 109.

（续表2-2）

| 省本级 | 中介机构库 | 专家库 | 专家管理考核制度 |
|---|---|---|---|
| 江西省 | 0 | 0 | 0 |
| 新疆维吾尔自治区 | 0 | 0 | 0 |
| 宁夏回族自治区 | 0 | 0 | 0 |
| 江苏省 | 1 | 1 | 1 |
| 贵州省 | 0 | 0 | 0 |
| 西藏自治区 | 0 | 0 | 0 |
| 四川省 | 0 | 0 | 0 |
| 浙江省 | 1 | 1 | 0 |

我国目前的外部评价机构建设还处于初始阶段，因此在制度保障以及信息获取、信息加工能力等方面都存在着许多问题。首先，在制度建设方面，我国目前还未有专门性法规对外部机构参与预算管理进行规定。法规的缺失，使得外部评价机构对参与预算管理的合法性和程序性得不到保障，从根本上影响到其参与的能力。其次，外部评价机构对预算管理进行绩效评估，它需要有可靠的信息来源，否则会丧失评估意义，然而目前外部评价机构获取信息的渠道极为有限，只能从政府公开发布的统计数据、公开报告、社会调查等方式获取信息，在当前预算信息还不能做到细致、公开的情况下，其用于评价的信息来源和信息质量均无法保证。最后，是外部评价机构对信息的加工能力的问题。评价体系和指标设计的科学性程度对最后产出的预算绩效信息质量有着重要影响，目前外部评价机构刚开始起步，其评价能力如何尚待检验。

## 二、试点地区利用绩效信息消除信息不对称的做法

我国目前实施第三方合作实施绩效预算的地区，多数采取"官学合作的绩效评估组织方式"[1]，如在2004年12月，兰州大学成立了中国地方政府绩效评价中心，该中心是我国第一家专业的学术性政府绩效评价机构，由于它是全国首例非政府组织绩效评价，因此被外界称之为"兰州实验"或"甘肃

---

[1] 吴建南，杨宇谦. 地方政府绩效评估创新：主题、特征与障碍[J]. 经济社会体制比较，2009(5): 152-158.

模式"。自此之后，政府绩效评价逐渐走出由政府自行组织实施的状态，开始接受和寻求政府以外的组织对其进行评价的方式。各地各级政府机关也积极借助外脑提升自身的绩效水平，各种专题学术探讨与交流层出不穷，如2006年，安徽省淮南市举办了机关绩效管理方案评审会；2007年浙江省杭州市召开了绩效评估与政府创新国际研讨会；2008年，山东省青岛市组织召开了全国高绩效机关暨城市核心竞争力论坛；2009年，上海市闵行区召开了中国地方政府绩效预算改革研讨会；2011年，深圳市举办了全国政府绩效管理研究会等，这些会议为政府与学界的沟通交流搭建了沟通、合作的平台，也奠定了两者合作的契机。因此，具体到绩效预算领域中的"广东模式"，它就是在这样的基础上所产生的。

### （一）外部评价机构参与绩效预算的过程

2005年，在广东省财政厅绩效评价处的推动之下，广东省对2004年完成的500万以上的项目进行了绩效评价，其特色之一就是在原有的绩效管理流程当中加入了第三方评价机构，使得预算的申报和绩效评价可以同时进行互不冲突，最终形成了单位自评和专家评价相结合的模式。其具体的操作流程如图2-1所示：

一般的预算申报流程为"两上两下"，"一上"指预算单位向财政部门报送预算计划；"一下"指财政部门审核确定控制数，财政相关业务科室对预算单位报送的预算计划进行审核及修改，并将修改后的预算控制数下达预算单位；"二上"指预算单位对预算计划的相关数据、项目数量和金额等修改调整后再次报送财政部门；"二下"指财政部门对部门预算再次进行审核修改后汇总到市政府、人大进行审核，经审查批准后批复部门预算。而引入第三方评价之后的预算申报流程则在"一上"与"一下"中加入了第三方评价的环节，预算单位的预算计划不是报送到财政部门预算科，而是提交到绩效管理科，绩效管理科委托第三方评价机构组织相关专家进行预算绩效评价，将评价结果与预算计划一同提交至预算科室，预算科室在审核与修改预算控制数的时候将绩效因素作为调整预算计划的重要因素。

# 第二章 绩效信息在预算管理中的价值功能——基于互动过程的分析

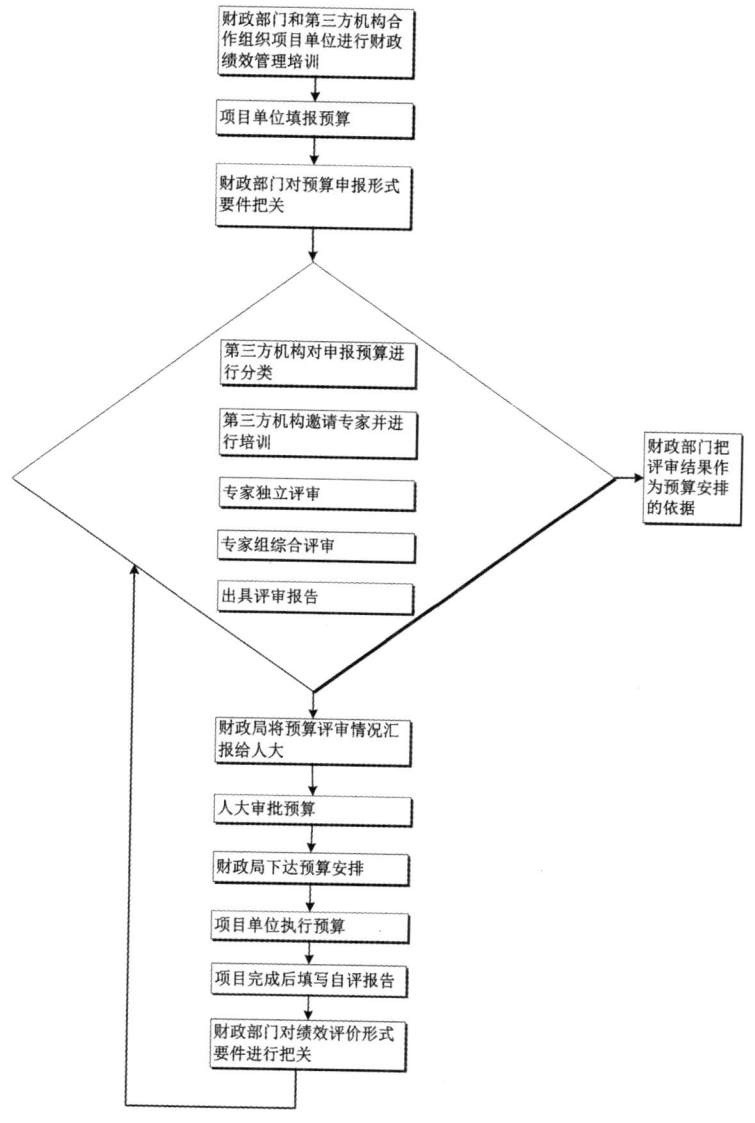

图 2-1 第三方机构参与绩效预算流程图（资料来源：自行绘制）

广东省引入第三方机构参与绩效预算评价的运作流程可以分为如下步骤：

前期准备阶段。（1）负责绩效评价工作的部门组织各职能部门、单位召开绩效管理工作会议，使部门单位能够理解绩效管理工作要求、熟悉管理流程；然后对部门单位的各项目负责人以及财政部门的相关业务科室工作人员进行培训，使得他们能够重视绩效管理工作的重要性，更好地落实绩效预算工作。（2）各预算单位在规定的时间内向财政部门提交预算申报材料，财政部门负责审查预算申报的形式要件等基本情况，对不符合要求的材料予以退回修改再次提交。申报材料收集完整之后财政部门对其进行汇总并分类，提交给第三方评价机构。广东省的第三方评价工作由广东省财政科学研究所负责组织和实施。

第三方评价机构进行项目预算评估阶段。财政部门与广东省财科所签订委托工作协议，对第三方机构所承担的任务和要求进行说明。然后，（1）广东省财科所按照委托单位的要求对收到的预算申请材料进行分类，根据项目所在的领域和性质特征对其进行分组后，邀请相应领域内的专家，一般每组配备三名专家。（2）广东省财科所与财政部门共同召开评估工作布置会，在会中财科所与被邀请的专家签订委托工作协议，并对专家进行绩效知识的培训，一是对接下来的工作任务、要求、评价标准、时间安排等进行明确；二是对评价方式进行布置，向专家分发纸质表格或者网上账户等。（3）接下来进入专家评审阶段，首先是专家独立评审，每位专家分别对项目进行打分并书写评价意见，其内容包括对项目的整体判断、对项目支出金额及资金使用中可能出现的问题等进行预测并提出改进建议，于规定的时间向财科所提交评价意见；其次进入小组评价阶段，财科所组织专家到各部门单位进行实地了解，通过与项目单位面谈，对项目支出进行进一步的了解，每组专家经过讨论后完成一份小组评价意见；最后，财科所汇集各组专家的意见形成预算支出评价总报告提交给财政部门。

预算反馈与审批阶段。财政部门收到第三方机构关于预算申请的建议后，一是通过内部程序将其反馈给部门单位，使得部门单位能够结合自身情况解决自身问题，提高预算管理及资金管理水平；二是财政部门将预算支出评价报告同部门预算申请一起上报至政府、人大等部门，将其作为预算分配的重要参考依据。

**（二）绩效信息的使用形成外部机构预算参与的需求**

1.绩效信息的引入，强化了第三方机构在预算管理中的作用，并在一定程度上改变了财政部门与职能部门之间的委托—代理关系。第三方评价机构这个"插件"的加入，打破了财政部门与职能部门之间的直接联系，财政部门同各职能部门同属于政府部门，因此有时即使发现问题，由于之间利益关系复杂而难以解决，第三方机构聘请的专家与政府部门之间不存在直接的利益关系，能够更加客观、公平地从项目本身考虑问题，分析其资金支出的合理性。而且聘请的专家都是根据当年的项目所确定，都是在相关领域的理论和实践中具有丰富的经验，具备较强的专业知识，因此其公信力和专业能力较能令人信服，可以有效地避免绩效预算改革中的冒进现象、降低改革风险；同时，由第三方机构聘请专家进行评价，使得财政部门与评价专家之间也不存在直接联系。财政部门委托第三方机构聘请相关领域的专家，则第三方机构承担了组织管理预算资金绩效评价的任务，其专家选取的可靠性和评价结果的质量都由其负责，财政部门中的绩效管理科室由直接承担评价任务变成了监督和管理对项目资金的评价，如何使绩效评价的流程更加科学合理成为财政绩效管理部门的任务之一。总之，绩效信息引入到预算管理中，对于绩效信息的需求使得第三方机构能够发挥专业优势，从而形成财政部门、第三方机构、专家、职能部门、政府监督部门之间多层次的监督管理关系。

2. 引入第三方评价机构，极大地消除了财政分配中的"信息不对称"现象。其消除信息不对称的方式主要体现在两个方面。首先，体现在如何选择对预算项目进行评估的专家上。财政资金分配的覆盖范围涉及社会生活的各个方面，而随着社会的不断进步与科技的不断创新，社会分工也朝着更加细化的方向发展，仅是了解某一个领域就需要具备庞大的知识积累，而作为具有综合性特征的财政部门，其工作人员很难对自身知识范围之外的领域有所掌握，尤其是需要具备较多专业技能的水利、发电、建筑、医疗等等行业，因此这也就造成了以往在资金分配上的盲目。而通过引进专家技能，则可以极大地降低这种信息不对称现象的产生概率。广东省财科所每年都会依据部门单位提交申请的资金项目邀请相关领域的专家，这些专家不仅要求在专业知识上有过硬的储备，更要求是从事具体行业实践的工作者，且具备负责任、具有先进理念等个人素质。通过以上条件选择出的专家，就能够更好地对部门预算申请进行审查，利用自身专业优势和丰富的从业经验更好地估计、判断该项资金支出所需耗费的成本与预期目标之间的联系，指出预算中的问题并提出改进建议、提出在未来项目执行中可能遇到的困难等。这些意见与建议提交到财政部门及决策部门中，能够极大地消除决策者对项目资金支出的不确定性。其次，消除信息不对称的方式也体现在第三方参与绩效预算的工作方式上。从前面专家的工作流程中看以看出，专家工作分为两个步骤：一是专家进行个人独立评价，二是专家小组进行集中评价。在集中评价阶段，财科所安排专家对项目进行实地考察，并且安排专家与项目支出单位进行面谈等现场沟通，通过直观的一手资料，尽可能地消除因为申报材料的不足而引起的误解。此外，在专家小组向财政部门提交报告之后，财政部门会对项目支出部门就专家提出的问题和建议进行反馈，帮助部门提高自身管理水平和资金支出绩效水平。从这个循环过程中可以看出，实施绩效预算的最终目标不是为评价而评价，而是通过评价得到提高。

## 第三节 绩效信息消除人大与预算部门之间的信息不对称

"地方人大预算审查监督是指县级以上地方各级人大及其常委会，按照宪法和法律关于审查和批准本行政区域内的预算以及执行情况报告的决定，对本级政府财政预算、决算进行审查、批准和预算执行全过程的监督。"[1] 从定义中可以看出，人大在预算管理中的功能主要有两个方面，一是对预算的审查和批准，二是监督预算的执行。首先，各级人大在法律的授权下行使审查、批准和监督预算的职权，体现了当前社会主义经济建设对于民主理财、依法理财的要求，是民主集中制的体现。政府预算编制完成后，需经人大的审批

---

[1] 戴激涛. 从程序走向实质：地方人大预算监督的新图景——"广东现象"的启示 [J]. 人大研究, 2011(12): 10-13.

之后才具有法律效力，经过审批的预算案则具有权威性，各预算执行单位须遵照执行。从管理的角度来说，预算审批这一环节是预算执行的基础，它决定了预算的质量。而人大有效发挥它在预算中的作用有赖于以下方面的合力：一是审批预算的信息来源要达到全面性和准确性的要求；二是需要有一定的预算审批技术，也就是需要具备较为科学的审批方法；三是人大需要与预算部门具有良好的信息沟通方式。以上三个方面的完善程度对预算管理具有重要作用。而从目前的情况来看，人大在获取信息、处理信息以及信息传递上都存在不同程度的问题，因而限制了其作用的发挥，下面就从信息传播流程的角度，对目前人大在信息获取、使用与沟通反馈的流程中出现的问题进行分析。

## 一、人大与预算部门之间信息不对称的表现

### （一）人大用于批准和审核的信息源匮乏

人大预算和决算的信息来源于财政部门提供的预算案和决算案，预决算报表的编制是否完整、清晰对于预决算的审核和预算执行具有重要作用，它决定了预算信息的质量。目前人大审批所需的预算信息来源的问题主要表现为内容上粗略，导致"外行看不懂，内行说不清"，使得人大的预算审查成为走过场。近年来，随着预算改革的推进，预算编制也向完整性和全面性发展，2010年，财政部下发了《关于将按预算外资金管理的收入纳入预算管理的通知》，规定"自 2011 年 1 月 1 日起，中央各部门各单位的全部预算外收入纳入预算管理，收入全额上缴国库，支出通过公共财政预算或政府性基金预算安排。地方各级财政部门要按照国务院规定，自 2011 年 1 月 1 日起将全部预算外收支纳入预算管理。相应修订《政府收支分类科目》，取消全部预算外收支科目"。这一规定强化了财政对整体宏观经济的调控能力，也增加了预算审查的范围。但是审查范围的扩大化并不等于内容的翔实度，对于预算审查来说，范围的全面固然重要，但是其核心却在于预算案所能呈现的信息量，它是预算审查和批准的依据。而目前预算草案中所列出的预算级次太

少，类款项目节五级层次中，大多还只能停留在"款"一节，且缺少收支明细报表及说明，人大代表无法根据简略的信息获得对资金支出的去向、支出是否合理、资金投入能否达到效果等情况进一步的了解。针对这个问题，财政部要求从2011年开始，中央公共财政支出预算表逐步细化到"项"一级，并已经在教育、科学技术和农林水事务支出等重点支出领域得以应用。虽然其细化的程度还不够，但是其发展的趋势能够有效促进人大获取预算信息。此外，在某些专门性资金如财政转移支付资金的编制方面，将分配权转移给相应的部委，由他们在执行中进行二次分配，这就给人大的监督审查带来极大的困难。但即使是预算能够做到细化，我们仍要考虑到，预算支出的最终目的在于其支出后取得的效果，其所要达到的支出目标是预算审核的最终目的。在预算收支范围和内容刚刚取得细化的阶段，显然在所能提供给人大的信息量与人大审核预算所需的信息量之间存在着较多的差距。

同样，报送人大的决算案也存在以上的问题，人大在预算中无法对其进行事前监督，在决算中也无法进行事后监督，缺乏详细信息的预决算案使得代表难以讨论和审议，无法提升预算质量并最终流于形式，也更影响预算的执行。

### （二）预算审批技术低下，不能有效地对预算信息进行加工

预算信息以预算案的形式从信源——财政部门输入到信宿——人大之中，人大对其进行审查，通过审查完成信息加工的过程，从而引起预算信息的质量的改变，发生改变后的预算信息再反馈到财政部门中作为改进和执行的依据，在这个过程中，完成了信息流的传递和反馈。上一部分我们已经对信源发出的信息做出了探讨，这一部分主要讨论人大审批也就是信息加工的过程。

人大对于预算信息的加工和改变要经由预算审查，那么预算审查的参与人员、审查流程、审查方法等因素显然会对审查效果产生影响。首先，在审查流程上，存在的问题主要是审查时间不合理，不能使人大充分了解预算信息。我国的预算年度采用的是历年制，即预算年度的起止时间与日历年度完

全相等,从每年的1月1日起到12月31日止。但《中华人民共和国预算法实施条例》中同时规定:"省、自治区、直辖市政府财政部门汇总的本级总预算草案,应当于下一年1月10日前报财政部。"那么这就形成了时间差,且各级人代会召开时间分布在1—3月份,经人大代表审议通过之后的预算的文件才能具有法律效力,才能在执行中具备合法性。因此预算实际执行的时间同预算案通过的时间之间存在较长的错位,也就造成了监管上的空白。另外,《预算法》第三十七条规定,政府财政部门应当在每年本级人民代表大会举行的一个月前,将预算草案的主要内容提请本级人民代表大会常务委员会有关的工作委员会进行初步审查。但是在实际执行中却很难做到,人大代表对财政部门提交的预算草案的审阅时间只有短短几天,且会议时间短、议程紧凑,留给预算审议的时间一般仅有一天,且预算案的审议一般与政府工作报告同时进行,那么在这种情况下要想对预算案进行细致的审议基本上是不可能的。没有足够的时间和程序条件留给代表们对其支出内容进行了解、质疑和讨论,对预算的表决沦为表面形式。预算在审核流程上存在的这些问题自然无法起到改善预算支出计划质量的目的。

其次,参与预算审查的人员预算审查的能力有限,因此不能对预算信息质量起到有效监督。对财政预决算进行初审的任务由人大中的财政经济委员会承担,人大各组成部门的人员数量都需要维持在一定范围内,一般是5—10人。然而预算审查是一项具备较高专业性的工作且内容覆盖面较广,预算初审部门的人员结构和知识结构难以满足预算监督工作的需求,因此其审查的内容多从宏观上对提交的预算计划进行形式要件的审查,比如预算是否平衡、法定支出项目是否完备、预备费提取比例是否规范等,不能深入、细致地对预算指标、支出合理性等问题提出专业、高质的建议,形成"怎么报、就怎么批,报什么、就批什么,报多少、就批多少"的局面。且审核结果也没有规范性的文书,而仅以报告、建议等方式对审核结果进行反馈,其监督的效力浮于表面,不能起到实质性作用。同样,参与预算审议的人大代表就更是存在专业性不强的问题,人大代表多来自社会的各行各业,他们中的多数人并不了解预算的内容结构及名词含义,即便是预算草案能够达到精细化的要求，他们也并不具备审议、修订、约束和否定预算指标的能力。

预算审查人员的能力和审查流程存在的问题也就导致了在监督方法上的单一。《监督法》规定了人大可采取的监督方法有听取、审议，询问、质询；对特定问题进行调查，罢免相关责任人、撤销预算等多种方式，但实际上目前多数地区人大预算审查的方式基本只采取听取和审议政府预算报告这种单一的方式，其他方式并不经常运用甚至从未运用，监督方法上的局限更加剧了人大和预算部门之间的信息不对称。

## 二、试点地区利用绩效信息消除信息不对称的做法

近年来，随着绩效预算的不断开展，许多地区也尝试探索预算审批和监督的新方式，例如，深圳市从2003年就开始实行绩效监督，并将审计结果提请人大审议，上海市闵行区人大则借助外部专家的力量，引入第三方机构等方式对人大预算的监督进行完善。2011年6月，国务院批准北京市、吉林省、福建省、广西壮族自治区、四川省、新疆维吾尔自治区、杭州市、深圳市等8个地区开展政府绩效管理试点工作。其中，深圳市在以上城市中较早对人大参与绩效预算工作进行实践且取得了较多的经验，北京市起步相对较晚但是其发展的脉络可以更为清晰地了解绩效信息对增强人大监督的过程。因此下面就对北京市绩效预算的发展过程进行探讨，同时结合深圳市的经验，揭示绩效信息如何通过绩效预算管理的过程消除人大同财政部门、财政资金支出部门之间的信息不对称。

### （一）人大监督绩效预算的产生过程

北京市的绩效预算改革是在制度的规范和指导下开展的，早在2006年，北京市财政局就制发了《北京市市级部门预算支出绩效考评管理暂行办法》、《关于加强全市绩效审计工作的实施意见》、《北京市发展和改革委员会政府投资建设项目后评价试行办法》，对绩效预算的基本原则、考评内容和方法、组织管理和工作程度等进行了规定，为绩效预算的规范化推进提供了制度基础，但是这一时期的绩效预算改革中对于人大的重要性并未引起

重视，其关注的焦点还是更多地集中于对绩效预算方式方法等一般性流程的规范上。

2011年6月，北京被确定为绩效预算的试点城市后，在北京市十三届人大常委会成立之后召开的工作会议中，关于人大在绩效预算中的作用被纳入改革规划。会议中提出了"'一个目标、三个结合'的整体工作思路，即：围绕推动建立科学、民主、依法的财政预算管理制度，确保财政资金规范运行和有效使用的目标，把对预算编制、调整、执行的监督与预算资金使用绩效的监督结合起来，把加强人大监督与促进政府内部监督结合起来，把解决问题与促进制度建设结合起来"[1]。从北京市绩效预算改革的思路可以看出，北京市希望通过对资金使用绩效的监督促进人大和财政部门改善和加强现有的监督方式，最终实现改善财政资金使用效益的目的。其实施的方式体现在制度建设、审议流程和内容的改进、监督方式改革、沟通方式及反馈等几个方面。

**（二）绩效信息的导入促进人大监督制度的完善**

北京在绩效预算试点中也同样延续了制度先行的思想，2011年6月份，北京市政府办公厅接连发布了《关于做好政府绩效管理试点工作的意见》和《关于推进本市预算绩效管理的意见》。明确了绩效预算所要达到的目标及其框架体系，在框架体系中，对人大在绩效预算中的监督作用进行了明确，而且它的监督过程要始终贯穿着绩效理念，也就是说，以绩效为目标对预算资金的全过程进行监管。此外，北京市财政局还制定出台了《北京市预算绩效管理办法》和《北京市预算绩效管理问责办法》两个配套办法和《北京市预算绩效管理试点工作总体方案》三个保障性制度。从北京市的绩效预算制度建设来说，初步架构了基本管理制度、组织实施方案、配套保障性制度三位一体的管理框架，尤其是绩效管理问责办法的制定，从制度上保障了绩效信息的流动与反馈，为绩效信息的循环与交流提供了基础。虽然目前还未单独制定有关人大监督的制度规范，但是以上制度的建立为未来各项措施的制定

---

[1] 吴世雄. 加强预算绩效监督建立健全预算绩效管理制度 [J]. 北京人大, 2011(8): 12-17.

与完善提供了先行条件。

而在绩效预算试点更早的深圳市则已经出台了利用绩效信息增强人大预算效力的相关规定。2001年5月，深圳市对原有的《人民代表大会审查和批准国民经济和社会发展计划及预算规定》进行了修订，修改后的内容具有鲜明的绩效思想。首先，《规定》对人大监督预算的目的进行了明确，第三条规定"市人民代表大会及其常务委员会审查国民经济及社会发展计划、政府投资项目计划、预算应当坚持科学性、真实性、合法性、效益性、预测性和体现公共财政的原则"。从中可以看出，人大对预算的审查，不仅是对其形式要件——如数据是否真实、预算流程是否符合法律规定进行审查，其最终的目标是审查预算能否科学预测未来的支出，支出是否收到良好的支出效果。这一条将人大的职责从根本上加以明确。其次，对预算审核的流程进行调整，保证审核质量。第七条规定"市人民政府计划、财政部门应当及时向计划预算委员会通报计划预算编制的情况，并于市人民代表大会会议举行前一个半月，向计划预算委员会提交审查材料"。提交预算计划的时间比以往提前半个月，在一定程度上消除了时间因素对审核质量的影响。

### （三）绩效信息拓展了人大监督绩效预算的方式

1. 在预算审议前增加事前评估环节。北京市在人大监督预算的流程中加入了对申报项目绩效目标设计的事前评估程序，人大代表同政协委员和各领域专家对"项目必要性、可行性、财政支持方式和范围、风险和不确定因素、项目预算等方面进行充分论证"[1]。代表们通过对项目的实地考察，接触了解预算资金的运行情况，从而对预算提出切实可行的建议，提升监督科学性。

2. 增加预算审议所需信息。绩效信息对于人大监督质量的影响更多地体现在丰富人大审议预算所需的信息上。北京市人大在审核绩效预算中所增加的绩效信息主要有两类：第一类是对于绩效的预测信息，也就是在预算执行前对未来可能产生的效果进行预测。2012年，北京市人代会对预算报告的

---

[1] 张璐. 北京试点推行预算绩效管理监管政府花钱效果[N]. 北京晨报, 2012-01-09.

审查突出了绩效监管的特点，除了提交预算报告之外，还附有"预算绩效目标表"，将预算资金支出的成效进行明示。但是绩效目标不能单独发挥作用，它需要建立在预算编制精细化的基础上，因此从 2011 年起，预算报表细化到款级科目，一些重点支出细化到项，并且对项目支出预算表进行公开，扩大提请人大审议的部门预算范围从 45 家增加到 58 家，这些保障措施的建立是绩效信息有效发挥作用的前提。第二类是预算执行完后对支出实际效果测算出的审计信息。2010 年，市人大常委会首次听取了对部分部门决算的审计情况的报告，11 个部门的决算审计情况提交常委会，供常委会组成人员审议。2011 年审计信息的公开范围进一步扩大，共有 44 个部门的决算审计情况提交常委会，为委员、代表更好地掌握财政资金的使用情况提供充分细致的材料。通过增加绩效审计信息，人大代表们对预算情况了解得更加细致和透彻，提出的意见更加具有针对性，反过来促进政府有针对性地改进，从而提升人大监督的效果。

3. 改革预算审议的方法。北京市人大从 2012 年开始将在预算审议中开展专题询问。"专题询问是人大常委会组成人员对关系到发展稳定或民生热点等重大事项，向'一府两院'及相关单位的负责人进行询问，是一种法定的监督形式。"[1] 在绩效预算监督中采取专题询问的方式能够更加有效地了解预算资金的使用在科学性、合理性上是否符合要求、如何达到预期的绩效目标等。专题询问这种方法的采用，更是对人大监督能力的提升，不对相关的预算支出有一定的了解是无法对预算资金支出提出能够切中要害的问题的，因此这也督促人大的代表和委员加强对现实的了解，增加审核预算的能力。

4. 形成对预算全过程的监督和反馈。从 2010 年起，北京市人大委员同预算监督顾问共同开展了对审计查出问题整改落实情况的跟踪监督，对轨道交通建设、社区卫生建设及运行两个项目进行了实地调研，提出了落实审计整改意见、推进绩效制度管理建设、提高预算编制和管理水平等的意见和建

---

[1] 李纪平. 北京市人大常委会今年将开展专题询问，推动提高预算资金使用效益 [N]. 法制日报，2012-02-17.

议。尤其是随着《北京市预算绩效管理问责办法》的颁发,将原本对预算资金支出的监督停留在预算执行前期的人大,将其监督范围扩展到了预算执行后的责任环节,它不仅使得人大在预算资金监督中的最后一环有据可依,更是形成了"预算反馈—整改—再反馈—提升"的绩效反馈监督形式,最终形成对预算的全过程管理。

## 第四节 绩效信息消除公众与预算部门之间的信息不对称

"在原始的预算流程中,由于公民参与这一环节的缺失,信息处理的过程处于封闭状态,几乎完全被预算编制部门所把持,信息不对称直接导致了公民处于被动地位。"[1]公众与政府部门之间存在着委托—代理关系,从信息产生与反馈的过程来看,公众与预算部门之间的信息传输是否顺畅取决于三个方面:一是信源(政府部门)能否发出有效的信息;二是信道,即具备信息传播的渠道和流程等传播机制;三是信宿,即公众是否具有接受理解信息的意愿和能力,从而对信息实现反馈。下面就从这三个方面对公众和财政部门之间的信息不对称的问题做出分析。

### 一、公民与预算部门之间信息不对称的表现

#### (一)信息来源不畅

社会公众是监督预算支出的有效力量,但其前提是获取相关的预算信息,否则公众对预算的监督就是无源之水、无本之木。唐斯在《民主的经济理论》中指出,不确定性是因为对事件的过程缺乏确定的知识。对于政府预算来说,如果没有政府当事者的配合,"许多问题在重要方面的信息是根本不可能获

---

[1] 董晓辉,谭婷. 公民参与预算的平台构建和路径设计 [J]. 财经问题研究,2011(2): 81-84.

取的"。从信息论的角度看，政府部门是预算信息的信源，信源向外发送的信息量具有不确定性，也就是说社会公众所能获得的预算信息的丰富程度取决于政府部门公开信息的意愿。"从我国的财政实践来看，无论是人大还是公众，都没有关于政府预算的充分信息"[1]，公众获取预算信息的唯一正式来源是政府部门的预算公开，公众接收预算信息的匮乏说明我国目前财政透明度还处于较低的阶段。"财政透明度是指向公众最大限度地公开关于政府的结构和职能、财政政策意向、公共部门账户和财政预算的信息，并且这些信息都是可靠的、详细的、及时的、容易理解并且可能进行比较的。"[2,3] 从以上定义中可以看出，财政具有透明度需要具备两项条件：一是政府采取了具体的行为对财政收支项目进行公开；二是公开的财政信息需要符合一定的质量标准。对于预算信息的公开来说，只有同时达到以上两个条件，才表明政府部门向外界发出了有效的预算信息。

"根据参与的路径不同，预算公开包括两个层面的内容：一是向代议机关公开，接受代表的审查和监督；二是向公民公开，向社会公开，接受公民和媒体的监督。"[4] 上一节已经对预算在代议机关（人大）中的公开做了讨论，人大也面临着信息来源不足和信息量匮乏的问题，那么作为预算公开的第二层次缺乏预算信息的现象则更为严重。绝大多数的预算信息属于政府内部资料、属于保密范围的信息。随着《政府公开条例》的颁布与实施，预算信息开启了公开的步伐。且在第十条中明确将财政预决算报告纳入公开的范围。虽然预算信息公开有所改善，但是仍与公众所期望的要求相差甚远，目前能够对预算进行公开的政府部门的比例还不到一半，如表2-3所示。

---

[1] 路军伟，陈希晖. 法国政府预算与政府会计改革：评价与借鉴[J]. 审计与经济研究，2009(5): 78-81.

[2] George Kopits, Jon Craig. Transparency in government operations[J]. IMF Occasional Paper, 1998: 158.

[3] S. R. Osmani. Expanding voice and accountability through the budgetary process[J]. Journal of Human Development, 2002, 3(2): 1-19.

[4] 陈志英. 预算参与权：被忽略的和被误解的[J]. 兰州学刊，2011(1): 210-212.

表 2-3 部门预算公开数据表

| | 使用公共预算资金的本级部门数量 | 公开部门预算的数量 | 所占比例 | 未公开部门预算的数量 | 所占比例 |
|---|---|---|---|---|---|
| 北京市 | 108 | 47 | 43.5% | 61 | 56.5% |
| 上海市 | 99 | 45 | 45.5% | 54 | 54.5% |
| 广东省 | 112 | 49 | 43.7% | 63 | 56.3% |
| 广州市 | 113 | 48 | 42.5% | 65 | 57.5% |
| 深圳市 | 92 | 43 | 46.7% | 49 | 53.3% |

资料来源：根据中国预算网相关数据绘制

从已经公开的预算信息质量来说，预算报表以总数额和宏观收支数额为主，"预算编制还不够细化，政府会计系统还不健全，无法为公民参与提供足够的信息预算信息。"[1] 无论详细程度还是公开范围都处于较低阶段，如表2-4所示，支出效果信息等与支出绩效相关的信息就更是缺失。因此公众从中根本无法获知任何实质性的、有价值的信息内容，这就为公众参与预算管理从源头上设置了障碍。

表 2-4 部门预算公开详细度

| | 满意 | | 较详细 | | 不详细 | | 很不详细 | |
|---|---|---|---|---|---|---|---|---|
| | 数量 | 比例 | 数量 | 比例 | 数量 | 比例 | 数量 | 比例 |
| 北京市 | 0 | 0% | 42 | 38.8% | 5 | 4.6% | 0 | 0% |
| 上海市 | 0 | 0% | 37 | 37.3% | 8 | 8% | 0 | 0% |
| 广东省 | 0 | 0% | 10 | 8.9% | 37 | 33% | 2 | 1.7% |
| 广州市 | 0 | 0% | 35 | 31% | 5 | 4.4% | 8 | 7.1% |
| 深圳市 | 0 | 0% | 39 | 42.4% | 2 | 2.2% | 2 | 2.2% |

---

[1] 牛美丽. 推广温岭经验应超越技术层面 [J]. 决策探索, 2010(4): 53.

(续表 2-4)

| | 满意 | | 较详细 | | 不详细 | | 很不详细 | |
|---|---|---|---|---|---|---|---|---|
| | 数量 | 比例 | 数量 | 比例 | 数量 | 比例 | 数量 | 比例 |
| 备注 | 满意，是指公开的部门预算内容全面而详细，民众能够通过阅读这些预算知道政府部门拿了多少钱，做了什么事，钱具体花在什么地方。 | | 较详细，是指该部门按报送人大审阅的格式公开。 | | 不详细，是指该部门公开的部门预算有简单的文字陈述，大部分没有附上收支预算总表和预算内拨款支出预算表，即或是有也非常简略。 | | 很不详细，是指该部门公开的部门预算要么只有两三行的文字陈述，没有附任何表格；要么只有非常简略的表格，没有任何的文字陈述。 | |

资料来源：根据中国预算网统计数据绘制

### （二）缺乏获取信息的渠道和机制、程序

信息沟通渠道在信息交流和传播中起到重要的作用，充分而有效的沟通是公众实现预算监督和参与的重要条件，通过采取一定方式实现预算信息在两者之间的交流，是公民接受信息、表达意见的基础。如果没有规范的信息传输机制，那么信息会发生扭曲，影响沟通的正常进行。

从目前来看，公众获取、反馈预算信息的渠道较为单一和封闭。获取预算信息的正式渠道来自政府且是目前获取预算信息的主要渠道。但在政府机关中，"严守可能是本来应该公开的秘密、绝不轻易透露是各级政府领导层或常委们遵循的潜规则。"[1] 即使能够公开的信息，在获取方式上也有严格的约束条件，对于沟通的时间和地点都有较多的限制造成信息沟通和交流上的诸多障碍。正是因为沟通渠道的匮乏与公民获取信息的意愿之间存在的矛盾，公民多借助于网络这种非正式渠道获取相关信息。但是通过网络渠道获取的信息在质量上难以保证，不可避免地出现信息偏差，而且通过这种方式获取预算信息的人群多集中在城市，据统计，我国"目前网民人数达13700万人，但在中国13.1亿总人口中还仅占10.5%，这意味着总人口中约90%的人不能通过电子政务获取信息、参政议政。同时，互联网的普及情况也不平衡，

---

[1] 包国宪，曹西安. 论政府绩效管理中的绩效沟通 [J]. 经济体制改革，2007(1): 118-121.

城市互联网的渗透率约为农村的 6.5 倍。"[1] 而对于农村人口仍为主要群体的中国来说，农民的意见表达机制的匮乏对预算支出决策的科学性会产生直接性的影响。

另外，"公民参与的法制化对于实现公民的民主权利，推进民主的制度化和可持续至关重要。然而，我国的法律制度在这方面还存在真空。"[2] 预算信息对公众公开的程序上也缺乏明确规定，如果运作程序不规范，即使具备可靠的信息来源和渠道，那么也会使信息质量受到影响。公民参与预算管理的程序需要从制度上加以明确，对参与的议题、时间安排、意见表达方式等形成公开透明的反馈体系，"封闭的过程近似于黑箱操作，会导致程序参与者因必要信息的缺乏或者无知，而产生心理上的紧张与不安，并怀疑程序过程的合理性与正当性，从而对程序结果设防。"[3] 而目前"我国的基本社会制度为公民参与提供了根本保证，但具体的关于规划参与行为、畅通参与渠道，保证参与实施的制度却不够健全"[4]，存在着尚未制度化和法制化的部分。

### （三）获取信息的意愿与理解信息的能力较低

公众与财政部门之间的信息不对称的第三个因素来自于公民本身，接受和理解、反馈预算信息需要公民具备相关的参政知识和基本的财务知识，另外还需具备沟通能力、理解能力等素质，因此受知识水平等个人能力的限制，普通公民可能并不能对具备较强专业技术的预算支出提出合理的建议。但也有研究表明"民众的知识水平和个人素质，并不影响其参与公共事务的热情，对公众参与度影响最大的，是公共事务与他们切身利益的相关程度"[5]。也就是说，公民的参与意识决定了公民是否愿意主动获取预算信息、实现对预算信息的反馈。公民的参与意愿之所以在预算管理中起到较为重要的作用，是

---

[1] 杨玉霞. 中国政府预算改革及其绩效评价 [M]. 北京：北京师范大学出版集团，2011.
[2] 牛美丽. 推广温岭经验应超越技术层面 [J]. 决策探索，2010(4): 53.
[3] 王永礼. 预算程序的价值及其实现的保障 [A]. 中山大学行政管理研究中心."国家治理与公共预算"国际学术研讨会论文集 [C]. 2006.
[4] 贾西津. 公共政策过程中的公民参与 [R]. 2006 中华环保民间组织可持续发展年会，2006.
[5] 丁永勋. 如何提高民众参与预算的热情 [N]. 新华每日电讯，2011-12-28.

因为公民群体的规模和群体类型对预算信息的质量具有影响。但是我国公众对参与到预算管理中的主动性不强,"搭便车"的思想严重。据调查:"61.3%的被调查者表示愿意参与对政府绩效的评价,21.2%人无所谓可以参加也可以不参加,18.4%人不愿意参与。"[1]公民预算参与动力不足一是由于传统政治文化对社会的控制和管制思想,使得"社会公众对政治权威往往采取敬而远之的态度,'君子远诉讼',尽量避免与官方打交道"[2]。从而造成参与意愿的低下;但其主要原因还是预算信息的公开性不足,与公众利益切身相关的预算项目支出并未纳入公众参与的范围。具体到某项公共支出,对其最为关切的还是与之存在利益相关的群体,因此将预算支出纳入公众参与的范围是保障公民参与意愿并积极反馈意见的一个先决条件,"人类的生活实践表明,人们总是愿意在管理他们的、与他们生活和命运息息相关的事项中,听到自己的声音,总是乐于接受通过参与、合意而达成的结果。"[3]因此对预算公开和公众参与的渠道进行制度化的保障是达成公民预算参与意愿和监督要求的前提。

## 二、试点地区利用绩效信息消除信息不对称的做法

对于绩效预算中的公民参与,不同的学者对其有不同的理解。Wampler将其界定为"公民决定如何分配公共资源的决策制定过程"[4]。Baiocchi和Lerner认为参与式预算是"公民直接民主地决定如何分配部分预算资金的过程"[5]。我国学者陈家刚将参与式预算概括为:"一种民众能够决定部分或全部可支配预算或公共资源最终用处的机制和过程。在这种创新的决策过程中,公民直接参与决策,讨论和决定公共预算和政策,确定资源分配、社会政策

---

[1] 李院力. 构建吉林省地方政府多元主体参与的绩效评价体系 [J]. 华章, 2011(30): 58.
[2] 包国宪, 曹西安. 论政府绩效管理中的绩效沟通 [J]. 经济体制改革, 2007(1): 118-121.
[3] 王永礼. 预算程序的价值及其实现的保障 [A]. 中山大学行政管理研究中心. "国家治理与公共预算"国际学术研讨会论文集 [C]. 2006.
[4] Wampler B. A Guide to Participatory Budget [R]. Working Paper, 2000.
[5] Gianpaolo Baiocchi, Josh Lerner. Could Participatory BudgetingWork in the United States? [J]. The Good Society, 2007, 16(1): 8-13.

和政府支出的优先性,并监督公共支出。"[1] 根据学者们对参与式预算的定义,从绩效信息的角度可以将其理解为:绩效信息的产生和运用引起了预算管理中信息来源和预算信息流程的改变,这种改变是公民参与预算管理的信息基础,公民在参与预算管理的过程中可以利用绩效信息对预算决策进行讨论和监督预算执行,绩效信息部分消除了公民同财政部门之间的信息不对称。其信息流动过程如图2-2所示:

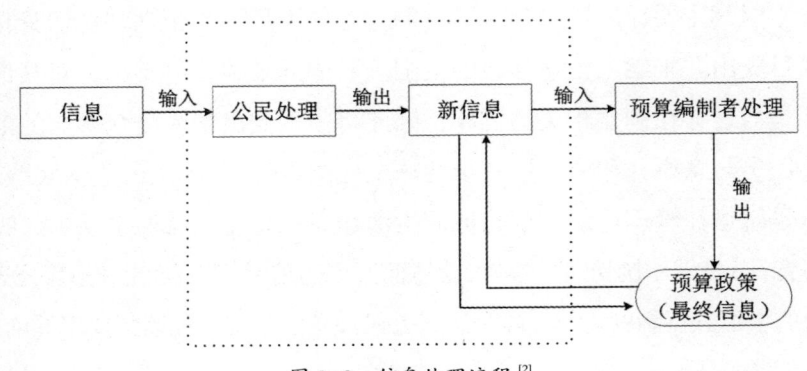

图 2-2 信息处理流程[2]

公民参与预算源于上世纪80年代的巴西,由于它迎合了预算的民主性和科学性的发展潮流,推出后取得了很好的成效并在美国、英国、印度、加拿大等国家获得应用。近年来,我国在推行绩效预算的同时也注重公民参与的作用,但在参与方式上又各具特色。例如河北省、上海市闵行区等采用听证会的方式使公民参与到预算审查中;浙江省温岭市探索民主恳谈制,对预算资金安排进行修正;哈尔滨、无锡等城市也在此方面做出努力。下面就结合国内的试点情况,对绩效信息消除两者之间信息不对称的具体过程进行分析。

## (一)绩效信息丰富了公民获取的预算信息量

绩效信息首要的作用就是使得公众能够获取更多的预算信息,增加了接收的预算信息量,公众对于预算信息量的获取是进行监督和参与的基础,因此信源(财政部门)能否向公众提供包含绩效因素的预算信息是公众参与绩

---

[1] 陈家刚. 参与式预算的兴起与发展 [N]. 学习时报, 2007(1).
[2] 董晓辉, 谭婷. 公民参与预算的平台构建和路径设计 [J]. 财经问题研究, 2011(2): 81-84.

效预算的基本条件。上海市闵行区自2007年开始试点绩效预算改革，目前已将政府预算、决算报告、部门预算、绩效预算评价、财政专项资金使用管理办法、操作流程和绩效等情况在其官方网站上进行公开，以2011—2012年为例，公布的报告名称见附录。

从公开的范围来看，第一部分是政府预决算报告，它涵盖了上年全年度的预算执行情况和本年度的预算报告。预算报告除了对预算的收入、支出、执行的情况进行总结之外，在近几年的工作总结和要求中都专门提到在预算中增加绩效信息以及向公民公开预算信息及公民参与预算管理的机制建设问题。例如，2012年财政预算草案中提到2012年预算工作的方向之一是"注重绩效，加强民生支出绩效评价结果运用"。2011年的报告中要求"2012年部门预算编制工作要按照积极稳妥、统筹兼顾、厉行节约、注重绩效的原则做好预算编制和平衡工作"。这些要求均是利用绩效信息对预算管理进行完善。

第二部分是政府主要组成部门分别对其部门的预算安排表进行的公开，目前共有17个部门对其预算收支和执行情况利用表格的形式加以公布，方便公民查阅。闵行区财政局负责中、后评价的行政事业财务管理科的负责人称："为保证预算执行进度和效果，财政局在当年的6月、9月和次年3月份分三次发布'部门预算支出分析报告'，披露半年度、三季度和全年度3个不同时点上的预算执行分析信息。"[1] 从中可以看出，闵行区不仅注重向公民发布信息的主动性，更通过时间上的规定实现信息发布的及时性和有效性，通过动态机制向公民及时汇报预算执行的绩效状况，使得公民能够更好地对预算支出进行监督。

第三部分是绩效预算评价，闵行区目前选取了与公民生活息息相关的32个项目，涉及教育、社会保障、交通、医疗、城市环境等方面。公开的类目虽然还没有覆盖所有政府部门及项目，但它呈现了向公民发布信息的基本类目和框架，体现出了满足公民对预算信息需求的发展方向，为进一步扩

---

[1] 宋凯，王劲松. 要花财政钱，绩效过三关[N]. 中国财经报，2012-03-16.

大公开的范围奠定了基础。此外，对项目的绩效预算评价其评价的主体分为两类，一类是自评。自评是考评的起点。各资金支出单位根据政府战略目标及中长期规划制定本单位的工作目标和绩效目标，然后综合考虑所提供公共物品或服务的类型、数量、质量等，最终确定经费投入数额。自评之后就进入区评的阶段，即主管部门要按照既定的格式要求，在规定的时间内，将各单位自评的内容，包括绩效目标、资金额度、所提供产品或服务的类型等事项在网站上进行为期3周的公示，通过公示，公民能够充分获取项目支出信息并可以提出自己的意见，主管部门充分借鉴考虑公众的合理化建议，在对项目完善之后填写《网上公开反馈表》。同时，无论是自评还是区评，其报告的内容均呈现出较为平实的特点，通过项目描述、项目明细和评价打分做出较为客观的评价。

第四部分是本年度的绩效预算前评价总报告。前评价报告中的内容体现了绩效信息在绩效预算中重要作用的发挥。首先，前评价是预算审批之前的评价，它是为了达到一定的预算目标，利用评价指标体系对可能产生的效果（科学性、合理性等）进行评价，以此作为预算资源分配的依据。"前评价既有利于提高政府资金的分配效率，又有利于增强预算单位对项目管理能力的提升。"[1] 其次，在评价方法上，运用了绩效评级工具（PART）对项目的可行性进行评分定级。而且也对信息的来源和信息质量进行了规定，对"相关评价问题的回答必须要有充分、可靠的依据，要有明确的说明解释，而非仅凭单位的主观感觉或印象"[2]。在表述的方式上要求简明扼要，且要"全面反映项目绩效信息"。通过这些要求，使得公民在信源质量上获得提升。

## （二）绩效信息拓展了公民参与预算的渠道与方式

绩效信息在对公民参与预算的渠道上的作用体现在两个方面，第一是公

---

[1] 上海市闵行区财政局. 二〇一二年度闵行区本级绩效预算前评价总报告 [R/OL]. 2012-03-05. http://www.shmh.gov.cn/xxgk/Content.aspx?Id=158920 .

[2] 上海市闵行区财政局. 二〇一二年度闵行区本级绩效预算前评价总报告 [R/OL]. 2012-03-05. http://www.shmh.gov.cn/xxgk/Content.aspx?Id=158920 .

民对于预算信息的接收方式,第二是公民对预算信息改进的建议与反馈。目前各地试点形成了各具特色的预算参与模式,代表性地区有上海市闵行区、焦作市、广州市、温岭市、无锡市、河北省、哈尔滨市等地。

焦作市的参与式预算于 2005 年开始实行,为了畅通公民获取信息的通道,焦作市自主开发设计了名为"财经沙盘"[1]的财经信息系统,它对于公众来说,是一个应用性的平台,焦作市将政府全年收支的明细表都导入财经沙盘中,它包含的内容非常细致,不仅有政府财政收支,更可以查到每一个公务员的工资明细、单位每笔支出、使用的项目等,并且以财经沙盘建立了可以量化的绩效评价模型。在具备了内容的基础上,焦作市还采取多种方式保证公民能够及时、便捷地查询到所需的信息为参与预算决策做准备。因此建设了社会服务窗口、网络信息平台、新闻媒体宣传、公共场所屏幕、财政文化大院等五个载体,并且在火车站、广场等人流密集的地点设立电子显示屏等对预算信息和预算资金使用的进程进行公开。建立了信息输入的通道之后,焦作市采取公民直接投票的方式实现公民对预算信息的反馈。其大致流程是,市政府在征求各职能部门意见之后,首先列示出项目投票的范围,包括农村基础设施、文体教育、医疗卫生等,其总体特征是这些项目均是与公众利益关系密切的民生项目。其次,在政府门户网站上开通投票系统,并且采取一定的技术手段保证投票的公正性。同时开辟谏言纳谏等子栏目,使得公民能够在投票的同时提出看法和建议。公众在规定的时间内投票之后,从中选取得票率最高的 15 个项目,然后经过政府内部的讨论最终选取 10 件。"焦作市正在进行中的公共预算改革为公众参与提供了一个政策空间和可能,并建立起一个政府充分听取公众的意见和声音并积极回应的互动平台。"[2]

上海市闵行区探索预算听证的参与方式已有四年的时间,逐渐摸索形成

---

[1] 注:财经沙盘是一套财政综合管理与决策支持信息系统,也可称为可视化管理系统(或触摸式直观反映系统),对内是一个集行政办公、财经管理和决策支持为一体的管理大平台,对外是一个社会传媒综合服务平台。

[2] 申相臣. 创新管理工具,深化预算改革——焦作市地方政府绩效管理改革探索之路 [R/OL]. 2010-05-18. http://www.jgjs.cn/E_ReadNews.asp?NewsID=9312.

了预算初审的听证模式。在公布预算信息方面，闵行区开办了三个信息传递平台将预算项目的类型和绩效评价过程及其报告进行全方位、实时的公开。第一个平台是网络平台，即注重官方网站的建设，发挥正式渠道在信息传播中的作用。在闵行区的门户网站专门设立"以结果为导向的绩效预算评价——信息公开"专栏，对各项公共支出的前评价、执行评价和结果评价进行及时更新和发布。第二个平台是媒体平台，借助于电视、报纸等传播媒介对预算绩效评价进行报道和公开。第三个平台是评审平台。积极组织民众代表直接参与到预算评审的过程中，实现直接的沟通和交流。通过三个信息传播平台的设置，为公众参与到预算评价中奠定了基础。公众对预算支出安排的意见建议反馈则主要通过听证会的方式。其具体流程是，在听证会召开之前，闵行区人大常委会将听证会召开的时间、地点、讨论涉及的项目以及每个项目的详细背景资料在网站上进行公开说明，凡是在闵行区居住或工作的市民均可报名参与。为了方便参与群体，预算听证会在时间安排上也做出了考虑，没有全部集中于工作日，而是将部分场次放到周末。听证的过程首先是预算草案提出机构的官员对预算方案做出说明，其说明的重点是回答政府预算资金如何支出、为什么支出，其绩效指标有哪些，预算编制细节的说明等。然后由听证陈述人（由7名区人大代表和4名社会公众组成）对官员陈述的内容进行辩论和建议，另外还有20名区人大代表和20名市民进行旁听，他们都是自愿报名参加的听众，不做会上发言但是可以会后将意见进行提交。听证会结束后，将听证过程中公民提出的意见进行整理和汇总，一是将报告向社会公布，二是提交给区人大常委会及区政府审议处理。

泽国镇采取的则是采用"民主恳谈"和问卷调查的方式使得公众直接参与到政府年度财政预算的讨论、修改和监督中。首先政府需要选出与民生相关的项目，之后由相关专家进行可行性论证并据此设计出调查问卷。准备工作完成之后，村民对预算的参与将分为两个阶段进行，村民先进行大会集中，然后采取抽样方式随机抽取出民意代表，填写调查问卷，之后村民需要参加小组的民主恳谈，小组讨论分为党群组、村镇建设组、农业发展组等十余个，村民可就预算支出充分发挥自己的意见和建议。

## 第五节　绩效信息消除审计部门与预算部门之间的信息不对称

"审计是由国家授权或接受委托的专职机构和人员，依照国家法规、审计准则和会计理论，运用专门的方法，对被审计单位的财政、财务收支、经营管理活动及相关资料的真实性、正确性、合规性、效益性进行审查和监督，评价经济责任，鉴证经济业务，用以维护财经法纪、改善经营管理、提高经济效益的一项独立性的经济监督活动。"从定义可以看出，审计活动对于财政部门来说，存在着双重作用。"预算审计是政府内部对预算安排和执行进行综合评价的重要途径之一，它同财政专项检查相结合，可以为部门改善预算编制和执行提供重要的参考依据。"[1]审计是对财政的监督，通过审计发现财政资金支出及执行中的问题，从而进行追溯和问责，实现自身的受托经济责任；审计又是与财政的合作，审计中发现的问题对于预算编制和执行的质量具有重要参考价值，审计结果是预算重要的参考依据，预算审计结果是公众监督预算的信息来源。审计既然具备监督功能，那么它与被监督部门之间就天然存在着信息不对称，造成预算审计无法真实地反映出预算部门的资金管理活动情况。它可能是由于"审计人员不掌握被审计单位的相关信息，被审计单位不提供审计需要的信息甚至提供假信息"[2]，也可能是由于审计制度、方法等造成对审计有效性的影响。了解审计中信息不对称产生作用的机制是改进审计质量继而提升财政预算管理水平的前提。因此本节将分三个部分对审计部门与财政部门之间信息不对称的产生与表现、绩效信息消除两者信息不对称的过程及绩效信息在此过程中的作用做出分析。

---

[1] 杨玉霞. 中国政府预算改革及其绩效评价 [M]. 北京：北京师范大学出版集团, 2011.
[2] 陈加兴. 信息不对称对审计工作的危害及对策 [R/OL]. 审计署网站, 2008-1-4. http://www.audit.gov.cn/n1057/n1072/n1342/1068975.html .

## 一、审计部门与预算部门之间信息不对称的表现

本节利用信息论的分析方法对审计中的信息不对称做出分析是因为"审计过程可以看成一个持续的信息加工和专业判断过程"[1]。审计对于信息流的产生和作用是一个闭合循环的过程,它包含了信息接收、信息加工和信息反馈三个环节,每一环节中的信息主体都涉及信息的处理与输出。运用信息论中的分析方法,可以更清晰地看出审计中信息不对称的存在形式。其作用流程可以用图 2-3 表示如下:

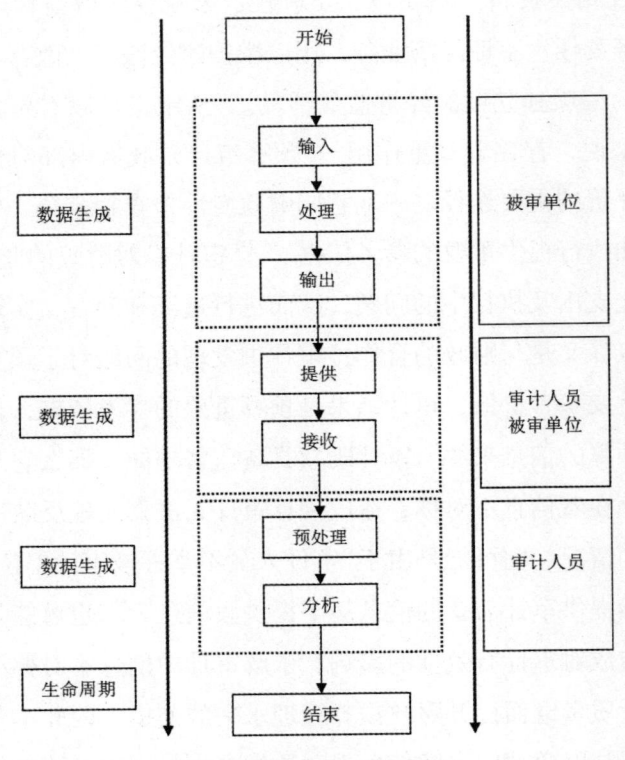

图 2-3　审计数据生命周期[2]

---

[1] 朱文明,王昊,胡汉辉. 审计数据质量:一个审计研究的新视角 [J]. 生产力研究,2008(3):128-131.
[2] 朱文明,王昊,胡汉辉. 审计数据质量:一个审计研究的新视角 [J]. 生产力研究,2008(3):128-131.

### （一）审计信息来源不丰富导致信息不对称

在社会实践中，信息在社会各单元组织中的分布是极不均衡的，有的获得信息多，有的获得信息少。尤其在审计部门与被审计部门当中，两者之间存在利益冲突，因此信息分布必然会不均衡，被审计部门可能会故意提供不完善的资料甚至修改、隐瞒数据等提供虚假资料，审计部门与被审计部门信息分布和占有的不均衡且难以拥有全面、真实的一手资料，处于信息劣势，因此利用这种信息上的不对称牟取自身利益的行为时有发生。例如，2011年，四川省万源市审计局对万源市罗文镇人民政府2009—2010年度的财政决算及其他财政收支情况进行审计，镇政府为掩盖折扣兑现惠民资金的行为逃避审计处理而提供不真实的财务资料。[1]"国家审计署对十个省（市）扩内需投资项目审计发现，18个项目建设使用虚假资料申报或多头申报等违规方式，获得中央投资1.3915亿元。"[2]审计资料的提供是进行审计的依据和起点环节，审计资料的不真实会对审计的全部流程产生影响，造成审计资源的极大浪费。

审计信息来源上存在的信息不对称还表现为信息获取时间上的不对称。信息接收时间的差异"往往容易导致较早获取产品有关信息的交易者，能够较主动、较早地做出交易决策选择而获取交易优势，而获取信息较晚的交易者则被动地在交易中处于劣势"[3]。目前的审计工作以事后审计为主，介入时间较为滞后，不能对审计对象进行全面了解，缺乏对预算编制阶段的监督，这也就导致了预算编制问题的出现，例如预算报告中没有涵盖所有政府收支，擅自扩大和提高基本支出标准等。审计介入时间上的滞后加剧了审计部门与被审计对象之间的信息不对称，不仅为审计工作带来困难，更削弱了审计的质量。

---

[1] 万源市审计局.万源市审计局处理首例提供虚假资料的单位和个人[R/OL].万源市审计局，2011-07-05. http://www.wanyuan.gov.cn/wywz/zwgk/xxgkInfo.jsp?ID=45977.
[2] 杨华云.审计署：16个政府投资项目违规占地8千亩[N].新京报，2011-03-26.
[3] 王玉金.浅议信息不对称下政府投资建设项目审计风险控制[OL].审计署，2012-03-07. http://www.audit.gov.cn/n1992130/n1992150/n1992576/2936725.html.

## （二）信息加工能力低下导致信息不对称

1. 审计制度规定的不完善影响审计部门对信息的加工

我国审计制度在法律规定上对审计目的和组织实施程序上的不明确导致审计部门在收集信息上的困难，同时限制了审计对信息的加工功能。传统部门预算审计是以资金使用的合法性和合规性作为审查的目标和重点，而不是对资源配置的效果做出判定。面对财政资金使用效率低下的情况，审计并不能够提供解决方案，随着绩效预算的推进，也对审计的审查范围和审查目标提出了新的要求。《审计署2008至2012年审计工作发展规划》中也明确提出了实行部门绩效审计，也就是对政府部门履行职能和利用公共资源的目标及完成效果进行审查。然而相关法律法规建设的滞后还不能适应审计目标的转变，不能契合绩效导向的信息加工要求，也就不能有效实施对财政资金的问责，弱化了审计价值。目前指导审计工作开展的法规主要有《中华人民共和国审计法》、《中华人民共和国审计法实施条例》，虽然《审计法》在第二条中规定了"对财政收支或者财务收支的真实、合法和效益，依法进行审计监督"，但是并没有对开展绩效导向的审计工作所必备的资源条件和运作流程进行明确，使得"审计人员在开展政府投资项目绩效审计活动时，感到调查取证、收集资料困难，评价无参照的指标和标准"[1]等问题，影响了审计结论的可靠性和充分性。

2. 审计指标体系建设的薄弱造成信息不对称

传统的审计任务是检查被审计对象的合法性和合规性，其相应的审计方法较多运用核对法、审阅法、分析法等对原始资料进行直接比对核查的方式。但是对于预算管理来说，审计不仅仅是比照核对相关凭证是否规范，更需要为预算资金的支出提供可供参考的有效信息，因此审计指标体系的建设是否科学完善尤为重要。审计指标体系不完善，审计人员就难以对资金支出的效果做出科学分析和客观评价。目前在审计指标体系建设方面最大的问题就是缺乏较为合理的审计指标体系，没有一套具备较强针对性的、固定的评价指

---

[1] 民建湖北省委员会.关于对政府重大投资项目实行绩效审计的建议[OL]. 中国人民政治协商会议湖北省委员会, 2010-03-05. http://www.hbzx.gov.cn/newsdetail.jsp?id=201003051427441087.

标体系。以专项资金审计评价为例,由于没有固定的指标体系,目前只能"根据国家和各级政府对该项专项资金的管理办法、行业指标、专项资金设立时的可行性报告来寻找合适的评价指标,随意性比较大"[1]。设立指标应当运用何种方法才能较为科学,是借鉴其它国家已有的标准还是自行设计、如何设计等问题都需要进行权衡和选择。其次,目前出现的审计指标体系在指标结构上还存在很大的局限:"只有财务指标,没有非财务指标;综合性指标多,单项指标少;原则性指标多,量化指标少;缺乏预警指标等。"[2] 指标设置的全面性和科学性决定了审计产出信息的质量,如果审计结果不能反映被评价对象的真实情况,那么就会加剧审计部门与被审计对象之间的信息不对称。

3. 审计人员处理信息的能力欠缺造成信息不对称

"审计人员是政府审计组织中最活跃、最能动的因素,审计人员素质高低决定了审计事业的成败。"[3] 也就是说,审计人员的素质对绩效信息质量具有很大的影响,那么审计人员应当具备什么样的能力、目前的审计人员队伍存在着何种问题呢?下面就对此做出分析。"人们获取、分析、加工处理和应用信息并形成策略的能力称为情报能力。"[4] 对于相同的信息内容,审计人员情报能力上的差异对其处理的结果也会有所区别。对于审计部门来说,审计人员所应当具备的基本情报能力,例如基本心理素质,包括接受新的思想观念的能力、决策的能力、处理风险的能力、发现问题的能力、较强的责任心等;知识水平上的素质,除了进行审计工作所必需的财务知识,另外还需具备与被审计对象相应的专业知识,随着绩效观念的导入和绩效审计的开展,更需要具备绩效考核的知识。"然而我国目前政府审计人员知识结构尚不能满足政府绩效审计评价的需要",尤其是具备专业技术的审计人员十分欠缺,例如,沈阳市审计局在工作中发现:"随着政府投资项目增多,对财政性资

---

[1] 尹淑平,吴立权. 论完善财政专项资金绩效审计评价 [J]. 财会月刊,2011(13): 39-41.
[2] 徐燕. 深化预算执行绩效审计研究 [J]. 审计月刊,2010(4): 10-11.
[3] 马曙光. 中国政府审计人员选任标准的历史变迁 [OL]. 中国国家审计署网站,2006-12-25. http://www.audit.gov.cn/n1057/n1072/n1342/30091.html.
[4] 王玉金. 浅议信息不对称下政府投资建设项目审计风险控制 [OL]. 审计署,2012-03-07. http://www.audit.gov.cn/n1992130/n1992150/n1992576/2936725.html.

金使用效益进行有效监督的需求增大,审计机关开展工作面临着比较严峻的工程造价专业人员短缺的问题。"[1] 同样,在审计向绩效审计进行转变的工作中,也更是需要大量的具备绩效评估知识的人员。

### (三)审计结果反馈与应用的薄弱造成信息不对称

审计作为一种监督财政资金支出的机制,它本质上是一种控制系统,因此审计控制功能的实现就需要达到两个要求:一是实现动态控制;二是实现结果信息的反馈。然而目前预算审计却在这两方面较为薄弱,从而使得审计作用有限。具体而言,第一,"审计控制机制应当以'事前控制'为出发点,经过'事后控制'、'责任处罚',重新回到审计主体控制,构成一个闭合回路。"[2] 但我国当前的审计却忽视了对资金执行过程的审计,对财政资金执行过程中出现的问题不能及时发现与预防,不能够动态地对受控主体发出施控指令,在资金执行环节中审计部门对其存在着信息空白,导致的后果就是即使在事后审计中发现但是造成的损失已经发生,再进行整改也会更加困难。第二,审计结果的公开和反馈问题。审计结果的公开和披露可以消除公众与财政资金支出之间的信息不对称。对于审计部门和财政部门之间的信息沟通,更为重要的是审计结果的反馈及应用。审计是为了发现和解决问题,因此只有将审计结果运用到财政资金的管理中才能使得信息的流动成为一个闭合通路,实现信息质量上的提升。而目前在审计结果的运用上存在"虎头蛇尾、落地无声,局限于为审计而审计,为过程而审计的尴尬境地"[3]。

## 二、试点地区利用绩效信息消除信息不对称的做法

国内的绩效审计实践起源于深圳,2001年,深圳市通过并公布了《深圳经济特区审计监督条例》,在其第二章第十三条中明确提出"审计机关应

---

[1] 姜艳洁. 沈阳市审计局注重更新知识结构积极培养复合型审计人员 [OL]. 沈阳市审计局,2008-12-21. http://www.audit.gov.cn/n1057/n1072/n1207/1720018.html.
[2] 刘国常,路云峰. 政府绩效审计质量控制研究 [J]. 广东审计,2007(1): 21-26.
[3] 付代红,朱敏文. 我国政府绩效审计发展的瓶颈及对策研究 [J]. 财会通讯,2010(8): 146-148.

当加强对本级各部门的绩效审计工作",首次将"绩效"纳入审计工作任务中。第十五条和第十六条分别对绩效审计的结果运用做出了规定,即"审计机关应当在每年第四季度向本级政府和上一级审计机关提出绩效审计报告,并受本级政府委托,向本级人大常委会报告绩效审计工作情况"。"政府有关部门应当依据本级人大常委会对绩效审计报告的审议意见编制预算、确定机构设置和人员编制。"在审计监督条例的指导下,自2003年开始,深圳市开展了绩效审计的实践,最初其应用的范围多集中在医疗卫生领域,随着经验的积累,涵盖的领域不断拓展,逐步覆盖到交通、环保、市政建设、部门预算等领域。此后,青岛、江苏、上海等地也相继开展了绩效审计工作,分别在部门预算执行审计、财政专项资金审计、政府投资项目审计、经济责任审计等方面取得了一些经验,下面就对这些试点城市中绩效信息消除审计过程中信息不对称的一些做法做出分析。

### (一)绩效信息的使用促进审计制度的完善

各个试点城市在推进绩效审计时,首先通过立法对绩效审计的指导思想、总体目标和原则等进行规范,同时辅助制定具体的实施方案的方式为绩效审计工作的开展提供制度上的保障。例如,江苏省从2008年开始,连续四年共制定了四个有关绩效审计的指导意见,明确了绩效审计的总体目标和要求。2011年1月,江苏省通过了《江苏省绩效审计条例》,在第四条中指出"审计机关应当加强绩效审计,对被审计单位配置、使用、利用财政资金和公共资源的经济性、效率性和效果性进行审计评价。审计机关可以将绩效审计结果向本级人民政府报告。绩效审计结果可以作为本级人民政府及其有关单位改进决策以及管理的参考依据"。江苏省首次将绩效审计工作纳入地方性法规中,立法层次上的提高,使得绩效审计工作的开展具备较为稳定的法律依据,有效避免了人为因素的干扰。在绩效预算具体工作实施方面,江苏省也进行了较为细致的规定,并于2011年出版了《绩效审计指南》,既有总体性的通用框架又有根据被审计对象的类别不同而制定的具体操作方法,主要包括部门预算支出绩效审计操作指南、专项资金绩效审计操作指南、国有企业绩效审计操作指南，还有机关政府投资项目、机关资源、机关环境、机关政府外债项目绩效审计操作指南等，对绩效审计的深入开展进行了规范，提供了可操作的方法。

### （二）绩效信息拓展了审计信息来源

绩效审计不同于传统的财务审计，仅对财务报表进行审查，要对预算执行的效果进行审查，就需要扩展信息来源，因此江苏省在实施绩效审计中，积极运用实地调查法、专家鉴定法等，通过实地了解和咨询听取专家意见，并结合预算支出目标、政府工作报告、发展规划等文件进行综合考量。在审计方法上根据不同的项目，在传统方法的基础上，综合运用不同的技术手段。例如，对农业开发资金绩效审计，采用了现场勘查法，资金流向追踪法；对国有投资企业绩效审计中则采取趋势预测、盈亏平衡分析法等。同时积极利用现代科技手段，增加信息传输与处理的速率和准确率，提升审计结果的科学性。

### （三）绩效信息促使审计部门提升业务能力

绩效信息的引入改变了原有的审计方法和流程，因此绩效信息的使用促使相关人员及时更新知识水平。在此方面，江苏省采取了知识培训、实地考察和工作业务指导三种途径提升审计人员的素质水平。据调查，57.88%的被调查者进行了知识培训。江苏省审计厅与大学合作举办绩效审计专题研修班，扬州市审计局组织人员到南京审计学院进行脱产培训；审计厅选派业务骨干到美国马里兰大学参加公共管理和绩效审计研究班；65.9%的被调查者采取实地培训的方式加强能力建设。无锡、南通市审计局与南京大学、南通大学等高校合作开展课题研究，将审计项目与课题结合、实践和理论同步提升的方式提升审计人员的素质。宿迁市审计局组织优秀项目主审进行解剖式演示交流，并邀请专家指导，提升审计人员的操作水平；48.2%的被调查者采取外部经验交流或取经的方式提升自身水平。盐城、常州市审计局赴深圳、宁波等地进行考察学习、交流工作经验。与此同时，江苏省对以上途径获得的知识经验进行总结和规范，制发了《绩效审计分析（研究）报告》文书格式，并开辟了专门网站进行经验交流。

**（四）绩效信息增强了审计结果的反馈功能**

审计报告与财政部门对审计意见的采纳使得审计与预算之间形成完整的信息流动闭合环。开展审计的目的是对预算资金的支出进行监督，因此监督结果的及时反馈对于财政部门下一年度开展资金支出安排具有参考意义，审计报告的内容是否能够真正发现预算支出执行中的问题也就是审计报告内容的科学性程度影响着绩效审计的效果。2010年，江苏省审计厅对省内8个部门的项目经费管理情况开展审计调查，除了对真实性、合规性进行调查，更是重点分析了资金支出的效率和效果，最终对部门资金使用的结构、问题和成效形成《关于省级8个部门2010年度项目经费管理使用情况的绩效分析报告》供财政部门参考。同时，财政部门也需要对审计结果及时采纳，这是开展绩效审计的最终目标。青岛市根据绩效审计建议，先后制定出来了一百余项规章制度。对于审计报告中发现的问题和提出的建议积极改进，例如，"公办学校参与举办民办学校情况绩效审计调查项目，发现了办学行为不规范等问题，促使市政府出台了《关于加强民办教育规范管理引导民办教育健康发展的实施意见》；市建设、财政和市政公用部门根据审计建议出台了《青岛市城市基础设施配套费管理办法（暂行）》等"。

## 第六节　绩效信息在预算中的作用分析

本章在前五节中用较多的篇幅对目前预算管理中遇到的信息障碍和绩效信息对信息障碍的消除过程结合实际案例进行了分析，通过对实践中绩效信息在消除预算参与主体间的信息获取、信息加工和信息反馈的障碍过程的分析，本节试图将其共性进行提炼，从总体上对绩效信息的作用进行分析。

## 一、有助于预算评审和决策的科学性

艾伦·希克认为，预算至少包括两个基本要素：申请资源和配置资源。预算过程规定了如何、什么时候、谁来申请资源和配置资源。由于一些预算申请会得到满足而另一些预算申请会被否决，所以，在资源申请和资源配置之间还应该存在一种预算活动。希克将这种预算活动看成为资源保护。资源保护的主要功能是支持那些有生产效率的资源申请而抵制那些没有效率的资源申请。[1] 与传统的关注"投入"的预算相比，绩效信息的导入，使得预算分配关注的焦点转向对预算结果的关注，通过未来可能的产出效果而决定预算资金的流向。这种转变的关键机制就在于预算评审环节中。Janet M. Kelly 在谈到绩效预算的局限时认为："绩效预算并不能将政治从预算中剔除出去、不能够减少利益集团的影响、不能改变政府决策的优先次序。"[2] 宋健敏等通过对美国 PART 的实证分析后发现"美国国会预算决定不一定由绩效信息引导"[3]。这些研究结论表明绩效信息在预算评审中作用的范围是局限的。但这与本书对绩效信息的讨论并不矛盾，如前文所述，本书对绩效信息的界定是从管理的角度出发，认为绩效信息是"绩效管理"这一管理技术中的基本要素，那么它作用的范围也只能局限于管理领域，而并非是一项解决预算问题的终极手段，绩效信息不能够影响预算评审中的政治过程非但不代表它没有发挥作用，而恰恰印证了绩效信息的作用范围。因此，我们不能期待绩效信息的产生会使得预算评审完全变为一项由技术引导的行动，而只能说绩效信息增强了预算评审的技术特性，使得评审中技术的缺失得以弥补。

那么绩效信息在评审技术中能够起到什么作用呢？Janet M. Kelly 认为"绩效信息与决策制定之间的相关性最为密切。决策者在审议服务优先次序

---

[1] Allen Schick. An inquiry into the possibility of a budgetary theory[M]. Irene Bubin. New Directions in Budget History[M]. New York: State University of New York Press, 1988: 63-65.

[2] Janet M. Kelly, William C. Rivenbark. 苟燕楠译. 透视美国管理与预算局 [M]. 上海：上海财经大学出版社，2009.

[3] 宋健敏，丁元. 绩效评估对政府预算决策的作用与局限：布什政府项目评级工具(PART)的实证分析 [J]. 中国行政管理，2010(9): 108-112.

和有限资源时运用绩效目标、衡量进展情况等信息，从而帮助我们在公共服务中创造价值"[1]。Carol Weiss 指出："即使绩效信息不能导致政策结果的变化，但它可以起到一个明示的作用，即能够提高预算讨论的质量。"[2] 即使绩效信息不能决定预算分配，但是至少它能够为预算审议中选择或者不选择某项预算支出增加佐证。"决策者并不需要将绩效信息作为其决策的唯一根据，也不需要做出数据所预示的决策。"[3] 绩效信息的引入为预算申请提供了可供参考的结果性信息，与原先的增量预算相比，强化了预算中的理性化因素。同时，绩效信息的引入也使得预算管理过程中思维方式发生转变，在预算管理中设定绩效目标作为预算申请和执行的起点。总之，"绩效信息能使预算决策更加明晰，但并不能驱动预算决策"[4]，绩效信息为预算的科学决策提供了依据，促进决策质量的提升。

## 二、有助于预算执行监督

绩效预算为绩效信息的产出提供了条件和机制，而绩效信息的产生和运用为预算外部主体参与和监督预算提供了监督预算管理的方式和途径。

社会契约论的观点认为政府组织同公民之间存在委托—代理关系，因此必然存在信息不对称。所以作为政府组织一部分的预算部门，其外部主体获取预算信息会存在很多障碍，那么假如能够获取到预算信息就一定能够真的"了解"预算的使用情况吗？其实不然。其原因在于，我们假如了解预算的投入和支出数据，但并不代表我们能够掌握预算执行的信息，因此仍无法对其进行监督，那么只有对预算数据进行加工，将其支出的目的和实际达到的效果进行对比，才能较为直观地看出其真实的活动状况，含有预算支出目标和实际执行效果的信息都属于绩效信息的范畴，也就是说绩效信息是预算外

---

[1] Janet M.Kelly. 苟燕楠译. 地方政府绩效预算 [M]. 上海：上海财经大学出版社, 2007.
[2] Carol H. Weiss, Michael J. Bucuvalas. SocialScience Research and Decision-Making[M]. New York: ColumbiaUniversity Press, 1980.
[3] Janet M.Kelly. 苟燕楠译. 地方政府绩效预算 [M]. 上海：上海财经大学出版社, 2007: 10.
[4] Theodore H. Poister. Measuring Performance in Public and Nonprofit Organizations[M]. San Franciso: Jossey-Bass Press, 2003.

部参与主体准确了解预算执行的有效信息,它能够起到外部主体监督预算使用的作用。

　　同样,对于财政部门同预算执行部门之间,绩效信息也同样起到预算监控的作用。从公共选择理论我们可以知道,政府部门也是一个"理性人",他们往往控制信息,透露对他们有利的信息,而封锁对他们不利的信息。然而通过绩效机制的导入,绩效信息对于财政部门的作用就不仅是为其提供了了解预算执行的信息,通过前期预算绩效目标的设立,绩效信息就成为衡量资金在预算执行中执行效果的衡量标准。通过不断地将现实情况与预期目标对比,衡量其进展,找出两者之间的差距,从而寻求解决方案。那么在这个过程中,财政部门通过绩效信息实现了对预算管理的控制机制。同时,绩效信息的提供能够减少申请人弄虚作假的行为,预算申请人的信息伪装是需要成本的,其成本主要源于提供不实信息的行为被发现所产生的利益损失。当提供预算申请的信息不详实时,在预算执行中就会产生违规行为而难以对其惩处。而通过绩效信息的导入,实现了对预算管理过程的源头控制,预算申请中增加对预算支出效果的预测和支出目标,相当于在预算环节的前期明确了预算申请人对预算支出的责任。而在预算中期(预算执行)阶段,绩效信息则发挥改善执行偏差的作用,及时发现执行中的问题并采取行动,改善预算支出效果。而在预算后期(决算),绩效信息提供了该项资金支出的优势及存在的问题,为未来预算的申请提供了佐证,以获得该项资金的支持。

## 三、有助于信息沟通和反馈

　　预算的外部参与主体同预算部门之间之所以存在信息障碍,其原因之一在于缺乏一种可以让两者进行沟通的渠道和"语言",不同参与主体之间的相互理解与交流既需要有交流的条件和平台,也需要一种双方都能够理解的"语言"工具。Karl W. Deutsch 指出"履行责任的行为是一个反馈过程,责任的履行需要依靠一套沟通渠道。责任主体对责任受体负责,意味着:第一,存在一个沟通渠道,责任主体的行为信号能通过该渠道传输给控制者,即责任受体；第二，指控制者（责任受体）接受并破解这些信号，用他们自己的记忆检查之，以便决定对责任人的行为给予奖惩；第三，控制者掌握一个渠道，通过该渠道对受他们控制的责任人实施奖惩"[1]。对于预算系统来说，绩效预算形成了传递信息的机制，而绩效信息则是其中对责任者和控制者之间信息传输的信号。

预算反映了政府的受托责任，政府应当也有义务对预算支出进行公开，让其接受监督，但是即使政府将预算公开，选取何种方式实现预算信息的传递更加透明、有效呢？绩效信息为财政部门提供回应外部监督者的方式，使之能够以量化、明确的方式回馈外界的信息需求，而且这种信息能够有助于"与整个时期比较、与类似的机构比较、与全国最好的项目比较、与之前制定的目标比较"[2]。

---

[1] Karl W. Deutseh. Polities and Government——How People decide their fate[M]. Boston: Houghton Mifflin Company, 1980: 194-195.
[2] Arie Halachmi. Performance and quality measurement in government: Issues and experiences[M]. Burke: Chatelaine Press, 1999.

# 第三章

# 绩效预算中绩效信息的影响因素分析

  马骏认为结果导向的预算系统的运用需要具备以下条件：预算信息与分析能力；法治原则；财经纪律；透明度；支持绩效的环境。[1] Carol Ebdon 和 Aimee L. Franklin 在对公民参与预算的行为进行分析时认为，有四个因素会对其参与行为产生影响，它们分别是环境因素、程序设计、交流机制和参与目标。只有通过四者的相互协调才能使预算得以顺利进行。[2] 路云峰在对绩效审计的研究中，提出审计是一个管理控制的过程，并且利用系统论对审计质量管理的影响因素进行了分析，认为控制环境（国家政治经济体制环境及历史文化传统）、审计法规和准则、控制组织机构及人员、控制程序和过程，这四方面的因素可以综合对审计质量产生影响。[3] 通过对系统论的理论阐述我们可以得知，预算管理可以作为一个管理系统，对它的分析也需要从系统的角度出发才能对其进行较为全面的分析，同样绩效预算管理作为预算管理的管理手段之一，其目的是为了使得预算管理系统趋于优化。因此，我们利用系统论和控制论的思想将可能影响绩效信息质量的技术因素分为：（1）环境因素。它包括正式的制度环境如法律、法规、行政规章等；还有非正式制

---

[1] 马骏. 中国公共预算改革的目标选择：近期目标与远期目标 [J]. 中央财经大学学报，2005(10):1-15.
[2] 王鹤，韩扬. 公众参与地方政府预算的困境思考 [J]. 商业时代，2012(2): 128-129.
[3] 路云峰. 政府绩效审计质量控制研究：模型与框架 [J]. 财会通讯，2011(4): 118-120

度如社会环境、思想意识等。(2)组织实施机制因素。它主要包括组织机构、绩效流程设计、管理人才配备等。(3)技术工具因素。它包括绩效管理中的绩效评价指标体系、预算管理中所运用的会计核算、财务报告等,另外由于信息技术的广泛运用使之成为政府管理中的重要组成部分,因此也将其纳入到其中。在对这些影响因素进行分类的基础上,本章将分别对它们影响绩效信息的方式进行探讨。

## 第一节 制度环境对绩效信息的影响

舒尔茨认为,"制度是一种涉及社会政治及经济的行为规范"[1]。道格拉斯·诺斯认为制度就是"一系列被制定出来的规则、守法程序和行为的道德规范,它旨在约束主体的福利或效用最大化利益的个体行为"[2]。从定义中可以看出,制度设立的目的在于设立一种规则或者范式以实现对行为人的约束与规范。如果运用制度的定义对信息的产生与活动过程进行理解,我们可以认为,制度改变了信息产生的概率集。也就是说,行为人为了实现某种目的而产生行为关系,那么双方就存在信息的传递与流动,在制度产生之前,双方信息的流动可能是无序的,接受信息的一方与发出信息一方之间存在着信息不确定性,而通过制度的约束后,就会极大地消除两者之间的信息不确定性,即获得信息一方对发出信息一方的所能获得的信息概率变大了,因此制度规则能够改变双方的信息沟通。那么制度规则又是如何影响到绩效信息的呢?其影响的机制是什么?本节就致力于解决这两个问题。林毅夫将制度结构定义为一个社会中正式的和不正式的制度安排的总和;[3]柯武刚、史漫飞将制度划分为内在制度和外在制度,内在制度包括习惯、内化规则、习俗和

---

[1] T. W. 舒尔茨. 制度与人的经济价值的不断提高 [A]. Coase R. H.. 财产权利与制度变迁 [C]. 上海:上海三联书店,1991.
[2] 道格拉斯·诺斯. 经济史中的结构与变迁 [M]. 上海:上海人民出版社,1994: 185.
[3] R. 科斯等. 财产权利与制度变迁 [M]. 上海:上海三联书店,上海人民出版社,2005: 378.

礼貌、正式化内在规则；外在制度包括普适的禁令、专用的指令和程序性规则。[1] 依据新制度经济学理论对制度的划分，本书将影响绩效评估系统的制度环境因素区分为正式制度环境和非正式制度环境两个方面进行分别探讨。

## 一、正式制度

预算中存在很多参与主体，这些参与主体之间的信息分布并不是均匀的，正如第一章所分析得出的，预算参与主体之间对于预算信息存在信息不对称现象。虽然这种现象属于客观存在，但是这种不对称的状态却不能成为一种均衡而稳定的状态，因为预算参与主体之间互相存在着委托—代理的关系，那么预算支出部门对财政部门、财政部门对其他监督主体均负有告知对方预算详细支出使用信息的责任，因此两者之间的信息就不是静态的不对称状态，而是两者之间发生信息报告与信息获取的信息交流状态，那么预算参与主体之间就产生了信息沟通。在理想的条件下，其基本过程是预算委托人要求预算代理人提供所需的信息，预算代理人向预算委托人发出所要求的全部信息。然而现实中两者之间却总会存在信息上的不确定性，造成委托人对代理人缺乏充分的了解。

"要解决人与人关系中存在的不确定性，就需要人类的基本关系规定必要的准则或形成某些规范性的习惯、传统，以便能够对彼此的行为有一个合理、可靠预期，保证人类的决策行为能够在较为确定性的世界中发生作用。"[2] 为什么选择制度规范对不确定性进行消除而非其他的方式呢？其原因在于，首先不确定性不同于有限理性，不确定性属于主体和主体之间的关系范畴，而有限理性属于个体行为范畴，因此两者的解决方式也存在差异，个体对他人或外界的有限理性可以通过学习、搜集信息等方式解决，而不确定性却与个人的努力并无必然联系。"对于因不确定性造成的无知，是无从克服而只能应对的，与行为体是否有限理性并没有直接的相关性。"[3] 再者，在预算中，

---

[1] 柯武刚，史漫飞. 制度经济学：社会秩序与公共政策 [M]. 北京：商务印书馆，2000: 119.
[2] 王俞，孙路. 不确定性与制度：关于制度研究的经济学方法 [J]. 江苏社会科学，2007(5): 69-76.
[3] 青井和夫. 社会学原理 [M]. 北京：华夏出版社，2002: 70-71.

委托人对代理人执行预算的信息需求并非仅仅是为了获得信息而获得信息，而是以此实现对代理人的监督或者以这些信息为依据进行未来的决策。但是委托人获得信息的数量并非成本为零，而是需要付出一些成本，曾有学者认为："政府绩效困境的根本原因在于监督的信息成本过高所导致的监督机制失效。降低监督的信息成本，是解决政府绩效问题的关键。"[1] 舒尔茨（Schultz）在对制度的功能进行论证时说："制度是某些服务的供给者，它们可以提供便利；它们可以提供一种使交易费用降低的合约，如租赁、抵押贷款和期货；它们可以提供信息，正如市场与经济计划所从事的那样。"[2] 也就是说，制度是解决预算中委托人和代理人之间不确定性问题成本较低的方案。道格拉斯·诺斯也认为不确定性"是制度的根本来源"[3]。

从经济学的视角看，只要经济主体之间存在不确定性，就会通过获取信息的行为来消除不确定性。"制度的本质是共同信息，因而制度成本就是社会在形成这种信息时所必要的费用。由于人类社会的特征之一是相互合作进行的生产活动，而任何一种生产，就其技术而言都是某种信息，因此随着生产规模的扩大，人类需要掌握的信息量日益增加。制度的本质是人类合作过程中不可或缺的共同信息。"[4] 从这个角度我们可以认为绩效预算的产生作为一种制度安排，其产生和出现正是为了消除预算中委托人和代理人之间的不确定性，从而以较少的成本使委托人获得更多的信息。相较于以往所能获得的信息，增加的信息则为由于引入了绩效管理的方法而产生的绩效信息，使得委托人对代理的资金使用状况了解得更加深刻，通过绩效评估这样一种制度安排，使预算管理的"具体性"原则得到深化和加强。[5] 当然，预算管理中还存在着多种正式制度安排，共同对委托人和代理人之间的信息发生作用。

---

[1] 姚宝艳. 权责发生制政府会计改革问题研究——基于政府绩效治理的视角 [M]. 厦门：厦门大学出版社，2010.

[2] Theodore W. Schultz. Institutions and the Rising Economic Value of Man[J]. American Journal of Agricultural Economics. 1968(5): 1113-1122.

[3] 道格拉斯·诺斯. 经济史中的结构与变迁 [M]. 上海：上海人民出版社，1994: 32.

[4] 李建德. 论"制度成本"[J]. 南昌大学学报，2001(1): 44-49.

[5] 谢新水. 论官僚制的不确定性与政府绩效评估 [A]. 鲍静，包国宪. 政府绩效评价与行政管理体制改革 [C]. 北京：中国社会科学出版社，2008.

所谓正式制度是指以某种明确的形式被确定下来,并且由行为人所在的组织进行监督和用强制力保证实施的法律、法规、政策、规章、契约等。根据定义,我们也可以对绩效预算中的正式制度做出大致的划分,它主要包括绩效评估相关制度建设、为绩效评估制度建立所提供必要条件的其他配套制度以及政治行政管理体制、经济体制环境等。也就是说,绩效预算的相关制度不仅是包括为实施预算绩效管理而出台的相关规定,也包括与预算管理、政府管理的所有制度安排。它们能够共同对绩效预算中绩效信息的使用产生影响。那么这些制度究竟是如何对绩效信息产生影响的呢?笔者认为,主要体现在两个方面:第一,制度供给的数量与范围。绩效信息作为约束代理人的一种制度安排结果,其前提是需要相应的制度保障,如果相关的法规缺失或者规定笼统缺乏细节,显然会使绩效信息的质量无法保障。第二,制度之间的协调性。制度之间的相互协调会使得制度发挥合力,形成信息流动的网络,但是如果其规定存在矛盾与冲突,则势必会增大预算参与主体之间的"博弈"空间,增加交易成本,使得信息质量降低。

## 二、非正式制度

凡勃伦曾将制度定义为"广泛存在的社会习惯"、"公认的生活方式"以及"经济结构"等,他认为"制度实质就是个人或社会有关的某些关系或某些作用的一般思想习惯"[1]。而首次提出非正式制度概念的则是 D.C. 诺斯,他认为非正式制度是指对人的行为不成文的限制,包括价值信念、伦理规范、道德观念、风俗习惯和意识形态等。非正式制度虽然不能成为一项单独的制度形态,但是它能对制度形态产生影响。"非正式制度是正式制度产生的前提和基础,一定的正式制度通常是依据一定非正式制度中的价值观念和意识形态而建立起来的。"[2] 而且,非正式制度对人的行为的约束往往更加深刻和持久,因此研究非正式制度对于绩效信息的影响是非常必要的,预算参与者

---

[1] 凡勃伦. 有闲阶级论 [M]. 北京:商务印书馆,1964: 139.
[2] 王文贵. 互动与耦合:非正式制度与经济发展 [M]. 北京:中国社会科学出版社,2007: 51.

如何看待绩效预算,是否认可和接受这样一种制度安排和技术方法,对于绩效信息质量具有重要而长久的影响。因此下面将分三个部分探讨参与绩效预算的主要群体的意识观念是如何影响绩效信息质量的,同时还探讨绩效文化对绩效信息的影响。

### (一)绩效文化氛围

绩效文化从属于行政文化,属于意识形态的范畴,所谓"行政意识形态,即在行政实践活动基础上所形成的,直接反映行政活动与行政关系的各种心理现象、道德现象和精神活动状态"[1]。组织中是否能够形成绩效文化的氛围对绩效信息的质量会产生重要的影响。在一项涉及4个联邦机构的绩效改革的研究中,亨尼西(Hennessey)发现,关键的成功因素是组织文化的变革。[2] Janet M. Kelly 也认为"相当于人格对于个人而言,组织文化是组织的人格"[3]。

具体到绩效文化来说,它对绩效信息的影响的主要途径是通过对组织成员的约束,使组织成员自觉以绩效的观念来指导自身工作,树立预算资金支出需要以绩效为目标的观念,将完成资金绩效、提高资金支出效率、为资金负责内化为自身的责任。青木昌彦认为"如果产权关系来自习俗并与之一致,那它将在人们心目中产生相应的道德判断,只要违犯了规则,不管是习俗还是成文的,都会在人们的心目中产生消极的道德感,如内疚感、耻辱感和焦虑感"[4]。同样,绩效文化氛围的作用就在于它纳入到行政文化中,使之成为管理人员道德和价值观念的一部分,从而形成运用绩效信息的文化自觉。

### (二)领导者对绩效评估的重视程度

组织中的领导者对绩效预算的产生和推动起到重要作用,绩效预算之所以能够产生和运用,在很大程度上也是受组织中管理者对绩效这种管理工具的认可程度的影响。国内外学者对领导者会影响绩效信息使用均持有肯定态

---

[1] 夏书章. 行政管理学 [M]. 广州:中山大学出版社, 2003: 149.
[2] Janet M.Kelly. 苟燕楠译. 地方政府绩效预算 [M]. 上海:上海财经大学出版社, 2007.
[3] Janet M.Kelly. 苟燕楠译. 地方政府绩效预算 [M]. 上海:上海财经大学出版社, 2007.
[4] 青木昌彦. 比较制度分析 [M]. 上海:上海远东出版社, 2001: 83.

度。Melkers 和 Willoughby 研究发现领导对绩效管理的支持与各种绩效信息的使用呈明显的相关性。[1]Teresa Curristine 对 OECD 国家实行绩效预算的情况进行调查后得出"绩效信息,尤其是评价信息在支出部门获得更多的应用,同时许多部门运用绩效评价方法来提升绩效。对于部门推进绩效评价和使用绩效信息最主要的解释就是在组织水平和政治变革中强有力的领导因素"[2]。国内学者卓越认为上级领导的态度和支持在绩效评估当中是最有用的资源。在明确了领导者对绩效信息有作用之后,那么他们又会通过何种方式影响绩效信息呢?

首先,领导者的主观因素能够影响到绩效信息的产生,其主要方式是通过创造绩效需求[3](creating a demand for performance)。领导者能够倡导组织中的人员对管理流程进行改变,将组织文化转变为强调绩效的文化,并采取相应行动消除变革中的障碍,例如积极制定和完善规则、寻求资源以及设置激励方式等促进绩效的实施。胡春萍等利用德尔菲法进行测量后发现在所有的绩效信息源中,"主要领导对各评估对象绩效的感知信息被最广泛地用于评估"[4]。而领导者使用绩效信息的动机和来源是什么呢? Donald P. Moynihan 等对此进行研究发现,管理者使用绩效信息源于其"公共服务动机、领导角色、信息可用性、组织文化和管理灵活性都会影响到绩效信息的使用"[5]。

其次,领导者主观因素能够影响到绩效信息的使用质量。"管理者对预算的态度不同、对预算认知水平有差异,以及预算所涉及的各种人的性格特

---

[1] Julia Melkers, Katherine Willoughby. Models of performance-measurement use in local governments: Understanding budgeting, communication, and lasting effects[J]. Public Administration Review, 2005, 65: 180-190.

[2] Teresa Curristine. Performance Information in the Budget Process: Results of the OECD 2005 Questionnaire[J]. OECD Journal on Budgeting, 2005, 5(2): 87–131.

[3] Andrews Matthew, Donald P. Moynihan. Why reforms don't always have to work to succeed:A tale of two managed competition initiatives[J]. Public Performance and Management Review, 2002, 25(3): 282-297.

[4] 胡春萍,孟凡荣. 中国地方政府绩效评估信息来源的现状——基于德尔菲法的研究[J]. 情报杂志, 2009, 28 (10): 10-14.

[5] Donald P. Moynihan, Sanjay K. Pandey, Bradley E. Wright. The Big Question for Performance Management: Why Do Managers Use Performance Information?[J]. Journal of Public Administration Research and Theory, 2012, 22 (1): 143-164.

点与管理风格迥异,都会对预算作用的发挥有显著的制约作用。"[1]

最后,领导者的主观因素能够对组织中其他人员产生影响继而影响到绩效信息。这其中又可以分为几个层次,行政机构中的领导人、管理人员和普通工作人员之间对绩效信息使用的态度都会对他人产生影响。研究发现:"预算管理者常常决定了当选政府官员对于绩效信息的重视程度。当预算提议中不仅含有预算申请,同时还包含绩效信息时,当选政府官员通常可能会把这归功于他们的功劳。此外,预算的执行和评估同样也受到管理聚焦点的影响。"此外,上层领导对绩效评估的支持可以对下级成员起到积极的示范作用。Moynihan 和 Ingraham 的研究发现,国家高级行政部门的官员能够影响到州长对绩效管理的重视程度,而机构管理者则更可能受到机构领导者的影响。[2]

### (三)一般行政人员的绩效意识

绩效预算的产生是为了对预算管理进行规范和控制的一种方式,而承担预算的主要人员则是各职能部门和财政部门的组织成员,预算管理中问题的出现,在很大程度上源于组织成员的行为。因此"行政人"的完善性是政府绩效评估确定性的最大因素。只有"行政人"完善才能使政府绩效评估道德风险最终祛除。[3]组织成员的绩效观念和意识对绩效预算的执行具有促进和维护的作用,绩效预算能够顺利实施,除了领导者的推进之外,组织人员的支持作用不可忽视。一方面,组织人员通过理解和认可绩效思想,能够使得绩效预算在推行中尽可能减少绩效信息的歪曲,推进绩效信息的产生和运用。正如凯登(Caiden)所指出:"除非是实实在在地采用,否则再恰当、再准确、再及时的数据都无济于事。"另一方面,组织人员的绩效观念相较于外部的制度规范,其作用的发挥较为稳定,"价值观是人的思想和行动的总开关,

---

[1] Mohamed Onsi. Factor Analysis of Behavioral Variables Affecting Budgetary Slack[J]. American Accounting Association, 1973(48): 535-548.

[2] Donald P. Moynihan, Patricia Wallace Ingraham. Integrative leadership in the public sector: A model of performance information use [J]. Administration and Society, 2004(36): 427-453.

[3] 谢新水. 论官僚制的不确定性与政府绩效评估 [A]. 鲍静,包国宪. 政府绩效评价与行政管理体制改革 [C]. 北京:中国社会科学出版社, 2008.

是一种强有力的非正式约束"[1],因此树立较强的绩效意识能够引导组织人员内心自觉地维护绩效信息质量。

**(四)公众参与绩效预算的意识**

从预算中的委托—代理关系来看,公民将资金使用权限委托给财政部门,财政部门应当对支出的资金负责,然而现实中两者之间存在巨大的信息鸿沟,从而使得预算资金支出低效率,这种低效一是表现在资金支出方向不符合公众需求,二是资金支出效果不令人满意,外部监督机制匮乏,而绩效预算的开展则是通过绩效信息的产出和运用使得公众和财政部门之间实现信息沟通,因此绩效预算的实现不但是政府对自身的改革,更需要公众的参与,公众的参与意识对绩效信息质量的影响作用如图 3-1 所示:

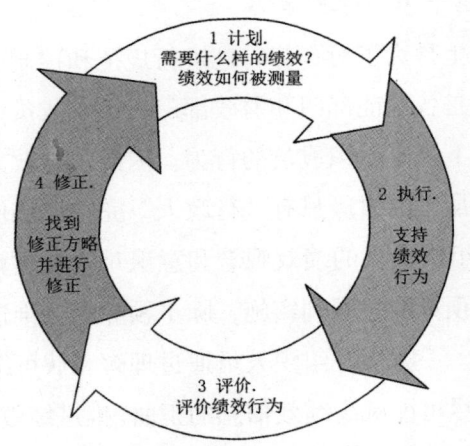

图 3-1 管理公民绩效评估的步骤

首先,公众能够决定想要产出何种绩效信息。新公共管理运动导向下的绩效预算改革,公众满意是其中一项重要的准则,公众参与能够使得政府支出与公众需求的一致性,决定着后期预算资金支出评价项目的类型;其次,通过公众参与,是财政部门了解资金支出真实绩效的信息来源。一些涉及民生类的支出项目,公众对其资金使用的效果最有发言权,因此公众的评判是

---

[1] 彭国甫.地方政府绩效评估程序的制度安排[J].求索,2004(10): 63-65.

衡量资金绩效的信息来源；最后，公众是监督预算管理工作的群体之一，公众积极主动的参与和意见的反馈是促使财政部门改进自身绩效的重要力量。

公众参与对改进绩效信息质量作用的发挥，需要公众有积极参与的意识，而我国已有一些公众呼吁参与到预算中，但公民的"权利"意识觉醒尚不充分，这也是不少地方政府由于外部压力尚不足够大而将政府绩效评估工作或停留于形式，或根本没有展开的主要原因之一。[1]

## 第二节　实施机制对绩效信息的影响

机制原指机器的构造和工作原理，现在被广泛用于解释自然现象和社会现象，描述系统中各组成结构的变化过程和相互关系。本书将绩效评估的组织实施流程、组织结构和评估人员的专业素质归类为实施机制，用于分析在操作、实施层面上的因素对绩效信息的影响。

### 一、组织实施流程

绩效评估的程序（组织实施），也就是评估活动从准备评估到提交评估报告各个阶段的实施步骤的详细规定，也是开展评估工作基本路径的具体描述。[2] 绩效评估是一个综合性的过程，它由评估动员、评估信息收集与评价、评估结果反馈等许多环节所组成，在评估的每一个环节中都涉及信息流动，绩效信息在绩效评估的程序中得以产生和运用。评估活动能否取得良好效果很大程度上取决于工作程序的规范性程度。如果工作程序简单粗糙，那么评价的结果信息的质量也难以保证。

绩效评估程序对绩效信息的影响主要体现为"怎样输出信息"并部分决定着"输出怎样的信息"。首先，规范的绩效评估程序将绩效评估中所有可

---

[1] 张岩鸿.政府绩效评估：述评、探究及改进策略[J].政治学研究，2008(5): 108-115.
[2] 彭国甫.地方政府公共事业管理绩效评价研究[M].长沙：湖南人民出版社，2004.

能需要的资源加以列示,对组织实施的时间加以明确,从总体上使参与绩效评估的各方主体形成对评估工作的整体把握和稳定的预期,并使得评估工作成为一个长期、循环提升的过程。其次,规范的绩效评估程序形成对绩效评估参与主体的约束机制,减少在评估过程中投机性行为的发生。例如在利用绩效指标对预算执行情况进行评价的过程中,如果没有规范的评估程序,就可能出现"评估指标事先就定下基调,再对照以往的达标情况,凭感觉来拼凑数字,虚构事实,牵强附会、避实就虚"[1]的行为发生,或者在评价结果的运用上淡化处理,减弱其作为问责和奖惩依据功能的发挥。被评估者出于自我保护的心理并没有动力主动要求评估,如果没有稳定而规范的程序,就会使绩效评估工作的效果大打折扣。总之,"规范的程序可以大大减少需要传输、获取和加工处理的信息量,减少盲目性、随意性和由于受情境因素制约与情感因素影响而导致的非理性行为,建立有条不紊的工作秩序、提高工作效率。"[2]

## 二、绩效管理人才

前面已经对参与绩效评估人员的绩效认识进行了讨论,而绩效评估工作具备技术性导向,它在实施的过程中需要搜集大量的绩效信息,而且绩效评估工作是一项具有专业性的复杂工作,因此绩效评估人员的专业水平就成为影响绩效评估信息的因素之一,这一点在绩效预算中体现得尤为明显。

首先,预算管理本身是一项包含较多专业知识和内容的工作,通过绩效预算的实施更是进一步细化了预算管理,原先对于预算支出的审查仅是从形式要件及合法性上进行把关,而绩效预算则要求对每一项资金支出的合理性进行审查,对于涉及专业性强的支出项目,就需要绩效管理人员也具备相应的专业知识。例如在对工程类项目资金的支出方面,从事审查的人员应当对其运作成本以及运作流程有较多的了解;在教育资金的支出方面,审查人员应

---

[1] 余明远. 基层政府绩效评价机制优化探索 [J]. 生态经济, 2010(2): 75-77.
[2] 李习彬,李亚. 政府管理创新与系统思维 [M]. 北京:北京大学出版社, 2002: 93.

熟悉教育规律等，只有这样才能对资金支出的合理性做出中肯而准确的判断。

其次，从事绩效预算的人员是进行绩效评估流程设计、评价指标体系设计以及评估实施的主要承担者，他们对于绩效评估原理和方法的了解及应用程度直接关系着绩效信息产出的准确度。芦刚等认为："从事绩效评估人员的敏锐性、观察能力、分析综合能力，及其对评估对象、原理、技术、方案的掌握和了解程度，是影响评估信度的重要因素。"[1] 尼古拉斯·亨利也指出："由于考评者的偏见，评估标准模糊不清，文献资料不全，程序失误或缺乏培训，公共部门绩效评定的可靠性和权威性受到影响。"[2]

最后，绩效预算人员的财务会计知识水平也部分决定了绩效信息的可靠性。对预算资金执行进行绩效评价和审计的主要信息来源是各资金支出部门的会计数据，运用何种测算方式对会计数据进行加工从而输出能够反映资金支出的绩效信息是绩效预算人员的主要任务。

总之，从事绩效预算的工作人员需要具备获取信息的能力、加工处理信息的能力以及创生再造信息的能力，这些信息能力的发挥有赖于他们自身的知识水平，所以绩效预算工作中是否拥有一支精明强干的工作人员队伍会对绩效信息的质量产生影响。

### 三、组织结构

管理学中认为，组织是保障绩效产生和运用的载体，而绩效预算作为一种管理技术，它的运用也离不开组织本身的性质特点。组织结构是绩效信息的传输通道，因此组织结构设置会对绩效信息质量产生影响。政府部门是科层制结构，政务信息在其中的上传下达也需要遵照既定的信息传送流程。组织结构包括横向职能层次和纵向职能层次，在预算中，组织的纵向职能主要表现为"两上两下"的预算控制，而横向职能则为审计部门、立法部门、政府主管部门财政部门及职能部门的控制，两条控制渠道之间缺乏合理衔接，

---

[1] 芦刚，汤继伦. 地方政府绩效评估结果的信度问题探析 [J]. 行政论坛，2007(3): 26-28.
[2] 尼古拉斯·亨利. 公共行政与公共事务 ( 第 8 版 )[M]. 北京：中国人民大学出版社，2002: 435.

因此也就容易造成信息传递不畅、政出多门等信息损耗和歪曲。而绩效管理的管理方式，它实现的条件之一是需要多部门合作，尤其是对于绩效预算而言，涉及范围较广，为了能使绩效评价结果更加全面和准确，整合多方力量参与是非常必要的，那么这也就改变了信息传播的方向。目前试点地区大多数都设立了专门的绩效评价机构并设立领导小组保障工作的实施，另外部分地区还引入第三方组织参与到绩效预算中，并从实质上对预算分配产生影响，这些都是通过机构设置上的变化改变信息传递方向，因此机构设置是否合理，能否形成对预算参与主体之间的整合会影响绩效信息质量。

另外，组织财力也是开展绩效评估的基础，政府管理中引入绩效评估，在组织管理和运行流程上都会发生一定的改变，而且为了保障绩效评估的规范和科学性，建设绩效信息系统、组织成员培训等都需要组织财力上的支持。如果组织没有充足的资金支持，那么即使引入绩效评估也难以很好地发挥作用。邓毅在绩效预算实践进行研究后发现："财力不足是导致PBB等早期绩效管理系统失败的主要原因之一，并且即使到现在也构成绩效考评的主要约束因素。"[1]

## 第三节　技术工具对绩效信息的影响

预算管理是运用多种技术方法实现对资源配置的过程，政府会计提供的信息是实现资源配置的一个重要条件，绩效预算的目的之一是实现对资源的"有效"配置，因此一个完备的政府会计核算与财务管理系统，可以有效地提供进行结果导向评价所需的公共服务的绩效信息。[2]

---

[1] 邓毅. 绩效预算制度研究 [M]. 武汉：湖北人民出版社, 2009: 192-193.
[2] 刘寒波. 结果导向绩效指标设计研究 [J]. 湖南财政经济学院学报, 2011(5): 73-81.

## 一、绩效评价指标体系

绩效预算评价体系是绩效预算的核心构件，而其中的绩效指标体系则是绩效预算评价体系的重要组成部分。陈工、袁星侯认为："财政支出绩效评价就是依据一些指标体系，借助于一定的分析工具，对财政支出的效果进行分析和评价的制度。"[1]朱志刚认为："财政支出绩效评价是指运用科学、规范的绩效评价方法，对照统一的评价标准，按照绩效的内在原则，对财政支出行为过程及其效果（包括经济绩效、政治绩效和社会绩效）进行科学、客观、公正地衡量比较和综合评价。"[2]从对绩效评价的定义中可以看出，绩效指标是实施绩效预算的必备要件，而且它贯穿于预算绩效评价的全过程，绩效指标的设计与选择决定了绩效信息收集的角度，而绩效指标加工方法则能够影响绩效信息的产生质量。

### （一）指标设计是否科学、有效决定了绩效评价结果信息的质量

绩效指标设计并非一项简单的工作，尤其对于预算评价指标而言，由于政府支出的目标多维性，政府资金支出目标在界定和测量中变得非常复杂，上海财经大学绩效评价中心主任马国贤教授曾说绩效指标设计是一项"世界性难题"。虽然绩效指标设计存在客观困难，但是绩效指标的科学性程度更多的是受指标设计标准、指标类型、指标结构、指标权重等技术性因素的影响。

首先，指标设计标准是指标设计的原则，它反映了指标设计的价值取向，因此会对指标性质产生影响继而影响绩效信息产出的信息类型。在20世纪80年代，英国在其财务考核评价体系中，改革原有的对财务考核投入性和效率性的单一标准，采用更为全面的3E标准，即"经济、效率、效益"。效益原则的加入为绩效评估的产生和运用奠定了理念基础。而随着社会的发展和绩效评估运用范围的扩大，人们在原有的对绩效评价指标效果性要求的基础上，还期望它能够反映更多的内容，因此不同学者也提出借鉴企业相

---

[1] 陈工,袁星侯.财政支出管理与绩效评价[M].北京:中国财政经济出版社,2007: 161.
[2] 朱志刚.财政支出绩效评价研究[M].北京:中国财政经济出版社,2003: 24.

关评价标准，使绩效指标的内涵更加丰富和全面。这其中较具有代表性的是 CREAM 标准和 SMART 标准。CREAM 标准含有五项指标设计原则，即明确性（Clear）、相关性（Relevant）、经济性（Economic）、充分性（Adequate）、可监督性（Monitorable）；而 SMART 标准的要求指标须具备具体性（Specific）、可测量性（Measurable）、可实现性（Achievable）、真实性（Realistic）和时效性（Time bound）。目前西方许多国家如英国美国等采取 SMART 标准作为指标设计的原则，在这些原则的指导下，在绩效预算报告中也必须列示有关绩效完成进度的信息及绩效信息来源可靠性的信息等。我国在 2011 年 4 月颁布的《财政支出绩效评价管理暂行办法》第十八条中对绩效指标设计的标准作出了规定："绩效评价指标的确定应当符合相关性原则；重要性原则；可比性原则；系统性原则；经济性原则。"从我国现行的指导原则中来看，并未对透明性或者可监督性设立要求，所以这也是导致绩效信息产出透明度不高的部分原因。

其次，绩效指标的结构类型是绩效指标评价体系的主体内容，是进行绩效评价的测评依据，因此不同的设计方式和指标选择直接决定着绩效信息的产出类型。在对企业借鉴及自行探索的过程中，形成了各具特色的绩效指标体系结构方法，目前使用较广泛的有目标管理法（MBO, Management By Objectives）、平衡记分卡法（BSC, Balanced Score Card）、关键绩效指标法（KPI, Key Performance Indicators）以及标杆管理法（Benchmarking Management）等，由于这些方法从不同的角度出发，其产出的绩效信息在类型上有如下特点和区别：

1. 目标管理法。目标管理法是 1954 年美国管理专家德鲁克设计的，顾名思义这种指标设计方法最大的特征就是围绕要测评的目标来衡量其产出和效果，具有较强的针对性，然而这也容易造成可比性较差的缺陷。

2. 平衡计分卡法。平衡计分卡是哈佛大学教授卡普兰和诺顿于 20 世纪 90 年代创立的，它从财务、客户、内部运营、学习与成长四个角度将组织战略落实为具体的、可操作的测评指标。由于其具有全面性的特征，能够多角度、较为完整地反映被评估对象，因此自产生以来获得了广泛的运用。但是它的运用和实现涉及大量的分析，所以需要有较高的信息基础设施支持，这就使得它在我国的应用性上遇到暂时的困难。

3. 关键绩效指标法。关键绩效指标就是抓住能够影响测评对象的最核心和最具影响力的设计方法，通过这种方法，可以确定一组核心指标，使考核工作和考核任务有重点的进行。

4. 标杆管理法。就是在同行业中设立一个标杆，分析它具备高绩效的因素，从而在比较中实现自身改进的方法。我国对绩效指标的设计原则规定了可比性的标准，这是实现标杆管理的前提，只有产出的绩效信息具备可比性，才能有针对性地实现绩效改进。

另外，国内的一些学者根据我国的实际情况，也提出了几种代表性的指标设计思路，较有代表性的有卓越、马国贤等。卓越等在对实践的总结基础上，"设计了一个由'维度—基本指标—修正指标'组成的多维度指标模型结构。"[1]马国贤根据预算资金支出的特点，创造了"多目标管理理论"。

总之，不同的设计思路和方法形成了不同类型的绩效指标，从而决定了其产出信息上的区别。

最后，绩效评价方法也会对绩效信息质量产生影响。绩效评价方法包括绩效指标权重赋值及利用绩效指标进行打分的方法。指标权重赋值方法及权重的确立是绩效指标体系设计的重要组成部分，不同的权重设计对绩效信息产出的科学性和合理性具有不同影响，从而影响绩效信息的可信度，关系着绩效信息的使用价值。同样，绩效测评方法的选择也从一定程度上反映了指标的科学性程度，并且两者在使用方法上具有一些重叠性，所以这里一起进行讨论。

绩效评价和赋值的方法有很多，《财政支出绩效评价管理暂行办法》第二十一条规定："绩效评价方法主要采用成本效益分析法、比较法、因素分析法、最低成本法、公众评判法、专家评判法等"。公众评判法和专家评判法扩大了评价群体，通过吸收专业人士和公众的意见使得评价指标代表性更全面，但是也会受到主观随意性的影响。因此许多新型的测评方法也相继产

---

[1] 卓越，杨浙闽. 公共部门绩效评估的过程控制[J]. 天津行政学院学报，2003, 5(3): 28-31.

生，一些学者对数据包络分析法（DEA）进行了介绍，这种方法由于"不需要事先知道投入与产出间的生产函数关系，不需事先确定指标权重，完全剔除了人为因素的影响"，在方法层面上具有先进性。

## 二、预算会计核算方式

预算会计是"用于核算和报告各级财政机关，各行政事业单位预算收支情况和结果的一个会计分支，是国家财政预算管理的重要组成部分"[1]。预算会计在预算管理中占据基础性地位，其原因在于，政府的任何活动都需要建立在公共资金运行的基础上，公共资金是供给公共组织机体活动能量的血液。从资金流动的角度对预算中各利益主体之间发生联系的过程可以用图3-2表示：

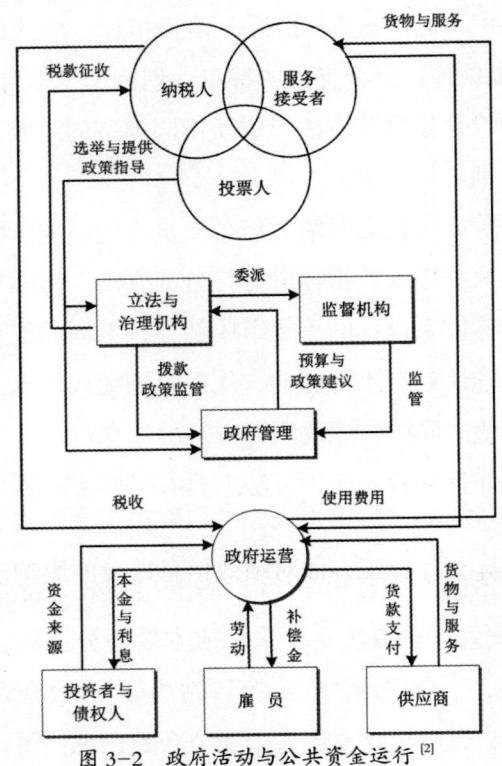

图3-2 政府活动与公共资金运行[2]

---

[1] 张雪芬.政府会计发展与对策[M].北京：中国时代经济出版社,2006: 1.
[2] 转引自姚宝燕.权责发生制政府会计改革问题研究——基于政府绩效治理的视角.厦门：厦门大学出版社, 2010: 128.

从图中可以看出，政府的任何活动都伴随着资金的流入与流出，那么想要对政府资金活动的情况进行追踪和记录，就需要借助于预算会计。国际会计准则委员会将政府会计定义为用于确认、计量、记录报告政府和政府单位财务收支活动及其受托责任的履行情况的方法体系。但是会计这种技术方法，并不仅仅是用来起到记录原始凭据的作用，其更为重要的作用是通过相关的会计核算技术，将预算参与主体之间的资金流动转换为承载政府活动信息的一种体系。葛家澍等曾对会计的特点做出总结："第一，以用户为信息需要的基础；第二，寻找为了产生有用信息所必需的数据；第三，把数据转换成信息并传送给用户。"[1] 政府预算会计也符合这三个特点，预算会计可以看作是一个信息平台，为满足绩效预算需求提供全面的、真实的、可量化的信息。

具体而言，预算会计对绩效信息质量影响的机理可以分为三个步骤：（1）会计原始数据的收集。它主要涉及预算会计核算的范围对绩效信息质量的影响。（2）会计核算活动是通过一定的技术方法对原始数据进行加工从而产生可用信息的过程，因此信息产出的质量与会计核算的方法具有直接的相关性，不同的技术方法在使用范围和信息质量输出方面均有所区别，那么如何选择会计核算方式以满足绩效预算的需求呢？这就需要对会计核算方法进行比较和分析。（3）会计报告从资金流动的数据上反映了政府活动的信息，会计活动可以用量化的数据说明组织活动在经济性、效率性和有效性上的实现度，绩效预算需要定量信息和定性信息，而会计报告可以为预算评价提供定量信息，而信息能否具备应有的价值很大程度上取决于会计报告的科学性和完整性。本节主要对预算会计加工方面对绩效信息质量的影响进行比较和分析。

### （一）收付实现制产出信息的特点

收付实现制是在现金实际收付时对交易或事项进行确认和记录，它以现金支付或者收入发生的时点对交易进行确认，只能反映当期实际发生的收支情况，而对超过本预算年度的收支则不纳入核算的范围。收付实现制这种核

---

[1] 葛家澍,余绪缨. 会计学 [M]. 成都：四川人民出版社, 1992.

算方式操作较为简便，它对实际入库的资金进行确认，而不考虑现金收支行为是否真正发生，它将实际收付为标准计算会计盈亏。凡在本期发生的现金支出，不论发生的经济业务是否会在本期发生，均作为本期应计费用，它并不代表本期付出的真实代价，而是反映了现金的流出。如果本期应当发生支出但是暂时并未发生现金的流动，那么虽然处于本期但并不计入本期费用。对于收入也是同样的记账方式，也就是说收付实现制并不考虑预收收入、预付费用、应计收入、应计费用等问题，均以实际发生的现金流动登记入账，收入与支出的差额反映的是现金净流量。

从收付实现制的核算方法我们可以得出，通过这种核算方式，其会计信息产出具备如下特点：

收付实现制的核算方式与传统预算资金拨付的形式相适应，财政部门对于各资金支出部门的经费是采取层级拨付经费的方式，采用收付实现制，能够及时地反映资金流出数据，以实现对预算执行进行追踪的目的。同时传统预算编制方式采取以上年度预算执行为基数，在此基础上增加一定数额的方式，通过收付实现制进行核算，能够较为清晰地测算上年度的资金流量及总额，它体现出会计信息特征具备及时性。

虽然收付实现制核算出的会计信息具备以上优点，但它也存在着一些缺陷，导致产出的会计信息质量低下，其中最为明显的是它不能全面、真实地反映财政资金支出部门的履行责任的情况，经收付实现制核算出的会计信息之间可比性较差等，更容易造成会计信息失真。其原因在于，收付实现制核算出的会计信息能够反映一定时期内资金的筹措数额、使用去向及余额信息，但是这些信息仅能够反映这段时期内现金的流量情况，每笔资金的流向与使用者对资金支出责任并不一定呈现同步状态，可能出现资金已经支出但责任还未履行的情况，因此不同时期中资金流的数额并不具备可比性。而且收付实现制并不重视服务成本和费用的核算，那么就会造成会计信息结果的不真实，带来管理上的风险。

### （二）权责发生制产出信息的特点

国际公共部门会计准则委员会（IPSASB）将权责发生制定义为"在交易和其他事项发生时予以确认的会计基础，而不仅仅是在收到或付出现金及其等价物时予以确认"。权责发生制核算方法侧重于权责和义务的一致性，它的信息产出最大的特征就在于其真实性，同时在全面性和可比性上也优于收付实现制，为实行绩效预算提供信息基础。具体而言，权责发生制对于绩效信息的作用可以分为以下方面。

第一，权责发生制下产生的预算信息可以直接作为绩效信息的数据来源。根据权责发生制的核算要求，凡是属于本期的费用，无论其资金是否已经支出均作为本期的费用，而对于不属于本期的费用，无论资金是否在本期发生，均不可计入本期费用。对于涉及长期的预算产出和资源耗费，将其进行恰当的分摊配比，使得更加准确地反映政府在某一时期中执行预算、提供服务所需的成本，对政府控制资源的存量变化、债务负担与偿还、运营收入与耗费等进行准确计算，从而可以更加清晰地看出公共服务提供的效率，不因某一年度具有长期开支而使得当期效率降低，也不会使得"前任借款搞项目，后任筹款还债务"等现象发生。也就是说权责发生制对于费用与产出的核算与绩效信息所需要的关于部门各项活动所耗费的资金数据相契合，两者对于数据的要求是一致的。

第二，权责发生制可以为绩效信息提供更加全面的数据来源。权责发生制下的会计系统需要"提供三张主要报表——财务状况表、运营活动表和现金流量表，并由大量的其他报告进行补充，如目标陈述、服务绩效陈述、对承诺、或有负债以及会计实务的说明等"[1]。也就是说，它的核算范围不仅包括现金交易信息，还包括非现金信息。同时，权责发生制的会计科目中设置对未来可能发生的资金流动项目，能够更加完整地反映资金的使用情况。

---

[1] 常丽. 新公共治理、政府绩效评价与我国政府财务报告改革 [J]. 会计研究, 2008 (4): 19-24.

## 三、政府财务报告

"政府财务报告既是国家决策机关和政府主管部门作出宏观决策、制定公共政策、进行公共管理的重要信息来源，也是政府外部利益相关者了解政府财政/财务状况、衡量政府绩效、评价政府受托责任履行情况并做出相关决策的重要信息来源。"[1] 从对政府财务报告的定义可以看出，政府财务报告的主要功能就是提供信息，为预算执行部门同财政部门、政府部门及监督部门和群体架构起信息沟通的桥梁。其提供的信息根据使用的对象不同，可以分为两类：第一类用于决策，为未来的预算决策等提供参考依据；第二类是用于监督，向预算的委托人汇报财务和履行责任的情况，供其监督。尽管使用政府财务报告的目的有所不同，但是对于财务报告所需提供信息的要求却具有极大的相似性，财务报告的内容须全面、真实、完整，且财务报告需及时公开，只有如此才能真正满足报告使用者的信息需求。

前面已经分析了预算的会计基础对绩效信息的影响，那么财务报告作为承载会计信息的载体，首先，它的内容是否完整直接影响到各参与主体所获取的绩效信息量；其次，无论是财政部门、政府部门还是公众等参与主体，多数人并不具备专业的财务知识，因此政府财务报告的呈现方式也就可理解性程度会对绩效信息产生影响；最后，财务报告只有实现对各类群体的公开，才能使得各参与主体利用绩效信息、监督和改进预算绩效，因此政府财务报告的透明性对绩效信息的使用会产生影响。那么，这三个方面对绩效信息影响的过程如何呢？下面就分别对其进行分析。

### （一）政府财务报告的内容完整性

我国目前尚未编制过一份完整意义上的财务报告，能够反映政府资金活动状况的报告是政府预决算报告，而且预决算报告所传递的信息也非常有限。根据财政部规定的预算收支分类科目，完整的预算应当包括预算收入账、预

---

[1] 李建发. 政府财务报告研究 [M]. 厦门：厦门大学出版社，2006.

算支出功能分类账以及预算支出经济分类账,然而现在并不能够对资金详细的支出情况作出全面的反映,尤其是对于"公众最为关心的、包括'三公消费'支出的账本——《预算支出经济账》并未做出任何介绍"[1]。此外,预算编制上的不够精细也导致了报告质量的低下,例如《预算收入分类账》仅对各项收入的总数进行了报告,但对于其下的项和目的具体收入情况却未作提供。不仅如此,预算的类目也并非全部囊括在内,其内容并不完善,预算报告内容的不完善使得公众难以从中了解到任何关于预算支出的绩效状况,从而不能很好地对未来的资金支出起到参考作用。

最能够反映政府资金详细收支情况的就是政府会计信息,目前政府会计信息是通过政府预决算报告传递到政府部门及社会公众中的。从上文得知预决算报告中所包含的会计信息十分有限,那么什么样的会计报告是有绩效的?含有什么类型的会计信息有利于产生绩效信息呢?首先,会计报告应当是具备完整性的报告。从财政部门、审计部门、立法部门以及公众对于绩效信息需求的视角出发,会计报告应当包含所有与政府收支预算及执行情况的信息,包括资产负债表、运营表、收入支出表、收益表、净资产/权益变动表、现金流量表等,如果这些会计信息能够完整的披露,即使没有明确指出资金指出的"绩效信息"在哪一部分,也能较为清晰地得知预算支出的运行状况,从而对其支出的绩效有较为直观的了解和认识。

同样,对于财务报告来说,其包含的内容比会计报告就更为广泛,不仅包括政府预算会计的内容,更需要包括预算审计、预算收支等政府全部资金活动的信息,不仅需要包括财务信息,也要体现非财务信息,这样就能够基本反映政府的活动效果,通过收入和支出的比对,以及细节的披露,就能够体现出资金的支出绩效;同时,这些信息也是进行专门的预算绩效评价的重要的数据来源。"政府财务报告系统及其生成的财务信息能在最大程度上为利益相关者评价政府公共受托责任的履行情况(绩效)提供定量信息支持。"[2]

[1] 吴君亮. 缺失的3号账本——点评2012年政府预算草案报告[N/OL]. 南方周末,2012-03-16. http://www.infzm.com/content/72843.
[2] 赵合云,陈纪瑜. 公共财务受托责任、绩效评价与政府财务报告改革[J]. 财经理论与实践,2008(5): 84-87.

### （二）政府财务报告的可理解性和公开性

"政府财务报告也不仅是作为政府财务信息的主要载体而存在，同时也是政府重要的信息沟通制度之一，是政府解脱其公共受托责任的有力依据。"[1] 政府负有资金支出的受托责任，政府财务报告不仅是完成内部管理的需要，更有义务将其公开，预算的外部参与主体通过财务报告获取对于政府支出预算资金的细节，从而对预算的执行进行监督，帮助预算执行部门改进资金支出的绩效。那么这就关系到财务报告的可理解性问题，外部参与主体得到政府财务报告并不意味着两者之间信息不对称的消除，只有报告所反映的内容能够尽可能地被人所理解，才能真正起到信息沟通的作用。财务报告中所传递的绩效信息的可理解性是评价绩效信息质量的一个组成部分。财务报告根据不同的主体的信息需求，在完整性的基础上，更应注重其个性的要求，采取不同的方式对资金支出的信息进行公开，其最终的目的也是为了使预算参与主体能够对资金绩效进行对比，从而监督和改进绩效。

## 四、信息技术

作为第一生产力的科学技术是推动上层建筑发生改变的基础性力量，信息技术的出现改变了政府传统的获取信息、加工信息以及信息传播的方式。绩效预算的产生和发展也离不开信息技术的广泛应用，因为绩效预算中所要求的绩效目标预测、绩效指标测算等需要大量的数据处理，如果不借助于现代信息技术，这些都是难以完成的，信息技术的发展使得绩效信息的收集、处理、传递、沟通、反馈以更快捷、更经济的方式进行，同时还能使预算参与主体更加方便地对预算资金实行监督。总体来说，信息技术对绩效信息的作用归纳为三个方面，即拓展信息来源、加速信息交流和实施信息监控。下面就分别进行分析。

### （一）信息技术拓展了绩效信息的数据来源

信息是政府部门进行资源配置、审议预算申请的基础，上一章已经对绩

---

[1] 常丽. 新公共治理、政府绩效评价与我国政府财务报告的改进 [J]. 会计研究, 2008(4): 19-93.

效信息在预算决策中的作用,即绩效信息可以辅助决策、提高决策质量。但绩效信息作用的发挥建立在一个前提之上:即绩效信息本身是有质量的。如果绩效信息不能真实反映被评估对象的真实情况,那么绩效信息的作用就无从发挥。决定绩效信息质量的一个重要因素就是用于评估的信息来源,信息来源是否广泛、信息量是否足够,这是输入绩效系统并输出绩效信息的前提条件。当今社会环境纷繁复杂,原先仅仅关注预算支出部门的投入数据这一做法明显已经不适应时代的需求,因而将焦点转向资金的投入效果,而"效果"这项要求,其感知的来源就不能只限于政府部门,而是从接受预算支出服务的群体中获取支出效果的信息,将其作为资金支出绩效评价的信息源。此外,在信息技术出现以前,外部信息源的匮乏在一定程度上是因为获取外部信源的成本较大,而信息技术使得这一交易成本大大降低,公众、社会组织等借助于信息网络,将其意愿、要求发送给政府部门,为政府决策提供信息。

### (二)信息技术实现对绩效信息的加工与传输

用于预算绩效评价的数据需要进行科学的加工与处理,才能真正成为绩效信息。而绩效预算中主要是通过将原始数据输入绩效评价指标体系,根据预先设立的指标项目和指标权重进行打分。以广东省南海区为例,南海区对各预算支出单位的项目进行评价,按照项目的性质分为信息化类、基建工程类、设备购置及修缮类和大额专项类四类,每一类的指标体系都包含项目合规性及必要性、项目可行性、项目绩效目标、项目资金运转效益、项目单位结合申报项目提供反映项目特性的指标、申报材料质量等六类指标,每一类指标下又结合项目特征分别设计了具体的评价指标。从中可以看出绩效评价工作需要处理的数据量是非常庞大的,如果采用手工操作,不仅输出的绩效信息质量难以保证,而且除非采取大量人力否则难以完成。而通过对数据的电子化处理,就可以使信息加工的效率大大提升,而且绩效信息的准确性也可以保证,基本能够避免由于信息处理而造成的误差。同时,还可以利用信息技术,自动剔除无效数据,实现对指标的自动筛选。"把建立的绩效评价指标体系与计算机的数据挖掘技术结合起来,可以大大提高计算机绩效评价技术方法的有效性。"[1] 此外，信息技术使得信息传输更加快速，通过电子方式获取实时的支出信息成本低廉且方便，使得绩效信息能够更加及时、迅速地到达信息需求部门。

### （三）信息技术有利于实现绩效信息的公开和监督反馈

在上一章中论述了绩效信息的功能之一，是可以作为外部监督主体同预算部门之间信息沟通的"语言"工具，这种工具的实施需要借助一定的工具和载体，信息技术可以实现成本较低且直接的沟通方式。传统的信息传播侧重于对信息的"公开"，这种公开是单向度的，也即是"告知"，预算的委托人只能是被动接受信息，而缺乏反馈和发表意见的方式。即使能够实现意见的反馈，但是也缺乏时效性和便捷性，一般都需要遵循一定的程序、在固定的时间和地点完成意见的反馈。而信息技术的产生和应用建立了预算委托人和代理人之间信息沟通的渠道，借助于"绩效信息"使得委托人对代理人发挥自身的监督功能。

从财政部门和预算执行部门来说，信息技术也使得财政部门对预算执行的情况进行实时追踪，对资金支出的数据在较短时间内完成处理变为可能，从而发现执行中的问题，督促其改进。

---

[1] 王宏利，龚瀛．论财政支出绩效评价指标体系的构建[J]．地方财政研究，2009(10): 38-51.

# 第四章

# 绩效信息质量影响因素的实证分析

## 第一节 分析方法的选择

结构方程模型（SEM）是一个重要的多元线性统计建模技术。它能够通过一系列的假设测量一些具有相互关联性质的潜在（不可观测）变量，而且每一个变量均由一个或多个显变量（可观测变量）组成。结构方程揭示了潜变量与显变量之间的线性关系，变量之间的关系表示为路径系数或者回归权重，通过路径系数来揭示变量之间的因果关系。

### 一、分析方法选择的缘由

本书利用 SEM 对绩效信息质量进行研究，是因为结构方程模型与一般的统计分析方法相比，具备很多优点。

1. SEM 模型有能力解决被显变量测量的潜变量间的因果关系。例如，测量教育领域中教育方面的成就和失败的原因；或者研究消费者行为中对于购买各种产品和服务的原因等。

2. 允许自变量和因变量存在测量误差。在研究中我们有时需要对多个潜在变量进行测量，这些潜在变量或许并不具有较高的可靠性，而测量的可靠性越低，要找出潜在变量和其他变量之间的关系就越困难。以往的统计技术无法消除测量指标不可靠性所造成的困难，而SEM不仅可以在考虑指标误差基础上对潜变量进行测量，而且可以根据测量指标的重要性将其排序。

3. SEM是一个比多元回归分析和方差技术更强大的技术。多元回归分析和方差分析等旧的技术一次只允许验证一个关系，[1]而结构方程建模却具有这样的能力——在一个简单的模型中可以容纳多个相关关系。

4. 结构方程模型可以用来研究假设的依赖关系的性质和自由度，同时评估这些变量的直接和间接的关系。[2] SEM也可以被称为协方差结构分析、协方差结构建模、分析协方差结构等。SEM中的影响因素可以分为直接影响因素和间接影响因素，两者均利用结构系数（路径系数）来进行衡量，通过计算与某个相关变量连接的路径上的系数，来测算独立的一个单位变量变化对因变量的影响程度。不仅如此，SEM还可以通过计算直接变量和间接变量而得出一个独立变量对总体的影响程度。[3]而这些都是传统统计方法所不能做到的。

具体到本章所要测量的对象——"绩效信息的影响因素"，我们研究的目的是找出影响绩效信息质量的原因，所要测定的是一种因果关系及影响路径。但"绩效信息质量"并非是一个单一成分的概念，而是一个包含较多维度的组合，其内容较为丰富且抽象，用传统的方法难以对其准确、直接地测量，具有潜变量性质。并且绩效信息质量的影响因素之间又存在多重的影响关系，如果选取传统统计方法，无法很好地对其进行分析。通过上文对结构方程模型优点的分析，发现与本章要解决的问题十分契合，因此本章选取结构方程模型对绩效信息质量的影响因素进行探讨。

---

[1] Joseph F. Hair, William C. Black et al. Multivariate Data Analysis (7th Edition) [M]. New Jersey: Prentice Hall, 2009.
[2] Randall E. Schumacker, Richard G. Lomax. A beginer's guide to structural equation modeling (3rd edition)[M]. Mahwah: Lawrence Erlbaum Associates, 1996.
[3] Randall E. Schumacker, Richard G. Lomax. A beginer's guide to structural equation modeling (3rd edition)[M]. Mahwah: Lawrence Erlbaum Associates, 1996.

## 二、SEM 的分析流程

虽然 SEM 是一个应用相当广泛的统计技术。但是在执行 SEM 的分析时，其分析步骤却大体一致，主要包括以下几个部分（如图 4-1 所示）：

1. 理论的建立（theory）。结构方程只是一种思路和统计方法，是对已有理论的检验，但结构方程模型并没有给出建立理论模型的一般模式，其理论的建立依赖于各个相关领域的研究基础，在理论的基础上对其之间的因果关系假设进行验证，因此 SEM 的第一个步骤必须是理论的建立。

2. 选择测量变量以及搜集资料。就是对模型中不能直接观测的变量选取能够实际测量的变量对其进行测量，同时采取问卷等方式获取测量变量的数据，为后期的分析做准备。

3. 模型构建（model specification）。根据理论假设，对观测变量与潜变量之间的因果关系作出假设，并用 SEM 的语言形式进行表达。

4. 模型识别（model identification）。即决定模型是否可以识别（identified），如果模型是可识别的，则表示理论上模式中的每一个参数皆可以导出一个唯一的估计值，不同类型的 SEM 必须符合某些要求才能获得可识别的条件，如果模型无法识别，那么将无法对模型作正确的估计。也就是说，第二个步骤模型界定是失败的。

5. 模型估计（model estimation）。"对 SEM 而言，当一个理论的假设模式已经被界定（构建）且识别好了，接下来就是估计假设模式的参数，这个过程就称为模型估计。"[1]

6. 适配度评价（assessment of fit）。对建立的模型对照各种参数标准对其进行检查，对其拟合的程度进行判断。

7. 模型修正（model modification）。如果模型的适配度不佳就需要对模型进行修正，在理论允许的情况下对模型的标准误差、标准化残差、修正指数、参数期望改变值及各种拟合指数等进行多次重复，直至达到可以接受的程度。

---

[1] 黄芳铭. 结构方程模式：理论与应用 [M]. 北京：中国税务出版社，2005: 119.

8. 模型解释（interpretation）。经过修正后的模型结合研究的目的，进行理论上的解释。

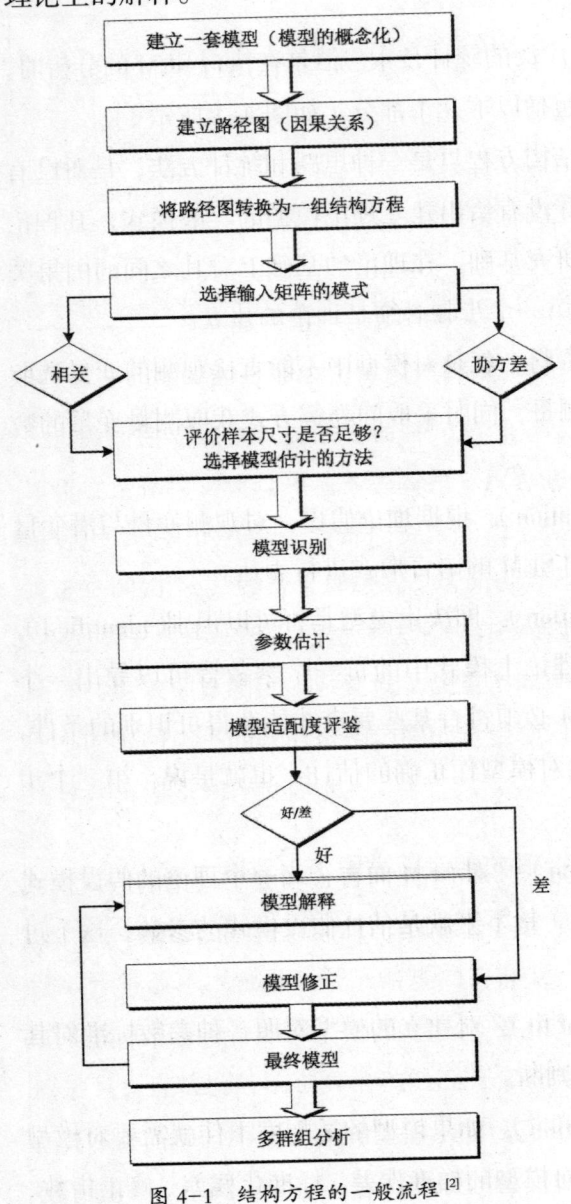

图 4-1　结构方程的一般流程 [2]

## 三、分析工具的选择

可以分析结构方程的软件有很多，较为有代表性的有 LISREL、AMOS、EQS、Mplus 等，但使用较多的是 LISREL 和 AMOS。LISREL 的输出报表可以提供丰富的指标参数，可以实现对"涉及多个时间点的观察进行不同的处理进而衡量结果"[1]，但是它需要撰写语法命令及熟悉矩阵参数，给一般使用者造成一些困难。而 AMOS 软件具有使用上的很多优点，AMOS 是英文 analysis of moment structure 的缩写，也被称为平均和协方差结构分析（the analysis of mean and covariance structures），它通过 windows 平台进行操作，运用路径图这样一种图形化、视觉化的方式来建立模型，操作简单、直观，只需熟知理论因果

---

[1] 荣泰生. AMOS 与研究方法（第 2 版）[M]. 重庆：重庆大学出版社，2010：17.
[2]Joseph F. Hair, Rolph E. Anderson et al. Multivariate Data Analysis with Readings(4th editon) [M]. New Jersey: Prentice Hall, 1995: 628-629.

模型绘制和基本参数设定即可快速绘制出结构模型、路径图及各统计参数。鉴于它的这些优点，本章节选用 AMOS 软件对数据进行分析。

## 第二节 理论假设与模型建构

SEM 研究的起点是理论模型的构建，通过理论推演，将变量之间的因果关系用路径图表达出来，以待检验。本节的主要任务是对模型的构建和数据收集。

### 一、理论假设

#### （一）潜变量的设计

在上一章中，我们对绩效预算中绩效信息的影响因素及影响路径进行了理论上的论证，为了进一步明晰其影响的路径、测算出影响的程度，首先需要对这些影响要素进行归类，将其作为本章进行分析的潜变量。绩效预算是一个较为复杂的体系，是不同类型技术的综合体，且在每一个技术大类下又含有不同的技术要素。而且我们在第二章中提到本书分析的理论基础是系统论，因此环境的因素也需要将其考虑在内，技术的发挥需要处于一定的社会环境当中，制度环境、组织环境（组织实施机制）均会对技术的运用产生影响，鉴于制度在理论上的重要性，分别将制度环境和非正式制度环境作为两个潜变量。根据第四章对绩效信息影响因素的理论推演和潜变量的构成，提出如下研究假设：

假设 1（H1）：正式制度会对绩效信息质量产生正向影响；

假设 2（H2）：非正式制度会对绩效信息质量产生正向影响；

假设 3（H3）：组织实施机制会对绩效信息质量产生正向影响；

假设 4（H4）：技术工具会对绩效信息质量产生正向影响；

假设 5（H5）：正式制度会对组织实施机制产生正向影响；

假设 6（H6）：正式制度会对技术工具产生正向影响；

假设 7（H7）：非正式制度会对组织实施机制产生正向影响；

假设8（H8）：非正式制度会对技术工具产生正向影响；

假设9（H9）：组织实施机制会对技术工具产生正向影响。

### （二）显变量的设定

根据文献分析和理论假设，笔者建立了绩效信息真实性影响因素指标体系，该体系清晰明确地显示了可测变量和潜变量之间的关系。指标体系包括潜变量和可测变量两个测量维度，其中绩效信息质量是本书要研究的对象；其余的四个潜变量是我们假设可能会对绩效信息质量产生影响的四类因素；可测变量是通过问卷调查能够获得的细化指标。如表4-1所示：

**表4-1 绩效信息真实性影响因素指标体系**

| 潜变量 | 可测变量 |
| --- | --- |
| 正式制度 | 制度完备性 |
|  | 制度衔接性 |
| 非正式制度 | 绩效文化 |
|  | 领导重视程度 |
|  | 一般行政人员的认识 |
|  | 公民的认识 |
| 实施机制 | 组织层级 |
|  | 管理人员专业素质 |
|  | 评估程序 |
| 技术工具 | 评估指标 |
|  | 会计核算方法 |
|  | 预算报告 |
|  | 信息技术 |
| 绩效信息质量 | 评估结果 |

### （三）模型方程式

根据表4-1所示的绩效信息质量指标建立起相应的结构方程模型。模型包括了用于表示潜变量之间关系的结构模型和用于表示潜变量和可测变量之间关系的测量模型两个部分。

1. 结构模型

用 $\xi$ 表示外源潜变量的向量，$\eta$ 表示内生潜变量的向量，结构模型可表示为：

$$\eta = B\eta + \Gamma\xi + \zeta \quad (B，\Gamma \text{ 为系数矩阵}) \qquad 4\text{-}1$$

$$\xi = \begin{vmatrix} \xi_2 \\ \xi_3 \\ \xi_4 \end{vmatrix} \qquad 4\text{-}2$$

$$\eta = \sum_{i=1}^{5} \lambda_i \xi_i + \zeta \qquad 4\text{-}3$$

2. 测量模型

用 X 表示外源观测变量的向量，Y 表示内生观测变量的向量，测量模型可表示为：

$$X = \Lambda_X \xi + \delta \qquad Y = \Lambda_Y \eta + \varepsilon \qquad 4\text{-}4$$

（四）路径图制作

根据以上步骤，我们对潜变量之间以及潜变量与显变量之间的关系作出影响路径图，如图 4-2 所示。

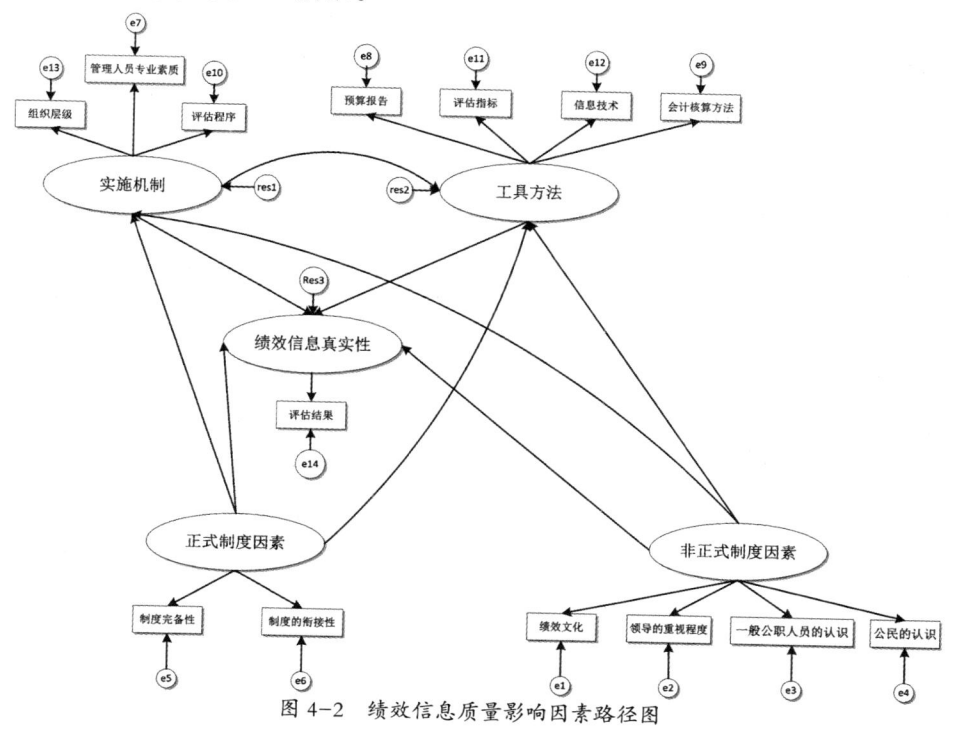

图 4-2 绩效信息质量影响因素路径图

## 二、数据收集

### （一）数据来源

1. 调查对象的选择

对以上模型的评价与修正需要大量样本项目的测量变量的真实数据，本书主要通过调查问卷的方式来获取数据。本次问卷调查中所选用的调查对象符合以下条件：

（1）选取所在地为北京、天津、山东、福建的省、市、区三级政府40个组织以确保样本在经济水平、自然环境等方面相同或相似，这几个地区的经济发展水平较高，经济水平可视为相同。

（2）选取的部门涉及海关、税务、党政职能部门以及乡镇政府等，虽然涵盖范围不同，但共同的特征是这些部门或组织正在实行有关绩效管理的工作。

（3）调查对象为政府部门的工作人员。

（4）调查对象为所在政府组织的中青年骨干力量，对绩效信息了解的程度相当。

2. 样本容量的确定

运用 SEM 进行分析对样本容量也有一定的要求，样本容量同分析结果之间存在正比，但是也需要考虑问卷调查的成本问题，因此需要在问卷的精度同调研成本之间作出权衡，Boomsma，Anderson 和 Gerbing 分别指出样本容量应大于问题数量的 5 倍，而本书中选取的样本数量大于 300，以此看来，在样本容量上还是符合基本要求的。

### （二）问卷设计

问卷设计包括问卷的问题结构设计以及问卷中变量的测量设计两部分。前者指的是问卷想要调查和搜集的信息都有哪些方面；后者指的是选取怎样的测量方式对答卷人的选择进行测量。

在问题结构设计方面，本问卷依据第三章中的理论分析，按照之前设计的观测变量，将其设计成不同的问题。在测量方式方面，由于均为定性变量，因此采用国际上较为通用的李克特5级量表法，即"5=很好，4=比较好，3=一般，2=比较差，1=很差"，答卷人只需在相应的态度评价下方的方框内打√即可。问卷量表如下（如表4-2）：

**表4-2　绩效信息质量调查问卷**

| 您认为现在的政府绩效评估结果反映被评估对象的真实绩效情况的程度（效果）如何？ |
|---|
| A 完全不能，甚至会发生歪曲现象 |
| B 效果较差，存在很多缺陷 |
| C 效果一般，仍有改进空间 |
| D 效果较好，改进余地不大 |
| E 效果很好，无需改进 |

| 编号 | 影响绩效信息真实性的因素 | 对绩效信息真实性的影响程度（分数越高表示影响程度越大） | | | | |
|---|---|---|---|---|---|---|
| | | 1 | 2 | 3 | 4 | 5 |
| 1 | 相关制度的完备性程度 | | | | | |
| 2 | 相关制度的衔接性程度 | | | | | |
| 3 | 绩效文化建设 | | | | | |
| 4 | 领导对绩效的态度和重视程度 | | | | | |
| 5 | 组织内成员对绩效的认识程度 | | | | | |
| 6 | 社会公众的绩效意识 | | | | | |
| 7 | 绩效评估指标体系的质量 | | | | | |
| 8 | 绩效评估程序的完备性 | | | | | |
| 9 | 政府会计核算方式 | | | | | |
| 10 | 政府财务报告的完整和透明性 | | | | | |
| 11 | 考核人员的专业素质 | | | | | |
| 12 | 信息技术的应用 | | | | | |
| 13 | 组织结构 | | | | | |

## （三）问卷的发放与回收

问卷的回收率问题是调查问卷方法中的一个难题，为了保证问卷的质量及回收率，本次调查在调研时间充足的情况下，对问卷发放、填写和回收进行全过程的跟踪，并就问卷填写人出现的问题进行及时的沟通。此次调研历经2个月，一共发放问卷350份，收回问卷308份，最终有效问卷为278份，问卷的回收率为88%,有效率为90.3%,基本达到了结构方程模型对样本量的要求。

## 三、数据预处理

### (一)信度分析

在统计学中,信度常被用来描述一组测量数据或者测量仪器的一致性结果。信度与随机误差呈反向相关。信度分为评分者间信度(Inter-rater reliability)、重测信度(Test-retest reliability)、复本信度(Parallel-forms reliability)和内部一致性信度(Internal consistency reliability)。[1] 对问卷的信度测量常用克朗巴哈(Cronbach' α)信度,这是指量表所有可能的项目划分方法所得到的折半信度系数的平均值。其公式为:

$$\alpha = \frac{K}{K-1}\left(1 - \frac{\sum_{i=1}^{K}\sigma_{Y_i}^2}{\sigma_X^2}\right) \qquad 4-5$$

Cronbach' α<0.35为低信度,0.35≤Cronbach' α<0.7为中信度,Cronbach' α≥0.7才属于高信度;本研究运用SPSS 13.0对问卷调查所收集到的数据做Cronbach' α测试,结果如下(如表4-3所示):

表4-3 信度检验结果表

| 变量 | 测量指标数 | Cranach's α |
| --- | --- | --- |
| 正式制度 | 2 | 0.683 |
| 非正式制度 | 4 | 0.773 |
| 实施机制 | 3 | 0.825 |
| 工具方法 | 4 | 0.673 |
| 绩效信息真实性 | 1 | 0.739 |
| 总体 | 14 | 0.909 |

本书用AMOS 7.0进行验证性因子分析来检验量表的结构效度,$X^2$=215.894,$X^2/DF$=2.699,RMSEA=0.112,GFI=0.808,CFI=0.580,

---

[1] Peter J. Bickel, Kjell A. Doksum. Mathematical Statistics: Basic Ideas and Selected Topics[M]. New Jersey: Prentice Hall, 2000.

NNFI=0.739，IFI=0.610。总体来看，结构效度虽然不是非常理想，但也基本达到边缘值，其效度满足本模型的研究需要。

各因子的题项负载值基本在 0.7 以上，各因子的平均方差抽取量（AVE）和组合信度（CR）的值如表 4-4 所示，AVE 值均超过 0.5，而 CR 值也大部分大于 0.7。综上分析，本研究的量表的效度基本满足研究要求。

表 4-4 因子平均抽取量和组合信度表

| 因子 | 平均方差抽取量（AVE） | 组合信度（CR） |
| --- | --- | --- |
| 正式制度 | 0.528 | 0.690 |
| 非正式制度 | 0.539 | 0.775 |
| 实施机制 | 0.511 | 0.839 |
| 工具方法 | 0.519 | 0.677 |
| 绩效信息真实性 | 0.503 | 0.746 |

### （二）效度分析（验证性因子分析 CFA）

统计学领域中，在测量一组显变量和一组隐变量之间关系方面，最古老和知名的方法莫过于因子分析了。在多元统计中，经常遇到诸多变量之间存在强相关的问题，它会对分析带来许多困难。通过因子分析，可以找出几个较少的有实际意义的因子，反映出原来数据的基本结构。因子分析可以通过图 4-3 中的数学模型来表示。

这种统计方法是通过计算一组显变量之间的协方差矩阵，以此收集关于一组隐变量的信息。最常用的因子分析有两种，即探索性因子分析（EFA）和验证性因子分析（CFA）。

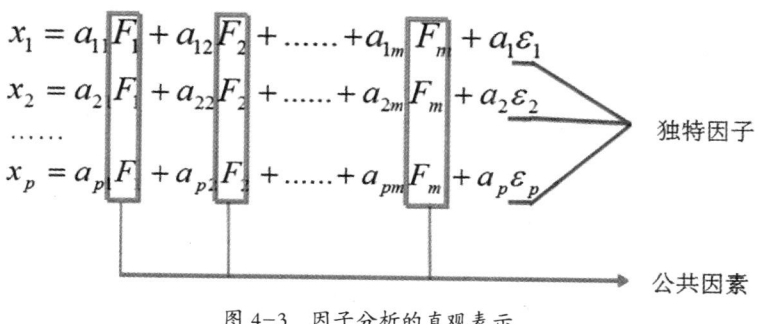

图 4-3 因子分析的直观表示

探索性因子分析是为了研究显变量与显变量的关系无法用经验确定或者未知的情况。因此，此种分析以一种试探性的模式来研究显变量与潜变量链接的方式与程度。一般情况，研究者希望确定影响显变量的未知的潜变量的数量。在因子分析中，显变量与隐变量之间的相关关系的大小用因子负荷（factor loadings）来表示。这种因子分析的过程可以看作是一种探索性的分析，当然，这要求研究者对量表可以测量的指标事先没有任何知识。[1-5]

与 EFA 相反，验证性因子分析（CFA）用于研究者预先知道潜变量的结构和相互关系。研究者基于理论知识抑或经验研究，预先假设出显变量与隐变量的关系，然后在统计学上检验这个假设的模型。模型必须通过测量其统计平均而得知其对这组数据的拟合程度（goodness-of-fit）。[6-9]

因为（1）全结构方程模型的结构模型部分仅仅涉及隐变量之间的关系。（2）进行结构方程测量之前先要做的是评估隐变量之间关系在什么程度和范围之内是比较合理的；这就要求各个隐变量的测量有效性必须在心理学上是合理的。[10] 因此，这就要求必须先对测量模型的效度进行测量。一般地我们用验证性因子分析（CFA）来测量指标变量的效度。如果经过 CFA 测试后，认为测量模型是合理的，那么我们就可以放心地进行全结构方程模型的测试。

---

[1] Kenneth A. Bollen. Structural equations with latent variables[M]. New York: Wiley, 1989.

[2] Barbara M. Byrne. Confirmatory factor analysis [A]. Rocio Fernandez-Ballesteros (Ed.). Encyclopedia of psychological assessment [C]. Thousand Oaks: Sage, 2003, 1: 399–402.

[3] Leandre R. Fabrigar, Duane T. Wegener, et al. Evaluating the use of exploratory factor analysis in psychological research[J]. Psychological Methods, 1999, 4: 272–299.

[4] Robert C MacCallum, Keith F. Widaman, Shaobo Zhang et al. Sample size in factor analysis[J]. Psychological Methods, 1999, 4: 84–99.

[5] Kristopher J. Preacher, Robert C MacCallum. Repairing Tom Swift's electric factor analysis machine[J]. Understanding Statistics, 2003, 2: 13–43.

[6] Kenneth A. Bollen. Structural equations with latent variables[M]. New York: Wiley, 1989.

[7] Barbara M. Byrne. Confirmatory factor analysis[A]. Rocio Fernandez-Ballesteros (Ed.). Encyclopedia of psychological assessment.[C]. Thousand Oaks: Sage, 2003, 1: 399–402.

[8] Barbara M. Byrne. Factor analysis: Confirmatory[A]. Everitt Howell. Encyclopedia of statistics in behavioural science [C]. London: Wiley, 2005: 599–606.

[9] J. Scott Long. Confirmatory factor analysis[M]. Beverly Hills: Sage, 1983.

[10] Barbara M. Byrne. Structure Equation Modeling with AMOS (2nd editon)[M]. New York: Routledge, 2009.

反之，就要先对假设模型做相应的修正。

构建好验证性因子分析模型之后，将迭代的收敛标准提高（这对后面的计算将有好处），梯度的收敛标准为10—9，Hessian的收敛标准为10—8。经过计算，得到的结果如图4-4。从图4-4中可以看出，结果模型中，各个路径系数均在0—1之间，表明各个潜变量之间的相关关系符合统计学要求；同时，每个显变量与相关的潜变量之间的路径系数也没有大于1的。从整体来看，整个模型的相关关系符合要求。同时，从表4-5中看出，模型适配度较好，各个模型适配度评鉴系数如下：$\chi^2<2.5$，而且 $p<0.01$，说明很显著。同时GFI>0.9而RMSEA<0.05，这说明此模型的适配度很好。（这些模型适配度评鉴数学意义将在下文中解释）。另外，我们在后面表4-6中可以发现，e4、e9和e12的Modified Indices值异常的高，这是一个很重要的信号：可以考虑将这几个误差项由自由参数变为固定参数，这样可以有助于模型拟合时加快收敛速度（当然由于估计的参数变少，矩阵 $\Sigma(\theta)$ 的维数变小，计算量变小，也有助于加快收敛速度）。同时，也可以考虑在CFA中直接将这几个参数变为固定参数，即构建一个新的模型，将多个模型进行比较，选择一个最优化的模型，但这不在我们的考量范围之内。因为一旦固定这些参数，无法判断卡方值到底是增大还是减小（因为M.I.值是一个绝对值，表明卡方值变化值的范围）。

表4-5 CFA模型适配度评鉴系数表

| Model | NPAR | CMIN | DF | P | CMIN/DF |
|---|---|---|---|---|---|
| Default model | 52 | 110.504 | 68 | .000 | 1.625 |
| Saturated model | 119 | .000 | 0 | | |
| Independence model | 28 | 436.289 | 91 | .000 | 4.794 |
| Baseline comparisions | | | | | |
| Model | NFI Delta1 | RFI rho1 | IFI Delta2 | TLI rho2 | CFI |
| Default model | .903 | .866 | .915 | .913 | .951 |
| Saturated model | 1.000 | | 1.000 | | 1.000 |

(续表 4-5)

| Model | NPAR | CMIN | DF | P | CMIN/DF |
|---|---|---|---|---|---|
| Independence model | .000 | .000 | .000 | .000 | .000 |
| Model | RMSEA | LO 90 | HI 90 | PCLOSE | |
| Default model | .047 | .032 | .065 | .563 | |
| Independence model | .223 | .214 | .233 | .000 | |

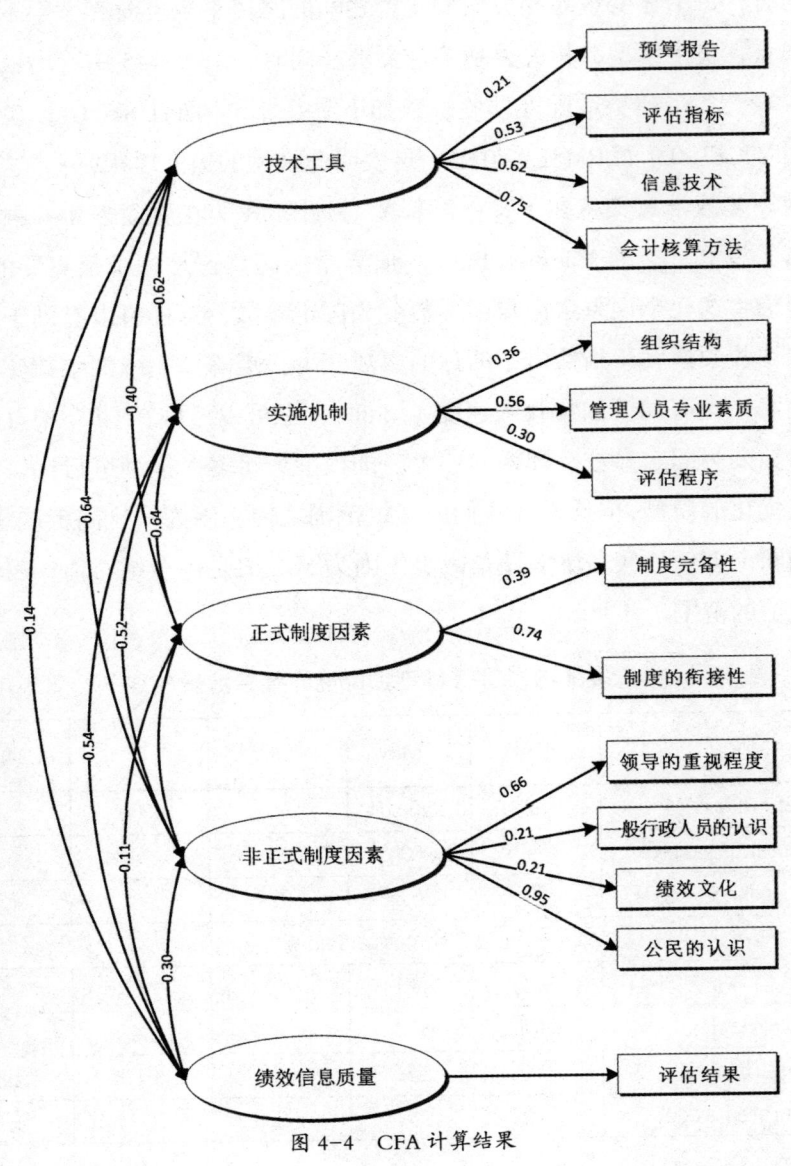

图 4-4 CFA 计算结果

表 4-6  CFA 模型协方差修正指标表

|  | M.I. | Par Change |  | M.I. | Par Change |
|---|---|---|---|---|---|
| e12<-->e5 | 5.151 | −0.021 | e7<-->e8 | 7.327 | 0.18 |
| e2<-->e9 | 25.413 | 0.339 | e3<-->e5 | 4.209 | 0.136 |
| e2<-->e8 | 11.274 | 0.165 | e2<-->e12 | 22.921 | 0.249 |
| e9<-->e13 | 9.912 | 0.15 | e3<-->e11 | 4.963 | 0.022 |

## 第三节  因子分析与模型评价

### 一、模型识别

模型的识别是指模型中协方差矩阵中的参数是否可以被同时估计。这就要求协方差矩阵的矩阵元数目大于参数的个数，以达到过度识别模型，这是统计学家最希望得到的模型，这就是著名的 t 检验，即：

$$t \leq s(s+1)/2 \quad (\text{s 为显变量的个数}) \qquad 4\text{-}6$$

根据路径图，共有 13 个显变量，因此有 13 个显变量与潜变量间的路径系数，以及与显变量相连的 13 个误差变异量，以及 6 条隐变量间的路径系数，共 32 个系数需要顾及，因此，本模型的 t=33，33<13×(13+1)/2=91。因此，本模型属于过度识别模型，正是我们需要的模型。

### 二、模型估计

结构方程模型的估计过程中最重要的过程就是产生参数，使得样本协方差矩阵 S 与总体协方差矩阵 Σ(θ) 的变异量极小化。这个过程是通过极小化变异量函数（泛函）F[S, Σ(θ)] 实现的（S−Σ(θ) 的极小化）。[1] 通过极小化

---

[1] Rex B. Kline. Principles and Prcatice of Structural Equation Modeling[M]. New York: The Guilford Press, 2010.

计算后，标准回归系数如图 4-5：

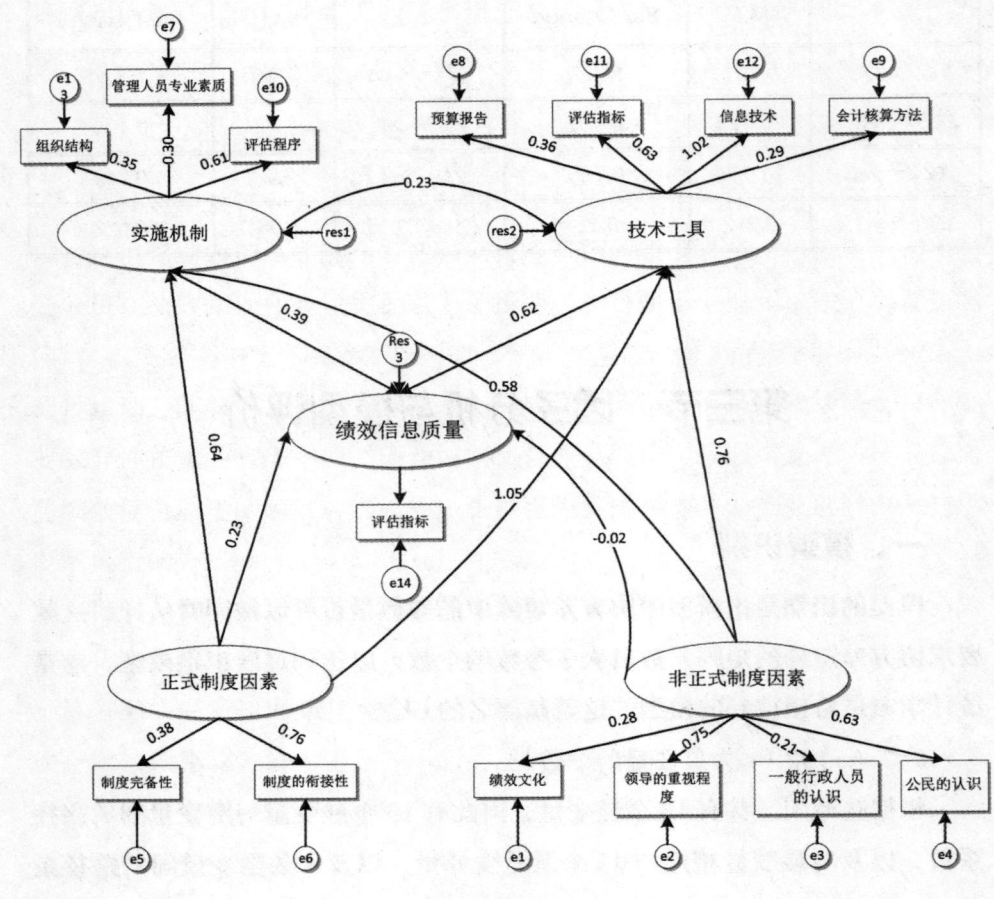

图 4-5 绩效信息质量路径图模型初次计算结果

## 三、模型修正

从模型中可以发现，信息技术对工具方法的系数大于1，而且这条路径的误差变异项系数也大于1，正式制度对工具方法的影响系数也大于1。这表明模型不可接受。同时，检查此模型的协方差修正指标（如表4-7所示），发现误差变异项 e4，e9 和 e12 的 M.I. 值很大，这也许是致使评估指标的系数过大的原因（在上一小节中已经提前预见到这些问题了）。根据 Structural

Equation Modeling with AMOS 中 chapter6 的做法[1]，将这几个误差变异项由自由参数变为固定参数。同时，几个误差变异项的 M.I. 和 Par 值都很大，因此将这些固定参数变为自由参数，有助于模型的改进，修正后的模型将在下一部分中展示。

表 4-7　绩效信息质量路径图模型的协方差修正指标表

|  | M.I. | Par Change |  | M.I. | Par Change |
| --- | --- | --- | --- | --- | --- |
| e12<-->e5 | 5.151 | −0.021 | e7<-->e8 | 7.327 | 0.18 |
| e3<-->e10 | 6.395 | −0.115 | e3<-->e5 | 4.209 | 0.136 |
| e2<-->e9 | 25.413 | 0.339 | e2<-->e12 | 22.921 | 0.249 |
| e2<-->e8 | 11.274 | 0.165 | e1<-->e5 | 4.153 | 0.099 |
| e11<-->e5 | 8.544 | 0.184 | e1<-->e6 | 6.077 | 0.123 |
| e10<-->e13 | 9.527 | −0.152 | e1<-->e11 | 4.755 | 0.137 |
| e10<-->e11 | 5.614 | 0.153 | e1<-->e7 | 4.524 | 0.106 |
| e9<-->e13 | 9.912 | 0.15 | e9<-->e12 | 20.782 | 0.256 |
| e8<-->e10 | 8.195 | 0.14 | e3<-->e11 | 4.963 | 0.022 |
| e7<-->e11 | 6.308 | 0.161 | e7<-->e8 | 7.327 | 0.18 |

## 四、模型适配度评价

经过计算，第二次修正的模型如图 4-6。按照前面的设想，将误差变异项 e4<-->e9 和 e9<-->e12 直接相关，使得它们变成固定系数。从图中可以看出，经过修正后的模型中，原来路径系数中大于 1 的系数已经消失，同时误差变异项中大于 1 的系数也消失了。同时，从表 4-8 可以看出，原来协方差修正指标中过大的几个系数已经下降了，说明经过修正的模型的数值稳定性比初次计算的模型的稳定性有所提高。这与统计学的要求相一致。这个模型是否是本书所需的最终模型，还需要进行模型适配度评鉴，这将在下一部分进行。

---

[1] Barbara M. Byrne. Structure Equation Modeling with AMOS (2nd editon)[M]. New York: Routledge, 2009.

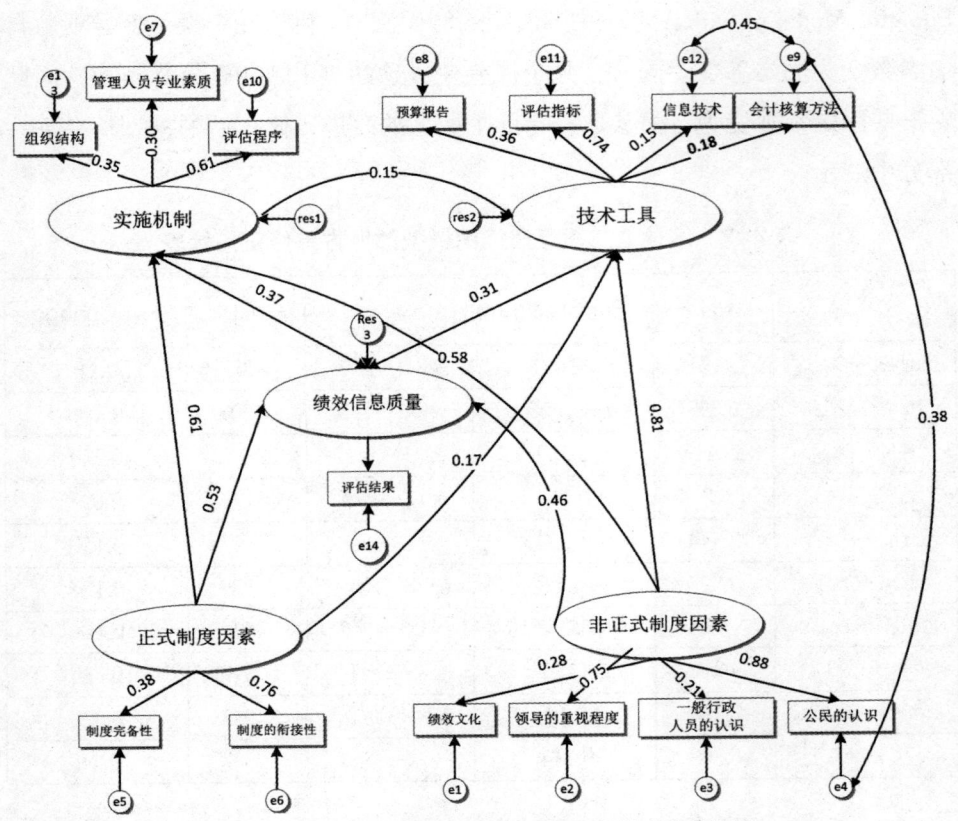

图 4-6 经过修正的绩效信息质量路径图模型计算结果

表 4-8 经过修正的路径图模型的协方差修正指标表

|  | M.I. | Par Change |  | M.I. | Par Change |
|---|---|---|---|---|---|
| e12<-->e5 | 8.956 | -0.167 | e7<-->e11 | 4.897 | -0.083 |
| e3<-->e10 | 7.497 | 0.201 | e7<-->e8 | 5.434 | -0.112 |
| e2<-->e9 | 8.192 | 0.225 | e3<-->e5 | 6.323 | -0.119 |
| e2<-->e8 | 4.827 | 0.159 | e2<-->e12 | 9.952 | 0.107 |
| e11<-->e5 | 5.669 | 0.162 | e1<-->e5 | 4.038 | 0.081 |
| e10<-->e13 | 5.688 | 0.155 | e1<-->e6 | 6.323 | -0.173 |
| e10<-->e11 | 8.596 | -0.224 | e1<-->e11 | 7.695 | -0.157 |
| e9<-->e13 | 6.418 | 0.217 | e1<-->e7 | 5.316 | -0.148 |
| e8<-->e10 | 5.274 | 0.285 | e9<-->e12 | 14.887 | -0.167 |

第四个步骤，模型的适配度评价。如表4-9所示，每一组统计适配系数中都包含三行。第一行是测试者提供的假设模型（Default model/Hypothesized model），这个模型是本书想要测试的模型。第二行是饱和模型（Saturated model），第三行是独立模型（Independence model）。如果把这三种模型想象放在一条连续的直线上，那么饱和模型便在一个极端，独立模型在另外一个极端，而假设模型则在两个模型之间。独立模型的意义是：模型中所有变量均是独立的（例如，模型中所有的变量的相关系数为0），并且属于严格限制的（most restricted），换句话说，这是一个虚无模型。另一方面，饱和模型则要求被估计参数的数量等于数据点的数量（例如，在正好识别的模型中方差与协方差的数量），并且属于最小限制的（least restricted）。

在第一组中，NPAR代表参数个数（number of parameters），CMIN代表最小误差（minimum discrepancy）即模型的卡方值（$x^2$），DF代表模型的自由度（degrees of freedom），P代表概率（probability value），CMIN/DF代表卡方自由比。CMIN值代表非限制模型的协方差矩阵与限制模型的协方差矩阵的差异值。从本质上来讲，这相当于概然率测试，也就是常说的卡方统计测试。一般而言，卡方自由比不能超过2.7。

RMR代表均方残差（root mean square residual），而GFI代表模型适配度指标（Goodness-of-Fit Index）。GFI是对由Σ矩阵解释的方差和协方差的相对量的测量。一般GFI的值最好大于0.9，RMR的值要小于0.05。

最后一组的RMSEA值代表近似均方误差（root mean square error of approximation）。这个指标是学者Steiger和Lind于1980年时提出的，[1]最近成为对协方差结构模型最为重要的判据之一。RMSEA将数据样本中的近似误差考虑到整个模型中。这个指标的提出伴随着一个问题：如果可行的话，通过选取优化过的但未知的参数，模型如何很好地与数据样本的协方差矩阵拟合？[2] RMSEA值表示的是每个自由度下的误差，因此，它对

---
[1] J. H. Steiger, A. Lind. Statistically based tests for the number of common factors[R]. The Psychometric Society annual meeting, Iowa City, 1980-06.
[2] Michael W. Browne., Robert Cudeck. Alternative ways of assessing model fit[A]. Kenneth A. Bollen, J. Scott Long. Testing structural equation models[C]. Newbury Park: Sage,1993: 136-162.

需要估计的参数的数量很敏感（例如，模型的复杂度）。如果 RMSEA 值小于 0.05，意味着模型适配度良好；如果高达 0.08 附近时，则说明模型与数据样本间存在合理的适配误差。MacCallum 指出，如果其值在 0.08 到 0.1 之间，则意味着平庸适配（mediocre fit），如果高于 0.10 则说明适配度很差[1]。

模型的卡方值（$x^2$）比第一次修正模型的卡方值下降了，为 1.751；P 值小于 0.05，模型非常显著；同时，RMSEA 值小于 0.05，表明模型的适配度相当不错（均方残差为 0.093，表明残差不大；而适配度评鉴系数 GFI 和调校适配度评鉴系数 AGFI 均大于 0.9）。根据参数估计中各个显变量的因子共变异数分析，各个 P 值均为 ***，表明各个因子均显著。

通过以上分析，图 4-6 中的模型正是本书所需的最终模型。

表 4-9 经过修正的路径图模型的模型适配度评鉴系数表

| Causal structure | | | | | |
|---|---|---|---|---|---|
| Model | NPAR | CMIN | DF | P | CMIN/DF |
| Default model | 51 | 120.830 | 69 | .000 | 1.751 |
| Saturated model | 119 | .000 | 0 | | |
| Independence model | 28 | 436.289 | 91 | .000 | 4.794 |
| RMR, GFI | | | | | |
| | RMR | GFI | AGFI | PGFI | |
| Default model | 0.093 | 0.917 | 0.906 | 0.762 | |
| Saturated model | 0.000 | 1.000 | | | |
| Independence model | 0.621 | 0.391 | 0.291 | 0.333 | |
| Baseline comparisons | | | | | |
| | NFI | RFI | IFI | TLI | |
| Model | Delta1 | rho1 | Delta2 | rho2 | CFI |

---

[1] Robert C MacCallum, Michael W. Browne et al. Power analysis and determination of sample size for covariance structure modeling[J]. Psychological Method. 1996(1): 130-149.

（续表 4-9）

| Causal structure | | | | |
|---|---|---|---|---|
| Default model | 0.876 | 0.910 | 0.901 | 0.922 | 0.905 |
| Saturated model | 1.000 | | 1.000 | | 1.000 |
| Independence model | .000 | .000 | .000 | .000 | .000 |
| Model | RMSEA | LO 90 | HI 90 | PCLOSE | |
| Default model | .046 | .022 | .075 | .531 | |
| Independence model | .213 | .219 | .273 | .000 | |

## 五、模型解释

最后一个步骤是模型解释。这里我们遵从一般原则，仅对模型及其得出的结果做一般性的技术解释，从模型推论出的建议将在下一章中讨论。

从结构模型的角度来看，对绩效信息直接有影响的潜变量中，正式制度对其影响最大，为 0.53；同时，非正式制度对绩效信息质量产生正向影响，为 0.46；而实施机制对绩效信息质量的影响为 0.37（这里还不能确定假设 H1，H2 和 H3 的真实性，因为还有这两个潜变量对绩效信息质量的间接影响未予讨论）。技术工具对绩效信息质量产生的影响为 0.31，是最小的，因此假设 H4 得到验证。正式制度会对组织实施机制和技术工具方法均产生正向的影响，分别为 0.61 和 0.17，因此假设 H5 和 H6 得到验证。组织实施机制会对技术工具产生的影响较小，为 0.15，因此假设 H9 得到验证。同时，还可以找到 3 条对绩效信息质量间接路径，即正式制度 <--> 组织实施机制 <--> 绩效信息质量，正式制度 <--> 技术工具方法 <--> 绩效信息质量，以及正式制度 <--> 组织实施机制 <--> 技术工具方法 <--> 绩效信息质量，这样，正式制度对绩效信息质量总的影响值为：$0.53+0.61\times0.37+0.17\times0.31+0.61\times0.15\times0.31=0.84$，其中，直接影响的系数为 0.53，占据影响因素的主要部分，大约为 60%；间接部分为 0.31，二级间接影响因素是间接影响因素的主要部分，占据间接影响因素的 91%，因此假设 H1 得到验证。非正式制度对组织实施机制和技术工具方法产生的影响分别为 0.58

和0.81，因此假设H7和H8分别得到验证。同样，按照对正式制度因素的分析方法，可以找到2条非正式制度对绩效信息质量的路径，即非正式制度 <--> 组织实施机制 <--> 绩效信息质量，非正式制度 <--> 技术工具方法 <--> 绩效信息质量；那么，非正式制度对绩效信息质量总的影响值为：$0.46+0.58 \times 0.37+0.81 \times 0.31=0.93$；所以，非正式制度对绩效信息质量产生的直接影响和间接影响同样重要，假设H2得到验证。

# 第五章

# 借鉴启示：绩效信息质量改进

西方国家实施绩效预算已有半个多世纪的历史，他们在不断探索中形成了许多有益的经验与做法可以为我国推行绩效预算改革提供参考。那么在这些做法中有哪些体现出了对绩效信息质量的完善呢？我们又该如何借鉴呢？这是本章需要解决的问题。

## 第一节 重视非正式制度环境建设

通过第三章绩效文化氛围对绩效信息的影响分析以及第四章中的路径输出结果可以得知，绩效文化氛围对绩效信息质量具有显著的影响，但它并不能直接对绩效信息产生影响，而是通过影响相关技术性因素间接地影响绩效信息质量，其影响无论采取何种途径，都说明了构建绩效文化会对绩效信息质量具有重要作用，那么西方国家是通过何种方式构建绩效文化理念呢？我们又能采取何种方式进行借鉴参考呢？

## 一、塑造绩效文化氛围

### （一）西方国家塑造绩效文化氛围的方式

许多国外组织明确提出培育组织绩效文化，以顺应社会经济变革，尤其是绩效预算改革的浪潮。20世纪80年代开始，西方国家面临着全新的行政生态环境，为顺应全球化公共财政改革浪潮，政府部门必须追求节俭、讲究效率，同时更加注重结果、强调绩效为本。从国家层面上看，在克林顿任职总统时期，美国建立了一种以成果为导向、以绩效为基础、以顾客为中心的新型行政文化。克林顿政府把全面质量管理运动引入公共领域，强调绩效信息反馈与评估、雇员参与和质量改进。突出了公民导向在公共行政中的重要地位，服务民众，以绩效为考量。美国许多州都将公民满意作为绩效评价标准。1997年，美国绩效评估委员会出版了美国关于政府服务标准的第一本手册《顾客至上：服务美国民众的标准》，这本册子由联邦政府编写，为579个组织和项目发布了4000条顾客服务标准。之后的总统管理议程、项目评估分级工具以及首席绩效官制度都是一种在政府层面强制推行绩效评估的文化渗透。

在地方政府层面上，随着美国社会技术进步、产业结构向知识技能型的转型，美国掀起技术、经济变革，同时面临人口增长并趋于老龄化的压力，以及水、能源等资源紧张，为满足公民不断变化的需求，提供优质的公共服务，北卡罗来纳州迫切认识到建设一种新型政府运作模式的重要性。州政府通过培育一种高绩效文化来迎接这些挑战（如图 5-1 所示）。首先树立绩效竞争的战略定位，要求各政府机构必须以绩效为基础，提供成本低廉却优质的服务。他们着重在三个方面推行、建设绩效文化：第一是追求卓越的迫切愿望，拥有创新的理念，推动成效显著的绩效改进；第二是依据规划向前迈进，他们将这类比为农民种植作物的计划并收获的喜悦，将绩效管理落实到可行的绩效规划之上，在使命和愿景指导下，确定关键目标，并进行资源分配，明确责任归属，以最终完成绩效预算；第三是人才向往，建立和维持人才选拔、任用、激励机制，并贯彻绩效创新的理念。[1]

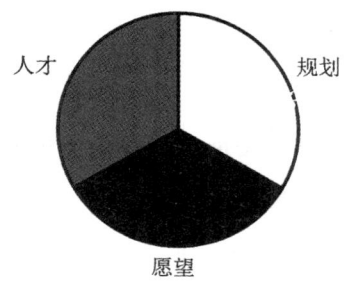

图 5-1 北卡罗来纳州绩效文化建设

同样，加利福尼亚州在应对财政危机时，也选择运用绩效管理工具作为解决问题的方式，2008 年 8 月，州政府成立了小胡佛委员会（即绩效管理委员会），它由政府领导和学术专家代表等共约 25 个州政府部门和机构等组成，其目的是在整个州政府中鼓励和维持绩效管理文化，其章程中也规定了委员会的成立是为整个州政府的绩效管理文化提供领导和支持。绩效管理委员会认为在政府中注入绩效指标意味着增加政府透明度并且能够使得公民对其工作进行问责，绩效管理对指导政策和业务决策非常必要，它是提高州政府的产出成果的重要手段。在这些信念的指导下，2009 年 8 月，委员会开发了一个规范信息收集的机制并且建立了分享思想和策略的网络，它促进州政府中的领导者和组织成员就绩效管理的使用进行对话，分享最佳实践并且为蓬勃发展的绩效管理工作提供支持。委员会更是列出了 7 项提升绩效文化的具体方法：(1)创建治理结构网络，为建立和维持对绩效管理系统提供连续不断的支持。(2)在各部门和机构中将作为评价功能的绩效管理与战略计划相结合。(3)开发一套通用的术语和定义供不同部门使用。(4)在加利福尼亚跨部门战略中设计一套高质量的指标和基准。(5)将部门战略计划、关键绩效指标和衡量标准、战略目标的实现进展均在网上进行公开。(6)对不同的受众提高战略计划和绩效信息的透明度，但信息共享要基于群体的需求，例如项目成员可能需要详细信息，而行政人员和公众可能需要高层次的信息。

---

[1] North Carolina Office of State Personnel. Performance culture[OL]. http://www.performancesolutions.nc.gov/performanceculture/index.aspx .

(7)允许部门在绩效管理工作中具备一定的灵活性,有效的绩效管理工作不能仅使用一种方法,一项措施不适合所有部门,因此部门具有探索选择实施方法的灵活性。[1]

### (二)西方绩效文化建设的特征及对我国的启示

"竞争意识、成本意识、效率意识等绩效理念一向是西方企业管理文化的核心,绩效理念深入人心。这也是西方公共部门在引入绩效管理理念后,虽然不断经受挫折考验,但最终都能顽强坚持并不断进步的根本原因。"[2]我国开展绩效管理工作不过数十年时间,讲求效率和责任的绩效文化氛围还远没有实现,其主要表现为绩效意识普及度不高,不能自觉运用绩效信息对政府的工作业绩进行评价,也减缓了绩效预算的推行速度。而较好的绩效文化建设,可以营造社会或组织成员对绩效信息的需求、使用和反馈,从而减缓绩效预算改革的阻力,并最终达到预算资金支出的高效性和规范性要求。从西方国家塑造绩效文化氛围的经验来看,以下几个方面可以为我国建设绩效文化和绩效信息利用提供参考。

第一,绩效文化推动的全面性。西方国家对绩效文化氛围的建设并不只是局限于实行绩效预算的部门之间,而是从对社会公众的传播开始进行全方位的推广。西方国家的做法说明他们认识到社会公众对于实施绩效管理的重要的作用,仅靠政府部门单方面的革新是不够的,而是要注重社会公众对于绩效管理的推动,引发社会公众对于绩效信息的需求,继而带动公共部门内成员的绩效意识和对资金支出效果的责任。因此,我国应当借鉴西方国家对绩效文化推动的理念,采取多种方式形成公众的绩效意识,即主动获取绩效信息、运用绩效信息监督职能部门资金支出效果的意识,形成社会和政府自身对于绩效预算的双向推力。

---

[1] California State Government. What gets measured gets done? An Advisory Report from the Performance Management Council[R/OL]. 2010-09-30. http://www.lafollette.wisc.edu/publicservice/performance/Performance_Management_In_California_State_Government_2010.pdf.

[2] 邓毅. 绩效预算制度研究[D]. 华中科技大学博士学位论文, 2008:164-165.

第二，采用服务承诺制的方式普及推广绩效理念。西方国家的服务承诺和服务标准制度的推行，其本质是对政府责任的落实，通过对承担具体工作任务的细化要求，强化了对服务对象以及服务效果的履行责任。服务标准的设立代表了绩效目标和对执行效果的评价依据，它是对绩效理念的具体化和明晰化，正如邓塞尔所言："责任不仅仅意味着在自己的权限内回答已经发生或正在发生的事情——在大部分场合下，责任还有另一层含义，就是你的回答或你的责任能够由监督主体依据一定的标准或预期通过测量进行评估。"[1] 目前我国部分地区也借鉴使用服务标准的方式普及绩效理念和提供评价依据，例如南京市江宁区、杭州市上城区、天津市等已经开始相关实践，但是由于刚刚起步，各地在服务标准和选择的项目上还未实现统一，存在服务标准规定的流程与绩效管理的流程不配套等问题，这在一定程度上影响绩效信息的使用价值。因此应当研究开发统一的服务框架和通用标准，以此提升绩效信息评定的质量。

第三，将组织战略与绩效评价结合，形成组织内部的绩效文化氛围。"基于绩效的文化促使组织成员对绩效评估形成共识、认同评估制度并自觉地为提高业绩而努力，它对维持评估的持续性和稳定性十分关键。"[2] 美国将组织战略、组织规划进行细化并与组织成员的工作结果和工作激励结合，使得组织成员更好地理解和使用绩效，并且运用绩效体现个人价值，这为我们的绩效文化建设与绩效信息运用提供了完善的思路。组织成员之所以没有动力主动运用绩效信息，很大原因来自于个人努力与组织绩效之间的脱节，因此我们在推行绩效预算时，需要思考如何将资金支出的效果与对组织成员的绩效考评相联系，使得绩效信息在两者之间衔接，最终实现组织目标。

第四，通过绩效评价体系的完善，形成绩效文化氛围。丁圣荣认为："所谓的绩效文化，是指组织通过绩效考核体系的建立和完善，让成员逐步确立

---

[1] Andrew Dunsire. Control in a Bureaucracy: The Execution Process [M]. Oxford: MartinRobertson, 1978.

[2] 陈国权，王柳. 基于结果导向的地方政府绩效评估——美国凤凰城的经验及启示 [J]. 浙江学刊, 2006(2): 209-212.

起组织所倡导的共同价值理念。"[1] 虽然他对于绩效文化的界定并不完善,但却指出了绩效考核体系对于绩效文化氛围形成的重要作用。美国在绩效文化建设上充分认识到了这一点,只有将绩效考核体系加以完善,调动可以利用的资源,才能促进绩效信息的互通和利用。这也为我国绩效预算体系完善的必要性提供了理由和参考,要想更好地利用绩效信息、反映资金绩效,就要首先完善绩效体系、形成绩效文化的氛围。

## 二、提高领导者的绩效理念

### (一)西方国家领导者推动绩效预算实施的方式

领导者的绩效观念对于绩效信息的产生和整体运行起到引导和推动的作用,但不同层次的管理者,对于绩效信息的影响方式又有所区别。以美国为例,随着美国《政府绩效与结果法案》的颁布,美国各界政府都在绩效预算方面进行了良好创新,以总统为代表的高层领导对绩效十分重视,仅最近两届政府在绩效预算方面就进行了许多改进。布什政府时期,建立了"以公民为中心、以市场为基础、结果为导向"的总统管理议程(President Management Agenda),旨在强调部门定期绩效评估,提高美国联邦政府工作绩效和效益,以及之后的项目评估分级工具(Program Assessment Rating Tool)用以具体评估各项目的绩效实现情况。这两个工具以总统的高层级对每个部门在人力资本、财务问责制、竞争采购、电子政务、预算和性能集成五方面进行类似平衡计分卡的绩效评估与等级评定。到奥巴马政府时期,他创新了政府机构设置,开创性地设置了首席绩效官(Chief Performance Officer)这一职位,在美国总统执行办公室即管理和预算办公室(Office of Management and Budget)下,主要责任是检测、管理和提升政府绩效。从中可以看出,国家高级管理者对于绩效信息的影响定位在较为宏观的层次,其影响的范围较广,其理念性成分占据重要地位。

而作为地方层级的管理者,其更多地则是对更加具体的操作层面的影响,

---

[1] 丁圣荣.政府绩效管理江财模式[M].北京:中国财政经济出版社,2008:58.

其管理者对于绩效评估的重视程度和管理方法会对所管辖地区的绩效水平有更直接的影响。以美国的马里兰州为例，20世纪90年代时马里兰州巴尔的摩市的政府遭遇管理难题，政府赤字严重、犯罪率居高不下，政府行动能力低下，雇员士气低沉，时任市长的马丁·奥马利决心改变这种情况，在他的主持与推动下，2000年6月，巴尔的摩市开始采用名为CITISTAT的绩效管理系统，有效地改进了政府管理并逐步解决了存在的社会问题。由于绩效管理系统的成功实施，马丁·奥马利成为马里兰州州长，他在全州推行绩效管理系统，目前马里兰州已经成为美国绩效创新的范本。不仅如此，马丁·奥马利还对系统进行不断的改进，使之能够解决更加复杂的问题。他还认为，绩效管理工作要不断的创新和学习，加强州与州之间的合作非常重要，因此他积极寻求外部合作，包括与中国的省市领导探讨分享绩效评价工作的经验。从中可以看出，地方层级的管理者对绩效信息的影响相较国家层面的管理者要更为具体，其绩效理念对绩效信息的影响也更为直接。

### （二）借鉴与启示

无论是发达国家还是我国的现实国情，管理者（领导）的绩效观念和意识对于绩效信息的使用都是一项重要的推动因素。从我国较为成功的绩效预算试点来看都离不开组织领导者对绩效信息使用的重视。那么组织管理者应当采取何种方式促进绩效信息的使用呢？从西方国家管理者的做法中可以看出，不同层级的领导者其作用的方式可以有所区别，中央层级的管理者积极开发、创新绩效评价的规则或者通过对组织结构的改变，使得绩效信息的产生和运用更加规范，减少信息传输中的损耗。而地方层级的领导则在绩效评价技术上根据地方实际进行改进，并且通过外部合作交流等方式学习先进经验，提升本地绩效管理水平。

## 三、增强公民绩效观念

### （一）西方国家提升公民绩效参与理念的做法

公民是绩效预算的参与主体，公民的绩效参与意识会影响绩效预算输出绩效信息的可靠性以及执行过程中的绩效信息质量。然而，公民参与到绩效预算中的意愿除取决于个体心理因素之外，更多的是是否有公民参与的渠道和反馈信息的方式。

因此西方国家为了有效地实现地方预算目标，也在不断探索和创新多种公民需求的表达机制，除了传统意义上的公民选举，实行用手投票外，针对绩效的民意调查，让市民直接参与到地方公共事务的决策中等等[1]这样的用手投票的做法，使绩效预算等绩效管理得到公众的广泛参与，不断地在这样的公民绩效式实践中得以发展。例如：英国的公民宪章运动，要求政府在服务提供过程中要积极引入公民参与、征求公民意见，并且要监督和严格执行服务标准。[2]这也表明公民权利意识的强化，使得公民关注和监督政府决策已经成为绩效管理过程中一个不可逆转的趋势。

在具体的操作方法上，出现了很多创新性的方式，例如伊利诺伊州公共补助局利用公民满意度评定绩效继而改变财政资金的支出。伊利诺伊州公共补助局以往对私人疗养院的补助是依据护理病人的伤重情况为标准进行提供，因此为了获得更多的补助，疗养院往往会选择夸大病人病情，甚至主动提高卧床不起病人的比重。公共补助局想要改变疗养院的道德风险问题，制定了一套以病人、家属以及所属社区评定疗养院环境质量的业绩考评制度。在此基础上，补助局的管理人员对每个疗养院进行实地考察，为它们评定等级并对外公布，以便消费者自由选择，而补助局则依据疗养院等级提供补偿金额。这种以公众满意为绩效测评标准的实施机制，既激发疗养院不断提高服务质量，也在一定程度上规范了财政支出。[3]

再如洛杉矶在绩效预算中采用公民调查的方式为预算资金支出获取信息。1978 年洛杉矶就成立基金会为公民提供公共政策研究和分析。在此基

---

[1] 邓毅. 绩效预算制度研究 [D]. 华中科技大学博士学位论文, 2008: 170.

[2] Zafar Noman. Performance Budgeting in the United Kingdom [J]. OECD Journal on Budgeting, 2008, 8(1):1-16.

[3] 中国人民大学公共组织绩效管理研究中心. 美国《政府绩效与结果法案》的内容及实施情况 [OL]. 2012-01-07. http://www.mof.gov.cn/pub/yusuansi/zhengwuxinxi/guojijiejian/200810/t20081007_80367.html .

础之上，美国国税局（IRS）下设理性基金会（Reason Foundation），以及理性公共政策机构（Reason Public Policy Institute，RPPI），专门为公民提供政府决策信息，尤其是政府绩效预算制定和执行的信息公开，向公民公布政府信息之后会不定期进行公民调查，并为此建立了一个战略规划、绩效预算、公民调查相结合的框架，以促进政府更加有效，更加对公民负责。政府将依据公民的评价优先排列顺序辨识出主要服务领域，对这些领域实行绩效预算倾斜，并搜集公民建议修改调整绩效预算。具体来说，要求公民调查设置正确有效的问题，揭示出公民认为的政府绩效预算问题及警示。依据公民调查，设计出一个矩阵模型，如下图5-2所示：

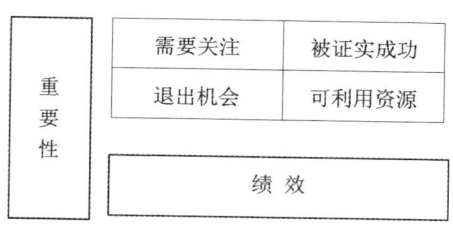

图 5-2 公民调查：优先 VS 绩效

如果矩阵反映出资金支出绩效好、公民又认为重要的，则被认为是行之有效的措施，继续执行；公民认为重要而绩效不很好的领域是需要政府给予关注的领域，应当加大预算倾斜；而公民认为不重要、绩效又低的领域，政府可以寻找退出时机，减少预算分配；最后，公民认为不重要，但绩效结果却很好的领域，政府可以从中挪用部分有效资源，借鉴经验，在下期预算时进行资源调整和经验推广。以此来完成对战略规划、绩效预算制定的完善，以及对预算实行结果的评定。[1]这种利用公民调查辅助资金支出决策的方式为公民反馈绩效信息提供了可行的方式，经过多年的实施，公民回应率很高。鉴于这种方法的有效性，自1990年开始实行以来直到现在仍在使用，其应用范围也扩大到公共部门雇员对组织的满意度等方面。

---

[1] Geoffrey F. Segal, Adam B. Summers. Citizens' Budget Reports: Improving Performance and Accountability in Government[R]. Policy Study. Los Angeles: Reason Public Policy Institute, 2002-03.

此外，许多发展中国家也开始试行公民对绩效预算的参与，如起源于印度班加罗尔的公民报告卡制度（Citizen Report Cards），是一种公民参与绩效反馈的报告形式，这种方法同样在菲律宾、乌克兰、孟加拉国等获得应用。[1]

### （二）借鉴与启示

我国近几年在公民参与绩效预算的方式和渠道方面进行了一些探索，参与渠道的多样化激发了公民参与意识的提升。但是公民参与的最终目的不是参与本身，而是通过参与实现预算的监督的权利并最终促进预算资金支出效果的提升，因此公民监督的监督过程和监督效果是评价公民参与是否有效的标准。目前很多国家，包括一些发展中国家都对公民参与方式进行创新，出现了多种公民参与的形式并取得了较好的效果。我国在绩效预算的实施中已能够意识到公民参与对绩效信息形成和绩效信息质量的重要作用，但是由于仍处于起步阶段，所以公民参与的方式有限，因此在下一步改革中需要对以下方面进行改善。

首先，财政支出包含的范围较为广泛，因此对于社会群体的影响程度也有所区别，那么应当选取哪些群体参与到预算中来，也就是参与群体的代表性问题，需要根据实际情况加以区分，将全民的参与和特定人群的参与相结合，合理设计两者的指标权重，但在公民建议、意见的回收上，其范围应当扩大。

其次，对于公民参与操作方式的选择，从案例中可以看出，国外对公民参与的方式非常多样化，并且能够针对不同的资金支出项目设计具体化的参与方式，实际上，除了案例中介绍的几种特殊方式之外，西方国家普遍运用的是公民听证会、公众调查和公民咨询委员会三种形式。我国较为单一的参与渠道并不利于公民参与意愿的提升，下一步需要积极引入国外的公民参与方式，更加全面地收集公民意见。

最后，对于公民建议结果的运用。从西方国家来看，将公民参与的意见

---

[1] Swarnim Waglé, Janmejay Singh, Parmesh Shah. Citizen Report Card Surveys-A Note on the Concept and Methodology[R/OL].2004(2):1-2. http://siteresources.worldbank.org/INTPCENG/1143380-1116506267488/20511066/reportcardnote.pdf．

转变为绩效信息从而改进资金绩效是一种较好的方式，同时，绩效的改进又反向促进了公民的参与，因此我国需要在拓展公民参与渠道的同时，改进技术方法，使公民建议能够切实成为绩效改进的信息来源。

## 第二节 完善绩效预算法制体系

法律层面的规定使参与绩效预算的相关利益主体落实在绩效预算实施中的权力源头和责任归属，目前西方国家普遍以法律的形式，对绩效预算的实施方案和要求做出规定，部分国家在制度建设方面形成了法律体系，出台了绩效预算的综合法、专门法等，对绩效预算的参与主体、实施程序、评价体系设计等诸多方面进行规定，为绩效信息的产生和运用提供了法律依据，但是不同国家其制度构建的路径和方式又有所区别。下面就对不同国家绩效预算法律体系建设的特征进行归纳并指出对我国的借鉴意义。

### 一、国外绩效预算相关制度体系构建

#### （一）美国形成绩效预算法律体系保障绩效信息使用

美国建构了较为完善的绩效预算法律制度体系，在保障绩效信息的产生与使用方面呈现如下特征。

第一，构建绩效预算的专门性法律，且立法层次较高，为绩效预算的开展与绩效信息运用奠定了基础。1993年，美国国会通过《政府绩效与结果法案》，开始了新的绩效预算改革。该法案要求各部门与国会合作、协商制定战略计划，一方面使国会熟悉部门预算和保证计划的合理性，另一方面也有利于预算审议和绩效监督。[1]该法案是针对绩效预算的专门法律，详细规定了绩效预算的整个流程体系。

---

[1] 王德祥，黄萍. 美国新绩效预算改革及其对我国公共财政建设的启示[J]. 科技进步与对策，2004(12): 85.

第二，构建绩效预算的配套制度体系，对绩效信息的运用及公开进行规范，保障绩效信息在各个环节中的顺利流动。美国国会先后通过、修订或重新确认了7部法律，以便建立一个相互关联的法律网络体系，例如为了实现对预算执行的监督，发布了《反赤字法》和《国会预算及扣押控制法》；美国政府以高透明度闻名，高透明度意味着政府的政策意图、工作程序和实施过程都必须是公开的，它是提高政府公信力的关键。美国联邦政府预算编制工作注意尊重纳税人的知情权，并且通常能够依法接受国民对政府活动的监督。美国早期便制定了《情报自由法》，20世纪70年代又颁布订立了《联邦政府阳光法案》，要求政府必须将预算内容尽可能完整地予以公布。这些立法和《政府绩效与结果法案》存在许多联系，从财务管理、信息技术、财政控制三方面为绩效信息的产生、使用与公开提供了法律依据。确认与纠正绩效管理执行过程中的财务管理漏洞，也为绩效评估提供了明确的评价体系。强调将信息系统、绩效测评和使命结果联系在一起；同时强化机构财务控制能力，更能精确地测量财务成本，全面监督机构财务绩效。[1]

第三，注重立法的层次性，国家层面和地方层面的立法相结合，地方对绩效预算的实践为绩效预算体系的完善提供参考,并最终向"绩效国家"发展，绩效信息获得普遍的运用。20世纪90年代，美国许多地方政府和州政府积极开展了新一轮的绩效预算改革。1998年，Melkers和Willoughby指出整个美国都存在着对绩效预算法律和执行的需求。1997年在美国所有的州中，31个州（占62%）有对绩效的法律要求，16个州（占32%）有对绩效的管理需求，但只有密苏里州以行政命令的方式确立了以绩效为基础的倡议书。到了2004年，已有31个州（占62%）通过维持、修正或补充立法等方式规定了在实践中应用绩效管理的方法，同时17个州（占34%）为运用绩效规定了管理要求或要求强制执行。[2]在涉及有关预算法律和政策的实施方面，Lu，Willoughby和Arnett发现有39个州在绩效预算法律中有可供操作的"在

---

[1] 卓越. 公共部门绩效评估（第2版）[M]. 北京：中国人民大学出版社. 2011.

[2] Julia Melkers, Katherine Willough. Staying the course: The use of performance measurement in state governments[J/R/OL]. Washington,D.C.: IBM Center for the Business of Government, 2004-11. http://www.businessofgovernment.org/sites/default/files/StateGovernmentMeasurement.pdf.

预算过程中使用绩效信息的绩效测量和协议"[1]。尽管许多管理要求对绩效测量和绩效预算系统使用不必在法律和管理的规定之下，只有 3 个州（阿肯色州、缅因州和新罕布什尔州）没有从事绩效导向的预算制度，2 个州（纽约和西弗吉尼亚州）还未使用绩效预算，马萨诸塞州和宾夕法尼亚州在 2007 和 2008 年已经有绩效报告，其他州（堪萨斯州、北卡罗来纳州和两个达科他州）有规定绩效测量的发展与报告的管理要求，佛罗里达、爱达荷、印第安纳、马里兰、新泽西和华盛顿在 5 年时间里增加了绩效预算相关法律，例如印地安纳州通过了一项州长签署的倡议——PROBE（Program Results：An Outcome-Based Evaluation）项目结果：产出导向的评价，州这一层级的立法早于 OMB。

### （二）新西兰通过制度完善推动绩效预算改革

与美国相比，新西兰也是通过高层次的立法推动绩效信息的运用，不同的是新西兰并非通过直接建立绩效预算法案的方式，而是采取通过立法对预算管理不断进行细化和完善，逐渐形成绩效导向的绩效预算，新西兰对于绩效预算的改革和推动具有鲜明的立法导向特征。其立法过程见表 5-1：

表 5-1　新西兰绩效预算制度保障体系（资料来源：自行绘制）

| 年份 | 法案 | 颁布目的 |
| --- | --- | --- |
| 1986 | 《国有企业法案》 | 对国有企业进行改革，将传统贸易部门私有化 |
| 1988 | 《国家部门法案》 | 推动部门改革；明确部长与部门之间的关系；实施权责发生制会计，为预算改革做准备 |
| 1989 | 《公共财政法案》及其修正案 | 对政府绩效进行衡量 |

---

[1] Lu Yi, Katherine G. Willhougby, Sarah Arnett. Legislating results: Examining the legal foundations of PBB systems in the states[J].Public Performance andManagement Review, 2009(33): 266–287.

(续表 5-1)

| 年份 | 法案 | 颁布目的 |
|---|---|---|
| 1991 | 《雇佣合同法》 | |
| 1993 | 《财务报告法案》 | 正式实行权责发生制 |
| 1994 | 《财政责任法案》 | 明确了中央、地方各财政机构的责任以及财政部长等各管理人员的责任,从而与绩效考核相联系;将绩效战略与年度绩效考核相联系 |

### (三)德国细化绩效预算制度保障体系

德国在绩效预算立法方面首先对基本法律进行细节的规定和立法补充,其绩效预算的实施以《基本法》和《预算法》为主要依据,但是德国为了加强对预算支出的控制,对部门资金的每一类支出都通过立法形式做了详细的规定。例如,《差旅费管理法》、《培训费管理法》、《政府采购法》、《投资法》、《办公费支出法》等,通过立法形成有效的监督机制和责任追究机制。此外,德国在绩效预算制度体系建设上注重不同评价主体之间的绩效可比性,为了使不同部门、不同政府机构之间的资金绩效具备可比性,德国采取了统一的预算评价体系和评价标准。

### (四)澳大利亚、英国等制定绩效评估专门性框架

自 20 世纪 90 年代以来,在新公共管理浪潮影响下,西方各国所实施的绩效预算改革大都融入了战略规划的框架。[1]澳大利亚和英国将预算目标和绩效管理相结合,从而使政府绩效预算在明确、可行的目标下进行,利用绩效信息促进政府各项预算活动更加符合战略规划的要求。

澳大利亚的绩效管理框架从整体上来看具备综合性特征,通过对绩效管理流程中涉及的各个方面进行规定,为政府部门所有不同类型的绩效评价实施奠定了基础,使得绩效信息可以服务于不同类型的绩效评价。澳大利亚在

---

[1] Julia E. Melkers, Katherine G. Willoughby. Budgeters' Views of State Performance-Budgeting Systems: Distinctions across Branches[J]. Public Administration Review, 2001, 61(1): 54-64.

州一级政府层面上颁布建立绩效管理框架的指南方针，并明确划分绩效管理执行过程中各个关键部门和人员的职责权限。以昆士兰州最具代表性，《昆士兰州政府绩效管理框架指南》详细介绍了绩效管理框架、政府目标、机构目标、绩效指标、绩效改进、政策制定、绩效控制和绩效报告等内容。框架指南为州政府进行绩效管理构建了一套上下信息互通的运行机制：首先，自上而下的一方面，政府战略和使命是最高指导标准，各个关键政策领域在标准下行事，通过提供符合标准的服务来完成与政府签订的绩效协议，实现各自的目标；自下而上地看，各个机构履行协议的同时，也是帮助政府实现政策目标，完成战略使命。而绩效管理则贯穿在绩效战略和绩效目标实现的全过程。其次，澳大利亚的绩效管理框架还体现出了高度的资源整合性，发挥不同部门机构的特征，为实现绩效产出而努力。框架指南视绩效管理为一个系统，将组织中的战略管理、绩效信息、绩效评估、绩效控制和绩效报告等过程整合。强调绩效管理的重要性，并实际构建了一整套总体性框架，以提高绩效信息的使用率并改善政府绩效。[1] 州政府的九个关联部门围绕政府绩效管理进行明确分工、各司其职，并注重各部门之间的联系和互相监督，内阁及领导小组负责明确战略方向、制定战略计划；财政部门负责执行绩效管理；各辅助部门履行策划、控制、审计、公共服务等职能，帮助促进绩效管理体系的有效运行。

英国的绩效框架与澳大利亚存在差异，澳大利亚的框架整体性是将绩效预算作为政府绩效管理的一部分，而英国的绩效框架则是专门针对绩效预算而设立的，并将多种资源整合到绩效预算框架中，为预算绩效信息的产生和流动提供保障。英国财政部实行的公共服务协议框架（PSA框架）如图5-3所示。框架为政府公共预算管理设立了全方位、可测量的绩效目标，并把政府的收入、支出以及绩效实施结果结合在一起。该框架的执行由财政部监管，全面设定绩效目标、绩效计划，以及政府部门绩效储备，各部门需要公布绩效报告，同时需要报送财政部。该框架被经合组织国家称为自上而下的全方

---

[1] 卓越，孟蕾，林敏娟.构建整体性绩效管理框架：西方政府绩效管理的新视点[J].中国行政管理，2011(4): 27.

位绩效管理体系。[1]事实上,在英国各地方也已经广泛应用"灯塔地方政府改善计划"、绩效审计、绩效工资制等一系列措施,将绩效评估与其他绩效管理相结合。20世纪90年代以来,英国政府强调绩效评估不仅仅应显示绩效信息,更应注重绩效信息在绩效管理框架中的有效使用,促进公共部门绩效的持续性改进。[2]

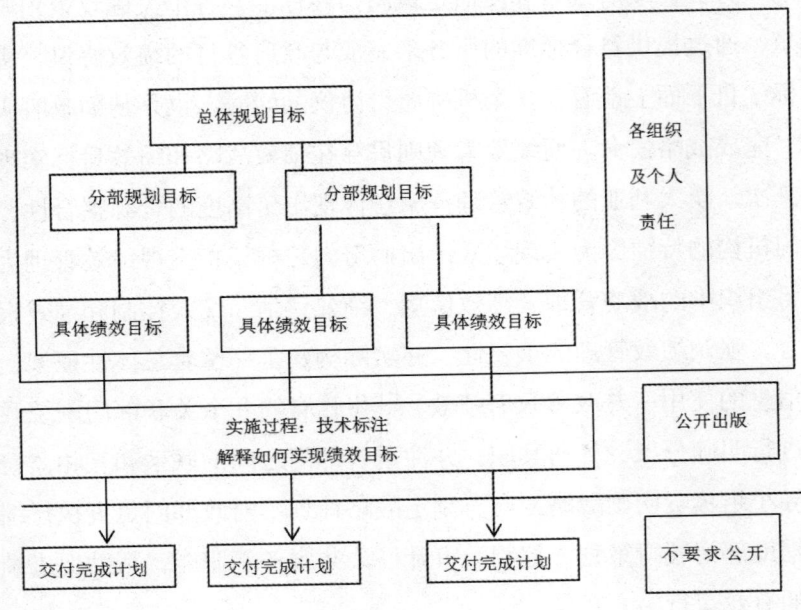

图 5-3　英国 PSA 框架

## 二、我国完善绩效信息制度建设的着力点

从西方国家绩效预算制度建设的实践过程可以看出,依法行政、用法律依据推动绩效信息运用于预算管理过程是西方国家的普遍做法,运用刚性的制度规范对绩效预算实施所需的各种资源进行整合,使绩效预算朝既定的方向发展,并最大程度地保障绩效信息运用的规范性、流动性和可利用性。而

---

[1] Zafar Noman. Performance Budgeting in the United Kingdom[J]. OECD Journal on Budgeting, 2008(8): 2-3.
[2] 卓越. 公共部门绩效评估(第 2 版)[M]. 北京:中国人民大学出版社, 2011.

我国绩效预算正处于起步阶段，各项制度还不完善，如何借鉴西方制度建设经验，形成适合我国实际情况和绩效预算发展阶段的制度体系对绩效预算的规范化发展具有重要意义，具体而言，我国应当从以下方面进行制度上的完善。

首先，在《预算法》修订中体现绩效导向。西方国家在绩效预算的推进中多数在其国家的高层次法律体系中体现绩效导向，甚至设立专门的绩效法案。而我国自2003年启动绩效预算试点以来，一直未涉及到立法层面，目前沿用的是1994年的预算法，现行的预算法在科学性、完整性和透明性上都存在很大改进的空间。例如对于预算收支核算范围中没有涵盖政府所有资金的收支；公民参与预算和监督仅进行概括性规定而无具体操作方式；不同预算参与之间的法律责任仅有三条，对于责任的规定过于简单，无法对责任进行追究；预算公开内容不明确等等问题，这些制度虽然不能直接产出绩效信息，但是均是绩效信息的产生和使用的前提条件，如果这些方面不能加以完善，即使规定了绩效因素，那么绩效预算也难以操作和执行。目前我国已经在中央部门中和一些城市开始了绩效预算的实践，这些实践在进行中由于没有较高层次的法律规定，影响了执行效力和推进速度，对于在《预算法》中增加绩效的内容也是一项现实需求。2004年，启动了预算法的修订工作，在对预算编制、预算执行和预算监督的流程进行细化和规范的同时，如果将绩效因素纳入预算法中，可以为将来各地、各部门更好地利用绩效信息提供法律依据。

其次，完善预算相关制度建设，形成绩效信息产生、使用与公开反馈的制度保障体系。从西方国家的经验中可以看出，各国都注重预算配套体系的建设，使得预算制度之间形成合力，共同促进绩效预算的实施，同时这也有效减少了绩效信息在传输和使用中的信息损耗，增强了信息传播的确定性和可靠性。前面分析了预算法修订的方向，对于较高层次的法律来说，其每一项改动都会起到牵一发而动全身的作用，从这个角度来说，现有的预算相关体系的完善也是非常重要的，绩效预算既需要完整性的法律体系支持，更需要制度规定上的一致性，否则绩效信息无法发挥其应有的作用。具体而言，绩效预算的作用是通过绩效信息消除预算参与主体之间的信息不对称，那么有关预算公开的制度保障就成为绩效信息利用的重要机制。我国在2007年颁布了《中华人民共和国政府信息公开条例》，对于预算信息公开提供了一定的依据，然而由于其规定的不细致使得在操作上仍存在很大困难，因此可以借鉴德国经验，制定具体的信息公开细则，并且已经开始迈出了步伐，2008年国家环保局通过了《环境信息公开办法（试行）》，下一步可以考虑制定更为详细的预算信息公开办法。此外，还有一些制度性规定会对绩效信息的可靠性产生影响，例如，《统计法》中对于统计数据真实性的规定会直接影响到绩效信息能否反映被评估对象的真实情况，再如《保密法》、《档案法》等对绩效信息在不同群体间的公开与使用均发挥不同程度的作用。因此在推进《预算法》改革的同时，加强相关制度的建设，才能保证绩效信息质量。

最后，建立绩效评估的专门性法律。英国、澳大利亚等都建立了绩效管理或绩效预算的专门性框架体系保障绩效信息使用及在不同机构、部门、参与主体之间流通与使用。我国目前在试点地区也形成了部分制度规范保障绩效预算的开展，但对于绩效评估目标、评价主体、评价体系、评价方法、组织人员保障、评价结果运用等要素还未能形成整体性的规范，各种规定之间还较为零散，制度上的不衔接造成绩效信息运用受阻，因此有必要借鉴发达国家的经验，建设适合我国国情的绩效评估框架体系。在框架体系的设立中，可以分途径、层次进行完善：第一，从上至下的方式，即先形成国家层面的绩效管理框架，对绩效管理中的基本要素和资源保障进行规定，使得政府绩效评估的不同方面，如绩效预算、绩效审计、公务员绩效评估、组织绩效评估等形成较为规范的制度发展路径。第二，从下至上的方式，各地根据实际情况，根据评估的不同方面开发具有特色的制度框架，上一级政府部门对这些制度框架的共性进行提炼，形成通用型的框架体系。事实上，两种途径各有长处，最好的方式是实现两者的结合，这样既能兼顾整体需要又能体现地方特色，并且通过绩效评估通用型指标等方式实现不同地区的绩效可比性，为借鉴和改进绩效管理水平提供信息来源。

## 第三节 理顺组织实施机制

### 一、建立专门的绩效组织机构

#### （一）发达国家的绩效机构设置

发达国家绩效预算的实施经过几十年的发展，逐渐形成了较为稳定的管理模式和专业化的管理人员，组织结构的设立和改变，对绩效预算的推行和稳定发展起到重要的作用。例如，美国在《政府绩效与结果法》的理念指导下建立了专门绩效管理小组负责绩效考评工作，专业化绩效考评组织对各部门进行指导，对绩效管理实施中出现的问题及时沟通解决，使得绩效工作的开展能够顺利进行，通过专门机构的监督作用，也减少了部分部门的"策略性行为"，尽量保证绩效信息质量。随着绩效预算工作在全国的普及，美国也随即在国家管理和预算局中设置了绩效管理的专门机构，并设立了"联邦绩效官"这一职位，负责绩效预算相关评价体系的制定、实施、管理和评估工作。

同样，英国自绩效评估开始之初就注重对组织机构的建设。早在撒切尔政府时期，就设立了专门的财务管理小组负责推动《财务管理新方案》在各部门的使用。此后，到了梅杰政府时期，梅杰政府为推行公民宪章运动，联合内阁与财政部共同设立了领导小组，并吸收外部公众及行业代表参加。再到布莱尔政府时期，则在政府部门中设立"公民评审小组"，通过设立固定组织保障公民的参与权。

"新西兰和澳大利亚则设置全国性的统一机构进行监督，各公共组织内部不设监督机构。"[1]澳大利亚在实行绩效评价初期，也是在专门性机构的管

---

[1] 唐琦玉.西方公共部门绩效管理探索及启示[J].湖南行政学院学报,2007,43(1): 5-7.

理下开展绩效评价工作。澳大利亚的绩效评估工作开始较早，在 1985 年即建立了直属内阁的"绩效保护和评估局"，进行绩效评估制度设计及执行监督。后来又相继成立了负责提供建议的"效率审查处和管理咨询委员会"，以及负责考核的专门性委员会等。此后，经过数十年的时间，随着绩效评估体系的扩展，澳大利亚在原有的绩效评估机构基础上进行整合，成立"公共服务和绩效保护委员会"，负责全国的绩效评估工作。同时，澳大利亚地方政府也设立了类似机构，如新南威尔士州的"政府部门财政支出和服务质量评议会"（Council on the cost and quality of government），是一个专门对政府绩效考评的组织。如今，随着澳大利亚绩效预算工作的普遍化和深入化，全国各部门已基本上形成了较好的绩效文化氛围，各地政府组织成员已将绩效作为自身工作的一部分，绩效评估专门性管理组织已完成它的历史使命，这些原先设立的组织有些缺乏实际需要，所以也就对其裁撤。

**（二）借鉴与改进**

从西方发达国家在组织结构设计中可以总结出三个特点为我国推行绩效预算和使用绩效信息提供借鉴和参考。

首先，各国在绩效预算推行时，均设立专门的管理机构以减少绩效预算法在推行过程中的障碍。具体而言，可以起到如下几方面的作用：一是专门机构的设置是法律制度在操作上的体现，通过设置管理机构，有助于绩效预算的理念普及，能够消除公共部门中工作人员心理上的不确定性，自觉重视绩效信息。二是专门机构的设置在绩效预算推行之初，起到的作用更多是辅导制度推行，通过各个部门问题的反馈与沟通，解决在执行中遇到的问题，使得绩效信息能够尽可能规范、正确的使用。三是绩效预算需要整合多种资源共同实施，绩效机构的设置可以是碎片化的各部门有机整合，保证相互之间信息传递的流畅性。在这个过程中，绩效机构更多的是起到领导和监督的作用。从我国目前试点地区的情况来看，有一些城市设置了专门的绩效机构负责绩效预算的实施，例如广东省财政厅设置了"绩效评价处"负责全省的绩效评价工作，并对实施中的具体流程做出规范。下一步要进一步明确绩效组织机构的法律效力和在政府组织机构中的地位，方便整合各种力量运用绩效信息、促进各实施单位之间的沟通。同时绩效评价部门要积极制定各种具体应用规范，减少绩效预算实施过程中的信息质量问题。绩效专门管理机构是形成绩效文化的一个重要组成部分，因此绩效专门机构管理的规范化、专业化可以使政府工作人员形成理解、重视绩效信息的氛围。

其次，从英国的经验中可以看到，英国不仅在制度上保障公民参与到绩效预算中，更是设置专门机构保证公民的参与。我国当前公民参与程度较低，参与方式也还未实现常态化、正式化。如果政府部门协助建立公民参与的专门组织，为公民参与绩效预算提供一种正式化渠道，就可以通过公民与财政部门之间的沟通交流，增加其对绩效理念的认识，并且通过公众之间的信息扩散作用，最终使得社会整体层面形成绩效意识，从而使公众理解、参与到绩效预算中，促进绩效信息质量的提升。

最后，绩效机构的设立不是单独、孤立的，而是需要多方层级的上下配合。我国目前仅在部分试点地区设置了类似机构，但还未有中央层面的专门机构，那么这也使绩效观念普及宣传的程度有限。随着试点地区的增加，中央政府也应当设置相关的管理机构从整体层面上进行规范和协调，形成绩效管理体系。此外，当国外发展到一定阶段时，专门的绩效管理机构的存在并非必要，然而对我国而言，绩效预算工作刚刚起步，则需要设置绩效管理机构实现全局性管理。

## 二、规范绩效程序设计

西方国家注重绩效程序的规范，通过流程性的规定实现对绩效信息质量的控制，并且在流程中明确、细化各种资源保障，使得绩效信息能够在既定目标下产出。其中新西兰是较早系统地实施绩效预算的国家，对绩效预算的实施流程也已经形成了较为稳定的模式，因此学习新西兰在绩效程序设计上的经验可以对我国的实践提供改进思路。

## （一）新西兰绩效预算程序设计[1]

1. 通过列明绩效评估目的，明晰了绩效信息的功能。新西兰财政部设计了绩效评估循环流程图（如图5-4所示）。用图形对反复循环的过程进行了直观的展示，并指出绩效评估须以"循环"为基础，随着理解的深入、测评技术的提升和报告的改进，使得服务提供和产出质量得以提升，继而产生更大的影响、实现更多社会价值。评估步骤的每一步之间都是承接关系，因此每一步都需要高质量的完成。

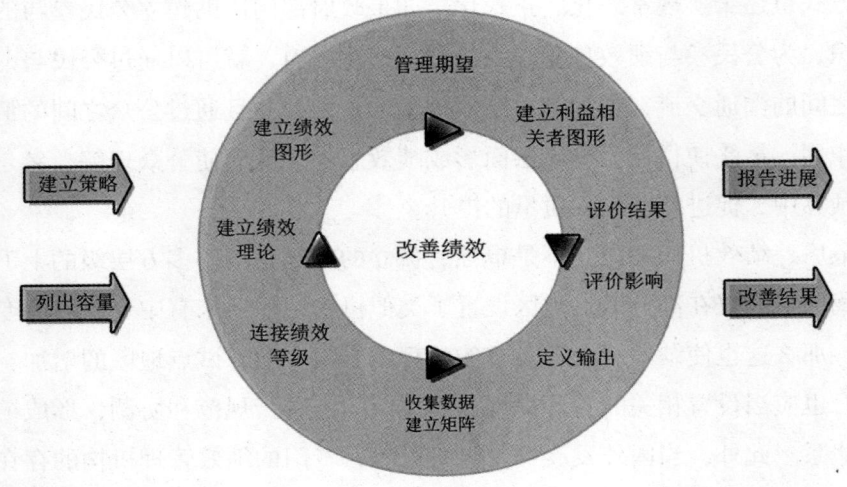

图5-4 新西兰绩效预算循环图

为了更好地实现绩效信息传递，从循环的过程出发，指出了政府绩效评估所要达到的三个主要功能：

（1）报告战略和政策进展。绩效评估信息被用来形成整体战略计划、发展方向设置及政策、技术的应用与发展，并能够为不同部门的服务水平差异提供依据，参与汇报计划的变更和政策实施计划的选择。

（2）报告功能和服务的进展。绩效评估信息可被用来鉴别哪些能力或服务需要加强，并找出其核心领域。从而辅助提高组织的核心服务，传递组织

---

[1] Performance Measurement Advice and examples on how to develop effective frameworks[R/OL]. The State Services Commission and The Treasury of New Zealand Government. http://www.ssc.govt.nz/performance-measurement.

的核心影响力。

（3）报告（达到的）成就。绩效评估信息可以一致、简洁地报告他们取得的成果。如果按照以上评估的步骤进行，就自然能够对所做的工作产生出明晰、一致的绩效结果，利用绩效结果信息清晰表达达到目标的过程。

2. 明确产出的绩效信息类型。从绩效评估的循环过程中能够看出绩效信息分为三个层次，那么对其衡量时也需要加以区分，这三个层次分别是产出、中间产出和最终产出。且在每一层次中都需要：（1）收集数据，以便跟踪进展、实施全过程的监控。（2）结果必须与资源（资金或能力）相联系，使得组织内部和外部的决策者能够合理评价资金的价值。

3. 实现绩效信息产出所需的资源。新西兰绩效评估框架对于绩效程序说明的特点之一就是较为全面地指出了绩效信息应当如何实现。它利用几个问题说明了绩效信息在实现中所需要的各种资源条件。它们是：

（1）由谁领导和管理绩效评估过程？他的任务和责任是什么？

（2）绩效评估需要哪些群体的参与？如何参与？

（3）绩效评估能够利用哪些资源？包括长期改进的数据资源。

（4）有哪些数据或信息资源是不可获取的？谁拥有它？在获取和使用中是否存在很多限制？

（5）最终的绩效信息产出（比如绩效报告等）需要包含哪些内容？这些内容的目的是什么？

（6）如何将产出（绩效信息）运用到政策、计划及外部报告中？

**（二）对我国的借鉴**

新西兰对绩效评估程序的设计与理解对我国实施绩效预算有直接性的参考价值，新西兰将绩效评估程序分为三个阶段，能够清晰地展示绩效预算在实施中的主要任务及绩效信息在类型上的区别，新西兰对于绩效评估循环过程的理念和阶段的划分对于我国的绩效预算实践也是适用的，可以将其作为普遍性的方法结合部门自身的实际情况加以利用。

首先，它为绩效预算的实施提供了理念上的指导。绩效预算不是一个单向的信息传递过程，而是循环往复不断上升与改进的过程，这也与本书对绩效预算的理解相一致，它在实践上的意义是绩效预算的实施是一个长期的过程，如果将绩效信息真实地加以利用，它可以作为较为稳定的监督方式。

其次，新西兰的绩效程序设计对我国绩效预算的实施也具备可行的操作参考。它对于绩效预算的运行流程中参与要件的归纳较为全面，而且对绩效预算中的信息类型做出了划分。最重要的是它指出了绩效预算实施所需考虑的资源条件。通过三者的结合可以对照形成具体的实践程序。本书认为，可行的方法之一是将绩效循环图中的各个要件转化为问题，然后寻求可用资源。例如，政策和战略发展可以细化为如下几个问题：政策的制定和发展战略的确定需要运用哪些信息？这些信息应当如何获取？参与政策制定的群体有哪些？这些参与群体在政策制定和战略形成中的作用方式什么？发展战略的现实基础及战略实现的资源可能为多少？绩效信息如何利用？等等以此类推，最终做出全面而详细的绩效预算实施流程，也可以更加清晰地发现绩效信息的产生和利用的全过程。

## 三、绩效管理人才建设

### （一）西方国家提升绩效管理人员素质的做法

绩效预算实施的主要承担者是政府部门内的工作人员，他们对于绩效管理方法的掌握程度对绩效预算的开展和绩效信息使用具有重要意义，因此各国对于绩效管理人才的建设非常重视，也采取了多种方式提升其知识水平。

采取培训的方法提升绩效管理能力是各国提升员工能力的主要方式，国外公务员的培训机构以专业的行政学院为主及对口培训中心为主，对政府工作人员进行专业化的培训，随着绩效管理的普及和广泛采用，以绩效为目标的培训越来越受到重视，其中英国公务员的专业培训学校"国民政府学院"，培训的理念即是"绩效第一，顾客驱动"，为课程设计和应用奠定了方向。

从培训的内容和方法来看，第一，通过课程学习的方式，课程内容涵盖绩效管理的各个方面，在培训方式上也尽量多样化。例如，美国人力资源管理办公室（OPM）专门设立了绩效管理的网络指导课程，为绩效评估者提供诸如评估计划、发展、监测、等级评定和员工绩效激励等基于员工的绩效管理方法指导，同时也提供常规的基于项目的绩效管理、评价和责任认定指导。课程为学员提供了大量的绩效评价研究资料，囊括了评价体系和项目建立、员工发展、目标设立、反馈机制等内容，通过文献、书籍总览、案例学习、会议记录和相关的法律文书方式进行展示。英国财政部在绿皮书（Green Book）中指出，政府将提供绩效评估培训项目以使得政府雇员能够更好地使用政府支出。该项培训由OGC和财政部提供支持，面向所有政府雇员。同时，绿皮书建议政府各部门使用最新的绩效评估介绍指南，以保部门能提供充足的资源和相关支持以满足新绩效标准对项目和政策的要求。每个部门被要求向员工提供指导介绍并就此举行内部培训课程。澳大利亚为更好地实施绩效管理，制定了财政部绩效管理体系和职业发展制度，定期对组织成员进行培训，培训的重点领域是领导能力、沟通、绩效管理技术等。培训的方式也多种多样，有团体培训、单独辅导，还可以通过员工援助计划（EAP）提升自身水平，另外，还设置了许多外部课程、会议、讲习班和研讨会等为员工发展提供机会。[1]

第二，利用课题研究的方式，通过理论化研究与实践的结合，提升绩效知识水平。例如，日本在《关于行政机关进行政策评价的法律》中第20条规定："关于政策效果的准确了解手法及其它政策评价等方面的方法，政府必须推进调查、研究和开发。"[2] 美国OPM也组织利用多方资源以支持员工进行绩效管理的课题研究，资助项目向所有联邦机构雇员开放。如果雇员要申请那些只针对机构内部员工的项目，则需要向该机构的人力资源部门咨询。[3]

第三，广泛吸收各种专业人才的优势，扩展知识结构以更好地实施评估工作。例如，日本充分意识到专业人员对于绩效评估的重要作用，因此在其评估法律中多次提到要"有效运用具有学识经验者的智慧。"[4] 而英国的各个

---

[1] The Treasure of Australian Government [OL]. www.treasury.gov.au/documents/109/HTML/Part4_4.asp．
[2] 袁娟，沙磊．美国和日本政府绩效评估相关法律比较研究[J]．行政与法，2009(10): 39-42．
[3] U.S. Office of Personnel Management [OL]. http://www.opm.gov/perform/ ．
[4] 袁娟，沙磊．美国和日本政府绩效评估相关法律比较研究[J]．行政与法，2009(10): 39-42．

部门则可以通过召集采购组、项目负责人、内部审计师和外部审计师、经济顾问、培训部门以及政策制定小组进行交流讨论，寻求协调工作的最佳方式。[1]

**（二）对我国的借鉴**

国外对绩效管理人员素质提升的方式相当多样化，在学习内容上也很丰富，这也是绩效信息能够在发达国家普遍运用的原因之一。相较之下，我国公务员在绩效知识和专业化程度上还很薄弱。目前不少地区，如河南省、厦门市、江苏省等在开展绩效管理中，多采取与高校合作开展短期培训的方式，通过培训，能够使公务员了解绩效、形成绩效意识，但是绩效预算是一项需要综合性技术的管理手段，因此如何使公务员能切实掌握绩效评估技术是提高绩效信息质量的因素。国外的做法可以为我国在提升公务员素质方面提供以下可行的方式。

首先，要明确公务员素质在绩效预算实施中的地位，形成公务员培训的常规化和系统化。所谓常规化，就是定期开展相关学习项目更新、补充绩效预算方面的最新知识。因为我国绩效预算管理同发达国家还存在很大的差距，而且绩效预算相关技术还处在不断的发展完善当中，无论是国外还国内，都会经常性地出现一些新的做法和经验，因此通过定期更新知识理念对于公务员对绩效信息的运用是非常必要的。所谓系统化，就是在培训的课程设置方面要尽量涵盖绩效预算所涉及的相关技术，形成较为系统的课程体系。在第三章中已经对公务员所需具备的知识类型进行了探讨，而且从本章对国外绩效指标设计的经验中也可以看出，指标设计是一项较为复杂的工作，如何更好地选择运用分析方法决定了绩效信息产出的质量，而这些先进的分析方法往往不属于一般性的课程，那么就需要更为系统性、全面性的课程设计。

其次，要采用多样化的培训方式。绩效预算是在实践中逐渐形成的，具有很强的应用性与可操作性。而我国目前的培训方式多以专家授课为主，而

---

[1] The Green Book –Appraisal And Evaluation In Central Government of UK[R/OL]. 2003 http://www.hm-treasury.gov.uk/d/green_book_complete.pdf.

其内容也多以理念性知识为主。反观国外的做法，他们在培训方式上不可谓不丰富，我们可以借鉴其培训的方法，例如，网络课程学习。网络课程由于其便捷性和成本低廉的优点成为很多人获取知识的方式，因此可以学习美国的做法，在一些基础性的课程上采取网络教学的方式，学习时间可以灵活选择，也能够减少部分绩效预算的实施成本；再就是可以适当开展课题研究，目前绩效预算试点中出现了很多创新性的做法，通过课题研究对试点地区绩效信息使用的特点和方式及时提炼和总结，有助于公务员理论素养和实践技能的提升。

## 第四节 改进技术手段

绩效预算相关技术手段在绩效信息质量的影响因素中起到最为直接性的、决定性的作用，因此改进绩效预算相关技术方法，是现阶段推进我国绩效预算实施的突破口。西方发达国家在此方面已经较为完善，因此本节对国外的经验进行分析并提出我国改进的方式。

### 一、改革预算会计核算方式，完善预算财务报告

#### （一）国外预算会计制度改革的总体进程

自20世纪90年代以来，在新公共管理运动和绩效理念的影响下，英美派系国家越来越强调效率、有效性和资金价值，[1]所以他们更倾向于政府运作机制市场化，鼓励竞争，并把公民看作是服务的消费者，但由于收付实现制难以提供有关政府运作效率和效果的信息，因此各国陆续开始政府会计核算方式的改革。新西兰是最早实行权责发生制政府会计核算方式的国家，澳大利亚、加拿大、美国、瑞典、英国等紧随其后。经过几十年的发展，世界上

---

[1] Vicente Pina, Lourdes Torres. Reshaping Public Sector Accounting: An International Comparative View[J]. Canadian Journal of Administrative Sciences, 2003, 20(4): 334-350.

大多数国家已经实行或开始进行权责发生制的改革。

完全以权责发生制会计和权责发生制预算的国家有：澳大利亚、新西兰、荷兰、瑞典、瑞士。其中，荷兰、瑞典、瑞士正在进行完全的权责发生制预算改革。有的国家采取权责发生制和收付实现制相结合的方式，这些国家有：加拿大（加拿大联邦政府采取收付实现制，而有几个省份采取的是权责发生制）、日本、美国、意大利、葡萄牙（在预算报告中附加权责发生制的会计信息）、阿塞拜疆、乌兹别克斯坦。还有的国家在进行权责发生制会计制度改革，主要有：法国、斐济群岛、印尼、马绍尔群岛、中国、菲律宾、韩国、斯里兰卡、蒙古。另外，欧盟各成员国要求其预算须与欧洲账户体系（European System of Accounts，ESA95）相一致，虽然不是完整的权责发生制系统但是它的核心理念是基于权责发生制。[1]尽管许多国家均在改革当中，但是要对两种情况进行区分，权责发生制预算包括预算过程的权责发生制和会计报告的权责发生制，目前大约一半的OECD成员国在其财政报告中使用了权责发生制，这充分表明了改革的普遍性。[2]但是仅有一小部分国家在预算过程中使用权责发生制，这就表明将权责发生制拓展到预算工作中是一件非常复杂和困难的事情。

此外，从收付实现制向权责发生制的转变也并非一蹴而就的事情，而是需要较长的转换时间，据统计，大多数已经实现权责发生制会计的国家，其过渡期要经历7—10年。新西兰的会计改革是国家层面上的文件转换的过程，大约耗时7年。加拿大是一个联邦制国家，结构比较复杂，因此花了约8年完成过渡。英国的改革从1995年持续到2006年，历时11年之久。同时，会计制度的转变也伴随人力和财力的消耗，其资金花费与国家规模和原先预算的完善程度成正比，"新西兰改革的总成本大约为1.6亿—1.8亿新西兰元；加拿大的改革成本约为6.6亿加元；截至1996年，英国改革仅财务资源、人力资源成本就达到了2000万—2500万英镑。"[3]

---

[1] India Primer on Accrual Accounting Government Accounting Standards Advisory Board[R/OL]. http://www.gasab.gov.in/pdf/Primer151107.pdf .

[2] Alex Matheson. Better Public Sector Governance: The Rationale for Budgeting and Accounting Reform in Western Nations[J]. OECD Journal on Budgeting. 2002(2), (Supplement 1): 44..

[3] 晋小琴. 我国政府会计权责发生制改革面临的挑战及对策[J]. 会计之友，2012(3): 20-22.

## （二）发达国家预算报告的总体情况

1.加拿大政府预算报告的类型及信息特征 [1]

加拿大预算报告的总体特征在于信息的丰富性和详实性以及数据来源的可靠性，但是存在着会计信息与绩效信息结合不紧密的缺陷。在整个预算年度中，加拿大各级政府都需要编制大量的报告以应付议会对政府的费用控制及问责，在报告中事无巨细地展示政府收支及成效的全部内容，并且与审计相结合，保证报告中数据的质量。根据报告提交的主体及报告时间，加拿大的预算报告大概有三种类型。

第一种是由各职能部门编制的计划和优先事项报告（RPPs）及部门绩效报告（DPRs），这些报告的作用在于在各财年开始时利用计划和优先事项报告对部门计划及政府优先事项进行说明，每年10月份，各部门通过编制DPR明细绩效报告以兑现其在RPP上的承诺，同时，各部门还需要衡量自身绩效水平以便向议会的提问进行解释。

第二种是财政部提供的年度财政报告。报告中需要回顾政府在上一财年度的收支绩效，并分析影响绩效结果的因素。

第三种是国库委员会主席在每年秋季（第四季度）提供的加拿大政府的总体财务报告和名为"加拿大政府绩效"的政府整体绩效报告。财务报告提供了加拿大政府的账目，并且经过总审计师的审计，在内容上涵盖了各部门支出、收入的所有细节。而政府整体绩效报告的主要内容是联邦项目、服务和政策对加拿大公民生活的影响。报告内容非常详实，其内容包括了加拿大政府90多个部门使用资源产出结果等方方面面的信息，可以从中了解到所有政府部门的内部审计和项目评估情况。

虽然政府绩效报告的详实利于政府的透明和公开，但是在过去的十年中，议员们普遍认为这些报告需要对内容进行整合，使之成为更简单更综合的信息，并且希望在预算计划和绩效报告文件之间看到更清晰的逻辑关系。

---

[1] Lee McCormack. Performance Budgeting in Canada[J]. OECD Journal on Budgeting. 2007, 7 (4): 9.

2. 澳大利亚政府预算报告的类型及信息特征

（1）报告的类型。澳大利亚的报告体系分为部门层级的报告和政府层面的报告。每年各部门都需要在预算相关文件中提供一份有关预算计划及目标预测的一系列详细报表，这些预算报表包括所有资金的来源信息以及支出的结果信息。其中，支出结果的财务信息包括各支出项目的信息、能够产生结果的支出信息，还包括一套评价未来产出的详细的绩效指标、措施和目标。另外，预算报表还需要包括所有机构的预算财务报表，这些报表涵盖了未来四年以及当期的结果预测。与组合预算报表同样重要的是政府机构的年度报告，它在每个财年度的最后四个月公开发行。这些年度报告包括经过审计的财务报表和对政府机构在刚结束的财年度的绩效的解释说明。

（2）绩效信息的使用范围及改进方式。在澳大利亚，绩效信息被用来指定预算决策。在提交预算后的预算审议、听证期间，参议院委员会根据组合预算报表中的内容进行预算审议，并依据报表制定拨款法案及其他政策。内阁和州长们在制定预算时也会使用绩效信息，但是公开发布的绩效信息仅是作为预算决策的一部分，更多的是参考不公开发行的内阁内部文件和组合财务文件中关于新政策的提议和对历年信息的分析。

澳大利亚一直不断地探索对财务报告及绩效信息质量的改进，其方式主要有三种。一是改革会计核算方式。自从将权责发生制引入预算报表的编制，年度报告的质量得以大幅提升。比如，大多数机构都会将结果信息同预算目标在同一列表中显示，并对引起不佳结果的原因及改进方式进行说明。二是规范操作方式。为了改进报告质量，财政部门和审计署针对年度报告中的绩效信息，联合发行了《为年度报告中更好地提供绩效信息的操作指南》。这本指南包括了针对可提升的主要领域的操作性建议，包括绩效报告框架，数据管理和评估，以及如何对绩效结果进行解释。它还包含了许多成功的操作案例，以便机构参考和模仿。三是改变编写方式。议员们对组合预算表中的信息使用由于所属部门不同而有所差异，同时为了响应减少行政机构繁文缛节的倡议，财务人员努力提升报表对议会及其他利益相关者的有用性，并修改报表涵盖的绩效信息的类型和质量。

### （三）财务报告实例

在从整体上探讨了发达国家的预算报告情况之后，这一部分以美国的卫生和人类服务部为例，对其预算报告的具体组成和内容进行探讨，分析其绩效信息的使用方式。

美国卫生和人类服务部（HHS）是美国政府为公民提供健康保险的主要机构，同时它也提供必要的人性化服务，其支出每年能占联邦支出的四分之一，HHS 的医疗保险计划是全国最大的健康保险公司，每年处理超过 1 亿美元的索赔。HHS 负责的支出项目多达 300 余项，由 11 个分支机构负责管理，包括 8 个公共健康服务机构和 3 个人类服务机构。[1] 如此庞大的业务需要对资金实行规范化的管理，因此根据 1993 年的政府绩效结果法 GPRA 和政府预算办公室 A-11 和 A-136 号文件的要求下，将每年资金执行的报表进行公开，其中包括上年度业绩报告、本年度业绩计划以及详细的执行绩效情况均以报告的形式发布。

以最新公布的 2013 财年度为例，其需要提供报告的范围包括两大类，一类是 HHS 的预算和绩效信息，它含有以下内容：2013 财年度预算局副局长的讲话；HHS 的 2013 财年财政预算案简表；2011 财年 HHS 的业绩和财务信息摘要；在线绩效附录。第二类是提交国会的预算依据，包括办公室成员日常开支以及 11 个运营部门的资金情况。

可见，为了满足不同群体对于信息的需求，对于资金支出信息的报告也是采取不同的形式，将总体性文档与详细说明性文档相结合，从其展现的形式上看，也是处处体现了可理解性和可比较性的特征。

1. 2013 财年预算简表 [2]

预算简表的结构安排从简至繁，包含以下三个部分：总体性说明；11 个分支机构的分类支出总额列表；以及每一个具体部门的资金支出类型表。

---

[1] U.S. Department of Health and Human Service[OL]. http://www.hhs.gov/about/.
[2] Fiscal year 2013 budget in brief strengthening health and opportunity for all Americans[R/OL]. U.S. Department of Health and Human Service. http://www.hhs.gov/budget/budget-brief-fy2013.pdf.

但为了体现总体性特征，这些分类支出数据均以总额的形式出现。为了使阅读者从总体上把握支出概况，在总体性说明部分运用了饼状图对各个部门的支出进行直观的表示；然后是分支机构近三个财年度资金预算支出与实际支出额的对比，以及 2013 财年度与上年度的预算增减情况；接下来是每个部门对于其部门中支出的具体项目的资金总额以及增减数额。从报告的结构安排来看，报告呈现的方式简洁、一目了然，可以使读者对该部门预算资金的整体情况有所了解。从内容上看，涵盖了该部门所有的收支项目，资金核算范围完整而全面。

2. 2011 财年 HHS 的业绩和财务信息摘要[1]

业绩和财务信息报表提供了过去财年中 HHS 的主要举措以及部门绩效和财务信息的摘要。其结构安排也大致分为三个部分：（1）概述。对总体的绩效情况进行说明。（2）将 HHS 所致力于达到的五个目标及其完成情况分别叙述。在每一个目标中都有更为具体的细分目标，在对这些目标进行列示之后，在最后对其完成的情况用饼状图和百分比进行展示，并简要叙述其目标达成的效果。（3）财务报表和监督情况的简表。简表列示了近五年的会计资金支出类目以及增减情况。

3. 在线绩效附录（online performance appendix）[2]

在线绩效附录是 HHS 部门绩效预算支出公开的总报告，它是为了满足预算外部参与主体对于透明度和问责性的需求，在这份报告中，围绕 HHS 的战略计划和目标对 HHS 的关键支出项目进行关注，它包括正文部分及附录。在正文中包含以下内容：（1）用一组代表性指标反映 HHS 及其组成部门；（2）对管理决策及其取得的结果进行绩效测量；（3）为美国人叙述每项支出目标的背景及支出目的；（4）2008—2011 年的绩效任务和结果报告；（5）2012—2013 年的绩效任务；（6）对绩效评估的趋势分析；（7）2013 年需要达到的目标计划。附录部分包括：（1）绩效管理探讨；（2）总结评价；（3）

---

[1] Fiscal year 2011 summary of performance and financial information[R/OL]. U.S. Department of Health and Human Service. http://www2.ed.gov/about/reports/annual/2011report/summary.pdf．

[2] Fiscal year 2013 annual performance report and performance plan[R/OL]. U.S. Department of Health and Human Service. http://www.hhs.gov/budget/performance-appendix-fy2013.pdf．

会计高风险项目探讨；（4）绩效评估所需数据的可靠性及数据来源。其中，对每一项支出目标的绩效状况说明，均以表格的方式加以列示，对近五年来目标的任务、结果、完成状态进行说明。

**（四）我国预算会计及财务报告的改革路径**

西方发达国家政府会计体系经过不断的改革，在核算方式、政府财务报告体系安排、财务报告公开透明度等方面已经形成较为完整的体系，并且向追求报告质量、满足使用对象的多样化需求及易读性发展。相比之下，目前我国的政府会计体系中，会计核算方式向权责发生制的转变刚刚开始起步，尚未有完整的财务报告，预算报告中会计信息不完整、不公开等问题极为突出，报告的可获取性及易读性程度都与西方国家有较大的差距，正是因为现今的政府会计存在的种种缺陷，有学者曾提出"中国现在还不适于实行新绩效预算，新绩效预算只是中国预算改革的下一个目标"[1]的观点。因此需要积极学习借鉴国外政府会计发展改革的有益方式，使得政府会计能够更加细化和透明，从而为绩效预算改革提供基本的信息支持。

首先，在政府会计体系中逐渐引入权责发生制的会计基础。权责发生制由于能够提供更加细化的资金收支信息，能够加强预算监督，所以世界各国均有所涉及，但是其发展程度并不相同。从上文的分析中可以看出，只有极少数的国家采用了完全的权责发生制，而绝大多数国家仅在部分收支项目或者财务报告中进行权责发生制核算，以满足绩效预算对于会计信息的需求。立足于我国的现实状况，政府会计需要在收付实现制的基础上进行渐进的改革，逐渐过渡到权责发生制的观点已经基本达成一致。毕竟会计改革涉及面较广，无论是文本转换还是人才支持都需要经过较长的时间，从发达国家改革的情况来看，还需要耗费大量的资金成本，因此需要探索一条适合我国改革发展的路径，即在收付实现制的基础上逐步推进权责发生制改革，从收付实现制过渡到修正的收付实现制，然后再改革为修正的权责发生制，最终成

---

[1] 马骏.中国公共预算改革的目标选择：近期目标与远期目标[J].中央财经大学学报,2005(10): 1-15.

为完全的权责发生制,通过两者的互相补充,减缓会计改革的成本和转换的困难。具体而言,可以考虑在政府收入方面仍保留收付实现制的核算方式,而项目支出的核算采用权责发生制的核算方式,根据功能和经济分类按规定结转为结余,体现项目资金支出的实际成本;在债券债务和资产核算上采用权责发生制,以反映政府的实际资产状况。

其次,从西方国家政府财务报告中能够看出,西方国家的财务报告制度具备以下特点。(1)财务报告的提交主体涉及中央到地方的各级政府和部门,使得所有部门的资金收支与工作业绩都能得以反馈,接受监督。(2)西方发达国家在财务报告的发布时间上采取定期发布、及时更新的方式,年报是最基本的要求,一般都会设置中期报告,甚至有的国家采取不定期汇报的方式。(3)财务报告的文件体系丰富,财务状况表;财务业绩表;权益变动表;现金流量表;会计政策及财务报表附注等要件均能较为齐全,而且结合绩效预算的实施,提交绩效报告或者在会计报告中体现绩效内容等。(4)各国在达到财务报表的体系完整的基础上,意识到需要进一步改进其报告的质量,如何实现财务报表与绩效报告之间的内容衔接等问题,也就是如何从会计上体现预算——绩效一体化。(5)报告质量提升的另一个方面就是在财务报告的内容安排中如何使报告阅读者能够迅速获取报告内容、更好地理解报告内容等,许多国家也在这方面做出改进和努力。(6)财务报告的公开性程度很高,政府部门所有的资金收支使用信息均做到全部公开,并利用互联网等方式方便公众获取。(7)在财务报告的使用方面,发达国家将财务报告及绩效报告中反映的信息作为预算审议及资源配置的参考依据,同时也是公众实现对政府监督的有效工具。

西方发达国家财务报告现实情况是我国需要学习与努力的方向,在目前情况下,一步到位是难以达到的,需要逐渐向公开透明、体系、内容详实的方向发展,其发展路径可以采取分阶段、分步走的方式。现阶段为了推进实施绩效预算和满足公众对透明度的需求,首先,可以在预算报告中增加各种会计报表,比如预算执行情况说明书,经费支出明细表等,从项目资金支出入手,逐渐扩大到政府所有部门及资金收支。其次,形成财务信息的披露机制,基本要求是实现财务报表的年度公开,使公众能够获取到相关信息。再次,在报表内容上,尽量转变目前晦涩难懂的情况,可以采取增加解释性信息或者利用图表等简洁、准确的语言传达预算信息。最后,在逐步完善的路径中,也要考虑如何实现与国际接轨的问题,这是未来的发展趋势,因此需要在改革中逐步将其纳入进来。

## 二、完善绩效评价指标体系

### (一)西方国家绩效评价指标体系设计

绩效评价指标体系是绩效预算的核心,指标体系设计的质量如何决定了是否能准确测评被评估对象,从而影响着绩效信息质量及绩效预算实施的效果。下面就对发达国家促进绩效指标质量的方式做出分析。

1. 注重指标设计参与群体的广泛性和代表性

西方国家在指标设计中通过吸收不同类型的利益相关者参与以保证绩效指标和绩效信息的质量。但在具体的做法上,各国采取了不同的方式,例如,美国在建立绩效指标之前,通过民意测验了解、掌握公众需要解决的问题就此制定指标;新西兰将受绩效预算成果或目标影响或被影响的利益相关者进行分类,根据不同类型设计了不同的参与计划(Engagement Plan),通过具体的计划措施为参与群体分配资源,使之实现指标设计的直接参与。

2. 在指标设计的方法上尤其注重指标的"全面性"和"系统性"

指标设计方法的全面性表现在平衡计分卡方法的普遍运用;"系统性"表现在部分国家或评估项目能够考虑到"环境因素"对绩效信息质量产出的影响。例如,新西兰设计绩效评估指标时采取情景规划法(Scenario-based Planning)。情景规划法是通过给使用者描绘一系列未来可能的场景来对产出结果进行有效定义的方法,它将未来的可能性与目前的情况相联系,以此评估实现它们的可能性。根据未来能够取得成绩来设计详细的结果指标。情景分析法能够预测实现未来目标可能遇到的障碍和威胁、识别风险从而对其进行监控。同时他们也指出,情景规划法耗时较长所以可能并不适于所有机构,因此他们又推出较为迅速但是不太完整的方式,即"愿景(visioning)",它同情景规划法的要件基本相似，同样能够设计出详细的产出和影响性指标。

此外，还有澳大利亚新南威尔士州，它根据评估类型的不同采用多种分析工具。对于战略政策的评估采用 PEEST 分析法，从政治、经济、环境、社会、技术五个方面进行分析；对于政府的工作计划，则采用 SWOT 分析法，将组织的内部资源和外部资源有机结合，分析它们的优势（strengths）、劣势（weaknesses）、机遇（opportunities）及可能遇到的威胁（threats）；"在服务方面，采用产品和服务分类（CGS）分析和服务对象矩阵分析（ACM）法等。"[1]

3. 规范指标设计的步骤，从设计机制上保证产出的绩效信息质量

指标设计在绩效评价体系中非常重要，它是绩效评估中各个阶段的产出和结果的反馈手段，它能够帮助决策者看出应当在何时、何地、如何解决问题。下面就以新西兰和美国弗吉尼亚州的费尔法克斯镇的绩效指标的设计步骤及设计重点进行具体分析。

鉴于绩效指标设计的重要性，新西兰首先对什么是"好"的指标进行了界定，即它应当满足什么条件。好的指标应当贯穿于绩效评估的每一阶段；指标要涵盖有关绩效所有预期产出、影响及结果；要尽可能地使用相对指标而非具体指标。对指标的设计标准明确之后，在设计步骤上大致采取两种方式促进指标体系的科学性：一是设计可操作的流程；二是对指标体系进行预评估和指标体系检验。

首先，采用六步法（The six steps）建构强有力（robust）的指标（其实这六个步骤之间每一步都是相互独立的，可以分别进行）。

·在绩效评估的每一个阶段都需要建立指标体系；

·建立有意义的比较组（也就是说，一开始在设立指标时开发一些基本性的指标，但很快就将重点放在改进对照组上。为了可比较，应该进行指标的归类。其实也就是说指标要具有可比性，有利于进行比较）；

·为每一组指标产出绩效信息而搜集所需数据；

·试运行指标，检查其可行性并识别潜在的挑战；

---

[1] 宋涛. 从绩效评估标准看澳大利亚地方政府管理理念及特点[J]. 河南社会科学, 2009(1):83-85.

·提高指标对所控制的资源及产出的可归因性；

·完善框架和指标体系。

其次，对指标进行预评估。为了确认绩效评估体系是否与评估目标相契合，首先会对设计的指标体系进行一定时期的预评估，然后在投入大规模的人力和费用进行数据采集和绩效评估之前，会对绩效指标体系进行两套测试，其实是再次对评估原则或者指标维度的检查。

第一套测试是回答一些原则问题，通过回答以下问题对测量指标进行自我测评：

·是否反映了部长、部门业务和法定职责目标的关键优先事项？

·是否能为战略报告、政策选择和资源提供的决策提供信息？

·是否为重视、信任和使用绩效信息的利益相关者所拥有？

·是否有前瞻性、能够确保成果和中间成果反映出新西兰人的长远期望（这可能与现有的产出不同）？

·是否具有一致性，能够更明白地看出你在部门中的作用和部门的目标？

·是否进行清晰的分类，使之能够随着时间的推移对跨组织或跨地区的比较成为可能？

·是否明确界定，能被公众理解，并且随着时间的推移能被复制（经得起推敲和考验、具有生命力）？

·产出、中间结果和结果之间是否有逻辑性（建立它们之间的联系）？

·能否在测量的每个层次将资源与结果相连接？

第二套测试使用的是 FABRIC 准则（试金石），这同样是领导者寻求整体评估过程质量的方式。

·是否聚焦于机构和部门的宗旨和目标？

·是否对有可能使用它的利益相关者适当且有用？

·是否全面，能提供给你有关行动的全景，能够涵盖工作的所有重要领域？

·是否广泛，涉及绩效的不同方面和层次？

·是否强大（稳定），能承受组织、产出或人事变动？

- 是否能整合到您的业务规划和管理过程？
- 能否节约成本，能够平衡生产成本和信息收益？

美国费尔法克斯镇的绩效指标设计。[1]

费尔法克斯镇在指标步骤体系的设计理念中突出绩效指标设计与组织战略相一致的重要性。城市管理的主要任务是通过制定目标计划从而达成期望结果的过程，为了方便测定实施计划的完成程度，费尔法克斯镇引入绩效评估方法，利用绩效信息同期望目标的比较来评定目标完成程度。费尔法克斯镇首先设计了一套绩效指标体系标准，为指标设计和评估的实施奠定方向。

- 评估体系直接与绩效目标相联系；
- 基于评估数据；
- 包含基准指标；
- 实用且易于理解；
- 具有客观性；
- 体系具备持续性；
- 评估带来的好处要多于付出的成本；
- 被组织成员和其他人接受。

明确了指标体系的质量要求之后，费尔法克斯镇继利用六个步骤来设计指标体系。第一步，是对组织任务和成本进行回顾。绩效指标设计应当选择"正确"的指标，而非容易测量的指标。正确的指标能够传递组织的使命、愿景和战略，并将其转化为有形的目标和产出。第二步，界定服务领域。指标制定应当有重点，测量所有的东西是不可能且不切实际的。第三步，界定服务领域的目标，测评需要反映顾客价值，以满足顾客价值、实现公众满意为设计理念。通过这些标准和理念进行具体的指标设计。第四步，形成指标体系。费尔法克斯镇形成了一个绩效指标类型库（Family of Measures），对不同类型的指标种类进行界定，主要包含以下五种类型：输入、输出、效率、服务

---

[1] Fairfax County Manages For Results: A Guide to Advanced Performance Measurement Performance Measurement Team Department of Management and Budget[R/OL]. http://www.fairfaxcounty.gov/dmb/performance_measurement/manages_for_results.pdf.

质量和成果。第五步，确定测量基准。也就是制定用于比较的基线。第六步，对指标体系进行检查。

**（二）对我国绩效指标体系设计的启示**

由于绩效评价指标体系对绩效信息质量具有直接的影响，因此国外尤为重视绩效指标体系的设计，并且采取各种方式提升绩效指标设计的科学性，最大程度地反映被评估对象的真实绩效状况。绩效评价指标体系设计是一项具有较强应用价值的方法，但由于公共部门管理的复杂性，设计出一套完善的指标体系是绩效预算管理中最具困难的工作。西方国家经过多年的发展，在指标设计上取得了较为成熟的经验，在设计理念和操作步骤上形成了一套完整的体系，具有较强的借鉴价值。具体而言，有以下几个方面。

第一，注重公众参与在指标设计中的重要作用。政府资金支出的最终目的是实现公共利益，因此公众的建议对资金支出目标的设立以及评价指标设计具有较强的参考价值。西方国家在指标设计的标准中都设立了专门的计划或方法来保障公民的参与，使得绩效指标能够"满足顾客价值"、"为利益相关者所拥有且适用"。因此，我国在绩效预算指标设计中也要秉持"公民满意"的理念，在操作方法上，开辟多种渠道使得公众参与到预算指标设计中，吸收公众的看法和意见。我国目前在公民参与预算绩效评价中还未形成具有普遍性的方式，更是缺乏稳定的参与机制。公民参与的范围也仅限于听取和反馈预算支出的结果，但没有涉及预算指标设计本身是否合理。因此试点城市可以考虑在保证公民对支出结果参与的同时，听取公众对预算指标设计的改进的意见，使得评价指标更加科学有效。

第二，指标体系设计全面性和重点性相结合。预算支出涉及社会生活的方方面面，因此资金支出评价也相应地具有全面性的特征，但是对于具体的部门而言，某些资金的支出又具备优先性和重点性，这些特征也自然需要反映到指标的设计当中。西方国家保障评价指标全面性的做法体现在两个方面。一是在指标设计的方法上，选取能够全面测算的分析方法，不仅考虑到当前评价的范围，更考虑到长期发展的需求，通过预测未来可能的趋势和遇到的困难，保障指标设计的可行性。二是在指标设计的流程中规定了指标的全面性标准。从横向上看，要求体现指标涵盖范围的广度，能够包含政府的所有活动；从纵向上看，要求在绩效评价的每一阶段都需要设立评价体系，同时要求不同层次的评价结果之间具备逻辑性与连贯性。利用这些方式，西方国家在指标体系设计上形成立体化特征。但同时，他们也认为，仅注重全面性，会使得评价工作"不切实际"，因此需要在突出重点性的基础上向全面性发展。我国绩效预算试点地区的评价指标体系设计思路与西方国家基本一致，由于我国的预算绩效评价刚起步，全面铺开并不现实，因此试点地区也多采取较易测量的项目资金支出作为切入点，在总结经验的基础上向其他类型的资金支出铺开。我们需要学习的是指标体系设计的纵向全面性，即通过设计方法的改进，使得指标能够反映长期支出的效果，能够更好地反映资金支出项目的总体绩效，并通过各个产出阶段的绩效结果实现纵向对比。

第三，通过对设计指标的再次检视，保障指标设计的科学性和绩效信息产出的真实性。西方国家尤其是新西兰对待绩效指标的设计非常慎重，通过小范围测评及专门的检测体系通过之后，才推广实施。相较之下，我国在当前的指标设计中对指标科学性、合理性的审视程度不足，西方国家的经验为我国指标设计质量的改进提供了思路，可以从以下方面进行完善。首先，对现有的指标设计流程进行规范，预算指标的设计并非是灵机一动的产物，每一个具体指标的设计都需要综合考虑多种因素，比如指标所属的维度，相似指标所代表的涵义、区别及适用范围，指标的可理解性、可归因性、指标从何种程度上反映预算目标，指标的信息产出的应用价值等，指标设计的复杂性特征就更需要有规范的设计步骤来加以保障，使得每一项指标的设计都能够较为规范和科学。其次，在指标体系形成之后，更要对其不断的调试，使之发挥整体性功能。可以借鉴新西兰在指标设计评估中的测试准则，将其移植、改进、运用到我国指标设计流程中。

## 三、充分利用信息技术

### （一）国外的主要做法

利用信息技术辅助进行政府管理是当今各国发展的趋势，而西方发达国家在此方面走在前列，在信息技术与政府管理的融合度上呈现了一体化的趋势，从单纯的作为绩效信息公开的方式，到作为收集绩效信息的工具，再到实现信息技术与绩效管理一体化，这些发展极大地促进了绩效预算功能的发挥，使得绩效信息质量获得整体性的提升，同时它也促进了公民对预算的参与及预算决策的合理性水平，增强绩效指标设计的合理性和预算配置的科学性，间接地提升了绩效信息质量。

1. 运用信息技术实现绩效信息公开

目前大多数发达国家都能借助网络辅助进行绩效预算。其主要的方式是借助其官方网站，或者通过开发专门性网站对绩效信息进行公开，并且西方国家充分考虑信息接受主体对于绩效信息类型的需求，设计符合受众群体需求信息获取方式。例如，美国针对公众获取联邦绩效信息途径狭窄的问题，于 2007 年专门推出名为 ExpectMore.gov 的新网站，该网站包含了从 PART 到所有已评估项目的总结，网站提供了公民了解绩效评估所需要的全部信息。从内容上来看，它的每一项评估都包括以下内容：对项目目的的简要描述、总体评价、绩效亮点和未来改进步骤。从使用方式上来看，网站为那些需要更多信息的人提供了细节评估报告的链接以及项目的网站。从信息时效上看，网站上辟有绩效改进情况的实时更新而且这些更新至少每年进行一次，且在必要时更新更频繁。而加拿大为了满足议员对于绩效信息的需求，于 2006 年设计了 RPP 电子导航工具，它将议员需要使用的整体性政府计划和绩效报告等进行信息整合并分类列示，通过电子网站方便议员迅速、便捷地获取政务信息。

2. 运用信息技术实现绩效信息收集

对于绩效评价指标而言，公民是指标形成的一个重要参与主体，而传统的方式使得公民在预算参与的便捷性上存在很多障碍，而以加拿大、英国、美国等为代表的国家，利用网络技术很好地解决了这一难题。加拿大在其政府官方网站上推行"以客户为中心"的网络服务，处处体现公众的信息需求和参与便捷性，并通过电子邮件询问等方式对网站不断改进。2002年，加拿大政府在其网站上设立公民在线咨询小组，随时倾听公众需求改进自身绩效。其他国家也开展了类似工作，例如英国设立"英国在线"门户网，政府部门在此网站上与公民交流对话、采纳公民建议；法国在政府官方网站上设置专栏、指派工作人员定期收集归纳公民建议，并通过网络视频的方式实现与公众的互动。

3. 运用信息技术实现对绩效信息的全过程管理

随着计算机算法技术的不断改进，使得绩效评估运用信息技术实现其功能成为可能，西方国家普遍借助现代信息科技实现对绩效信息的收集、追踪与公开，并且不断开发创新，从单纯的作为信息获取和公开的方式，延展到绩效预算的全过程管理。例如，奥巴马政府为实现国会或公众对于绩效目标监督的要求，开发了"名为Performance.gov的在线工具，它被用来检测预算执行，减少目标的偏差"[1]。有些地区则开发了许多新型应用软件，使绩效信息更加准确，并能自动生成报告，极大提升了管理效率。美国的许多州及市政府均根据当地实际情况，自行设计或合作开发了预算评估系统。例如，美国的马里兰州是较早地将绩效预算与计算机软件相结合的地区，马里兰州运用的名为Citistat的系统，它被用作"数据驱动的决策分析、绩效管理和对项目追踪评价"[2]，信息系统使绩效评价工作加速进行，实现对工作的全过程监督，如果出现问题，能够及时发现并解决。德克萨斯州设计的信息系统名为"德克萨斯自动预算和评价系统（Automated Budget and Evaluation System

---

[1] Philip Joyce. Obama's Performance Measurement Agenda: Will the president's performance measurement efforts be used to balance the budget, or to fund successful programs?[OL]. Governing: The States and Localities, 2011-03-23. http://www.governing.com/columns/mgmt-insights/obama-performance-measurement-agenda.html.

[2] 杨宏山. 美国城市运行管理及其启示——以巴尔的摩市的Citistat项目为例[J]. 城市管理与科技 2008(6): 40-42.

for Texas，ABEST）"，它的特色是使绩效预算成为电子化管理形式，即使绩效预算的战略规划、预算编制、预算执行、预算执行监督及预算审计等功能均借助此信息系统来完成，各种绩效信息由政府机构直接输入，[1]其传播过程全部通过系统进行，有效地降低了信息损耗，提升信息准确率和工作效率。华盛顿州在学习马里兰州巴尔的摩市的基础上，也开发了名为政府管理责任和绩效（GMAP）的管理创新系统，该系统向公众提供了透明准确的信息来分析和提高政府绩效，并通过政策目标来考量项目绩效，这些项目范围很广，包括公共安全、政府效率、医疗卫生、安全、交通、弱势群体、环境卫生等等。

同时，一些政府也同专业组织机构合作，共同开发适合绩效预算的管理信息系统，例如善治中心（The Centre for Good Governance）就开发了一款名为"在线绩效追踪系统（Online Performance Tracking System，OLPTS）"的软件，这个系统能够实现绩效信息管理与反馈。其主要的功能特色是，可以在不同层级上进行绩效追踪和绩效评估；与外部评价主体实现集成式连接，如媒体、公众反馈、呼叫中心、服务标准履行等；可以比较不同的绩效指标；自动生成每月财政目标和绩效结果报表；对所有指标进行差异的比较和趋势分析等。从中可以看出，OLPTS的运作涵盖了绩效预算中绩效信息产生与作用的所有环节，使得绩效信息从产生到传播反馈全部借由信息系统来完成。[2]

## （二）借鉴与启示

"政府绩效评估涉及对大量信息的收集、分析和处理，国外政府绩效评估工作相对完善、成熟、公众参与度高，先进的信息化技术运用广泛是其重要经验之一。"[3]国外的绩效信息系统建设为我国设计绩效预算信息化系统提供了思路。

1. 我国电子政务自1999年已经全面展开，但是其应用程度却不尽如人意，其中最大的问题就是重视硬件投入，忽视软件开发使用，造成业务平台

---

[1] 梁耀盛. 德克萨斯州战略规划与绩效预算体系研究[J]. 地方财政研究，2009(1): 27-32.
[2] Centre for good governance[OL]. http://www.cgg.gov.in/index_id29e.jsp .
[3] 张岩鸿. 政府绩效评估：述评、探究及改进策略[J]. 政治学研究，2008(5): 108-115.

的重复建设、技术标准无法统一，无法实现业务一体化，出现新的管理项目就另行设立管理系统，相互之间不匹配不协调，且软件开发可用性程度不高，使得"信息孤岛"问题仍然突出。从国外对绩效信息系统的开发应用来看，可以为我国绩效预算业务电子化实现提供如下设计思路。

首先，在系统设计上，体现对绩效信息收集与处理的技术特征。绩效信息从产生到输出，在多个环节中都涉及大量的数据处理，但是不同环节加工的绩效数据又各不相同，因此需要在算法上有所区别，并需要根据评价项目的不同，设置不同的信息处理手段，满足多种信息产出的需求。

其次，在系统的开放性上，体现开放性特征，使得绩效预算的参与主体都能够通过该系统实现信息的输入与绩效信息的反馈。例如，财政部门需要对各职能部门实施绩效监督，实时跟踪其绩效状况。目前我国试点地区仍然采用的是提交纸质报告的方式，如果利用专业软件，财政部门可以随时或固定时间生成绩效报告，并能方便地做出统计图表等，便于比较与分析。并且根据公众的监督需求，设计相应模块，方便信息获取。

最后，在软件兼容性上，注意与现行其他管理软件的衔接。目前我国财政管理中采用金财工程软件，个别部门也根据其业务发展采用相关软件，但是如果软件之间不匹配，不能实现数据连接，那么就在很大程度上减弱了利用信息技术的必要性，增加了人工负担。所以在系统设计上要体现兼容性，能够自动实现对有关信息的获取。

2. 据《中国电子政务蓝皮书（2009）》统计，"截至2008年底，中央部委网站的普及率达到96.1%，省市政府网站普及率为100%"[1]，甚至部分地区连居委会都有自己的网站。从政府采购角度估算，政府上网工程所购买的软件、电脑和服务器等硬件、光纤铺建等费用，国内各级政府累积起来每年都要投入上千亿元资金。但硬件设施的资金投入与实际应用效率并不成正比，政府门户网站普遍存在有用信息少、信息更新慢、网站的互动渠道不能解决实际问题，想要获取日常政务信息都很困难，获取政府绩效预算的信息则更

---

[1] 王长胜. 2009年中国电子政务发展报告[J]. 行政管理改革，2009(1): 50-55.

是如此，与国外高度透明化、时效化的信息公开相比，我国在这方面还有很长的路要走。

3. 绩效预算的信息系统建设需要一个发展的过程，可以参考国外的设计理念技术手段，结合试点地区的实际情况进行调整。在绩效预算信息系统的开发方面，可以采取试点地区先行试验的方式，因为这些地区，如广东、上海等已经大致形成了较为固定的绩效预算管理方式，且均为经济发达地区，具备一定的财力基础，因此可以先行开发计算机应用软件，使得绩效预算进入更加高效、信息产出更加准确的发展阶段。如果获得成功则可为后来地区的绩效预算推行提供范本，使得这些地区（尤其是经济落后地区）能够省却系统开发过程，降低改革成本。

在政府网站的建设方面，也需要根据实际情况，逐步向发达国家高度透明化靠拢。对于国内多数地区而言，当前需要积极做好政府网站信息公开工作，使绩效预算报告、项目绩效评价进展等在网上公开，并且考虑受众群体的不同和理解程度的差异，尽量考虑易读性因素。第一步是使公民在获取信息上简易，例如广东省财政厅在其网站设计中就设置了"无障碍阅读"的功能，方便残疾人、老年人获取信息。第二步是使公民能够更快地搜索信息。这就要注重设计上的系统性和关联性。对于已经开始绩效预算的试点地区而言，更要同时推行公民的网络参与，开辟公民参与模块，使得公民能够通过网络及时反馈意见。按照绩效实施效果的反馈到绩效指标设计再到绩效预算的全程参与的发展途径不断完善公民参与权。

# 结　语

## 一、研究结论

选取绩效预算中的绩效信息作为研究对象，主要有两个方面的原因。从理论层面来看，绩效预算自产生以来，国内外学者分别从管理学、经济学、政治学、法学等学科视野对其展开了研究，然而从研究角度和内容上，对于绩效预算产生的理论本质——绩效信息却鲜有专门性研究。而且，预算管理中的信息不对称问题是经济学中的研究重点，绩效预算是预算管理最新的改革方向，然而少有学者从解决信息不对称的视角对预算管理中的信息问题进行探讨。因此本书从相关基础理论出发，对绩效信息产生的理论本质和作用目的进行研究，厘清绩效信息的理论要素。从实践层面来看，绩效预算在国外部分国家已经融入预算管理全过程，而在我国的应用与发展不过十多年的时间，采取试点地区先行实践，从而总结经验为以后的推广做准备。那么对于还未开展绩效预算的地区应当从何处开始入手改革？对于已经开展绩效预算的地区下一步的努力方向在哪里呢？本书试图从绩效预算最基本的元素——绩效信息入手，对它的功能、影响因素和影响途径等进行探讨，以期为未来的改革方向和操作方法的改进提供参考。

基于以上几点理由，本书遵循绩效信息的理论本质、价值功能、影响因素、影响路径及改进方式这五个方面展开研究，得出了以下主要结论：

第一，绩效信息使预算决策更加科学、预算控制更加有效，畅通信息渠道。"绩效信息"是信息的一种，它既有一般性意义上的信息特征，又具备"绩效"

特性，它既是一种结果信息，又包含了为产生结果信息而收集、加工、存储的过程性信息。绩效预算中绩效信息运用的根本目的在于消除各预算参与主体间的信息不对称，增加预算管理中委托人对代理人的信息分布概率，为委托人监督代理人的行为提供了一种了解机制。绩效信息产生于管理过程，是使得预算管理技术水平提升的手段，因此其作用范围最主要的是对以往预算管理中技术性不足的弥补。总体而言，它主要发挥三个方面的作用，一是绩效信息能够提升预算评审和预算决策的质量。绩效信息为预算申请提供了可供参考的结果性信息，使得预算决策更加明晰，为科学决策提供了可参考的依据，增加理性化因素，减少随意性，从而促进决策质量的提升。二是绩效信息为预算控制提供了途径和标准。绩效信息具有过程性特征，因此它能够作用于预算管理的全过程当中，并以不同的方式来体现绩效。例如预算的绩效目标、预算执行中的中期报告到决算报告中的绩效数据等，绩效信息通过不同的载体展现资金使用部门的支出绩效，从而为预算监控提供了可衡量的依据。三是绩效信息是预算参与主体之间信息沟通的工具。即使预算管理过程中不存在代理人故意隐瞒信息的行为，预算参与主体之间仍然可能存在信息不对称，这是由于预算管理本身是一项专业性较强的管理活动，其天然特性导致了信息沟通的困难。而绩效信息是一种易于理解的量化信息，其简明性和科学性使得它可以作为一种"语言"工具，促进预算参与主体双方的信息交流。

第二，绩效信息作用功能的发挥受制于多种影响因素，不同的影响因素具有不同的影响程度和影响路径。本书基于系统论和前人的研究，将绩效信息影响因素分为四种类型：非正式制度、正式制度、实施机制和技术工具。每一种影响因素又各自包含了许多具体方面，如正式制度环境，它包括与绩效预算有关的所有正式法律、规章等具有约束力的规则；非正式制度包括组织的绩效文化氛围、预算参与主体中的管理者、工作人员及公众的绩效意识等；实施机制包括组织结构、管理人才的素质及组织实施流程等；技术工具则包括绩效评估技术、财务核算技术及现代信息技术等。不同的影响因素对绩效信息影响的方式各有区别，正式制度因素和非正式制度因素更多的是从信息流动的整体层面上影响绩效信息质量，而实施机制和工具方法也可能作用于绩效信息产生与使用的全过程，然而它们的影响方式更加具体。相应地，在具体的影响途径上，两种制度因素更多地起到了间接功能，即通过影响实施机制和技术工具来引起绩效信息质量的变化。另外，不同因素对绩效信息的影响程度也有所区别。结构方程的分析结果表明，规范的制度体系、预算参与主体运用绩效的观念以及绩效预算技术的完善性对影响绩效信息质量产生显著的影响，其中绩效评估指标体系建设、社会公众和组织管理者对绩效的重视程度、绩效预算相关制度的协调性以及绩效评估程序等因素尤为重要，它们是绩效信息质量改进的关键要素。

第三，绩效信息质量的改进路径需要立足于现实国情采取总体推进与重点实施相结合的方式。通过对国外绩效预算经验的分析后发现，西方发达国家在绩效预算体系建设上呈现出高度的整体化特征，将绩效管理的理念和方法融合到预算管理中，并通过相关技术方法的不断改进提高绩效信息质量。而我国当前的绩效预算仍处于起步阶段，无论在绩效理念、制度体系建设还是技术方法上都比较落后。但是绩效信息在预算管理中的使用是一项长期的、渐进式改革的过程，需要立足于当前的实际选取可行的方式，有选择有重点地进行改进。

## 二、本书的创新点与局限性

### （一）本书的创新点

第一，本书在研究内容上选取了绩效信息作为研究的切入点。目前的绩效管理领域中对绩效信息的研究还比较薄弱，对其作用和功能尚未引起足够的重视。同时，绩效预算在我国已有十几年的发展历程，大量的学者都对其发展中的障碍和问题进行了探讨，但多以宏观研究和理论分析为主，对其微观细节和操作方式的探讨还需进一步拓展。因此本书就对绩效预算中的绩效信息进行研究，试图从微观细节上探求绩效预算在发展中的问题及影响因素，以期对绩效管理领域和预算管理领域起到一定的深化作用。

第二,本书对于绩效信息的分析路径的起点是预算参与主体的互动过程,通过对预算参与主体之间互动方式进行分析,从中找出两者之间的信息障碍,探索绩效信息的作用与功能。同时,绩效信息并非自动产生并发挥作用,而是要处于一定的条件下。本书在绩效信息的研究途径上体现了一定的创新。同时,在进行具体的分析中,都融合了系统论的思想,即考虑参与主体所处的环境因素,试图更加全面地对绩效信息进行分析。

第三,本书运用结构方程工具研究绩效预算中的绩效信息问题。结构方程方法的优势在于它能够方便地探索影响因素之间的影响路径与影响程度,可以较好地对本书所要研究的问题进行分析。但结构方程分析方法在国内的运用集中于企业管理领域,在公共管理领域尤其是绩效管理中还较为欠缺。同时,以往对于绩效信息的研究多为理论推演,缺乏定量分析,本书对影响绩效信息因素的理论论述运用定量的方法加以验证,并设计了绩效信息影响因素的结构路径模型。

第四,本书运用了比较分析方法,在绩效信息分析框架形成的理论层面,对社会科学中主流学科研究信息问题的视角和内容进行了比较,在此基础上选取了对绩效信息解释力较强的管理学和经济学相关理论作为研究思路形成的依据。同时通过理论比较,也在研究中注重吸收其他学科的研究优势,丰富研究内容。在绩效信息具体分析的实践层面,本书对国外实施绩效预算的成熟经验进行了深入剖析。在资料选取上,多采用国外的最新动态,并且利用互联网获取直接的一手资料,避免经过他人思维加工造成信息偏差。在分析内容上,采取宏观与微观相结合的方式,既有对西方国家进行整体现状与发展趋势的分析,也有对其实际操作方法的分析,两者结合能够对我国绩效预算未来的发展方向有大致的把握,对下一步如何改进提供了较强的可行性。

**(二)研究局限**

第一,绩效预算是一项涉及多方主体、运用多种技术的管理方法,本研究试图在系统论的方法之下对其进行全面的研究,但受研究精力及个人知识水平的局限,可能难以穷尽绩效预算的所有参与主体及所涉及的各种技术手段。另外，对于国外经验的资料获取方面，对同样取得绩效预算改革经验的日本、韩国、法国、意大利等国家，受语言的障碍没有获取相关信息，这就对研究的详实程度造成了一定的损失。

第二，模型建构的准确性问题。首先，本研究在调研数据的获取上尽可能选取对绩效有一定了解的政府工作人员，但预算问题本身比较敏感，可能会遇到许多政府不便告知的内容，尽管笔者花费大量时间进行访谈和调研，但受制于种种客观限制，很难对所有地区进行调研，获取更为直接的资料，资料的不充分可能在一定程度上减弱模型的可靠性。其次，对于绩效预算中的绩效信息研究，此前国内外学者对其均有一定的论述，较多偏重于理论分析和逻辑推演。虽然部分研究运用了定量方法对其影响因素进行分析，但是相较于绩效评估的其他方面，如满意度理论等（其在企业理论研究上已获得大量研究资料）则显得极为薄弱，现有定量分析研究基础的匮乏，给模型建构造成一定的困难。最后，本研究受时间与精力的限制，对原本更加复杂化的绩效信息影响路径之间的关系进行了简化，假定影响绩效信息的因素之间是相互独立的，这种理想化假设为模型的初次探索带来方便，但也可能造成准确性不足的风险。因此模型的适用性和普遍意义需要进一步检验，在将来的研究中进行不断的调试和完善。

附　录

# 闵行区绩效预算公开文件列表

| 政府预决算报告 | 内容 | 时间 |
|---|---|---|
| 1 | 关于闵行区2011年财政预算执行情况和2012年财政预算（草案）的报告 | |
| 2 | 关于闵行区2010年财政预算执行情况和2011年财政预算（草案）的报告 | |
| 3 | 闵行区2010年财政决算和闵行区2011年上半年财政预算执行情况的报告 | |
| 部门预算类 | | |
| 1 | 关于闵行区人民检察院2011年部门预算执行情况和2012年部门预算安排情况的报告 | 2012-2-29 |
| 2 | 2012年闵行区人民检察院财政拨款支出预算表 | 2012-2-29 |
| 3 | 闵行区人民检察院2012年部门预算概览表 | 2012-2-29 |
| 4 | 2012年闵行区纪委、监察局部门预算编制说明 | 2012-2-29 |
| 5 | 关于闵行区纪委监察局机关2011年部门预算执行情况和2012年部门预算安排情况的报告 | 2012-2-29 |
| 6 | 闵行区纪委、监察局2012年部门预算概览表 | 2012-2-29 |
| 7 | 2012年闵行区纪委、监察局财政拨款支出预算表 | 2012-2-29 |
| 8 | 2012年闵行区纪委、监察局预算收支总表 | 2012-2-29 |
| 9 | 关于闵行区委宣传部2011年部门预算执行情况和2012年部门预算安排情况的报告 | 2012-2-29 |

| 政府预决算报告 | 内容 | 时间 |
|---|---|---|
| 10 | 2012年上海市闵行区委宣传部预算编制说明 | 2012-2-29 |
| 11 | 闵行区区委宣传部2012年部门预算概览表 | 2012-2-29 |
| 12 | 2012年宣传部预算收支总表 | 2012-2-29 |
| 13 | 2012年宣传部财政拨款支出预算表 | 2012-2-29 |
| 14 | 闵行区审计局2012年预算信息公开 | 2012-2-29 |
| 15 | 2012年区政府研究室部门预算公开 | 2012-2-29 |
| 16 | 2012年部门预算收支总表 | 2012-2-29 |
| 17 | 关于闵行区闵行报社2011年部门预算执行情况和2012年部门预算安排情况的报告 | 2012-2-28 |
| 18 | 2012年闵行报社（本部）预算编制说明 | |
| 19 | 闵行报社2012年部门预算概览表 | 2012-2-28 |
| 20 | 2012年财政拨款支出预算表 | 2012-2-28 |
| 21 | 关于闵行区委党史办公室2011年部门预算执行情况和2012年部门预算安排情况的报告 | 2012-2-28 |
| 22 | 2012年上海市闵行区委党史办公室预算编制说明 | 2012-2-28 |
| 23 | 闵行区委党史办公室2012年部门预算概览表 | 2012-2-28 |
| 24 | 党史办预算公开表 | 2012-2-28 |
| 25 | 关于闵行区台湾事务办公室2011年部门预算执行情况和2012年部门预算安排情况的报告 | 2012-2-28 |
| 26 | 2012年上海市闵行区台湾事务办公室部门预算编制说明 | 2012-2-28 |
| 27 | 闵行区经委2012年部门预算概览表 | 2012-2-28 |

| 政府预决算报告 | 内容 | 时间 |
|---|---|---|
| 28 | 部门预算公开表（台办） | 2012-2-28 |
| 29 | 2012年上海市闵行区人民法院部门预算编制说明 | 2012-2-28 |
| 30 | 关于闵行区人民法院2011年部门预算执行情况和2012年部门预算安排情况的报告 | 2012-2-28 |
| 31 | 闵行区人民法院2012年部门预算概览表 | 2012-2-28 |
| 32 | 2012年闵行法院财政拨款支出预算表 | 2012-2-28 |
| 33 | 2012年法院预算收支总表 | 2012-2-28 |
| 34 | 关于闵行区司法局2011年部门预算执行情况和2012年部门预算安排情况的报告 | 2012-2-28 |
| 35 | 2012年财政拨款支出预算表 | 2012-2-28 |
| 36 | 2012年上海市闵行区司法局部门预算编制说明 | |
| 37 | 闵行区司法局2012年部门预算概览表 | 2012-2-28 |
| 38 | 关于闵行区招管办2011年部门预算执行情况和2012年部门预算安排情况的报告 | 2012-2-28 |
| 39 | 2012年上海市闵行区招标投标管理委员会办公室部门预算编制说明 | 2012-2-28 |
| 40 | 闵行区招管办2012年部门预算概览表 | 2012-2-28 |
| 41 | 2012年部门预算收支总表 | 2012-2-28 |
| 42 | 2012年财政拨款支出预算表 | 2012-2-28 |
| 43 | 2012年工商闵行分局财政拨款支出预算表 | 2012-2-28 |
| 44 | 2012年工商闵行分局预算收支总表 | 2012-2-28 |
| 45 | 2012年工商闵行分局预算概览表 | 2012-2-28 |

| 政府预决算报告 | 内容 | 时间 |
|---|---|---|
| 46 | 2012年上海市工商行政管理局闵行分局部门预算编制说明 | 2012-2-28 |
| 47 | 工商闵行分局关于2011年部门预算执行情况和2012年部门预算安排情况的报告 | 2012-2-28 |
| 48 | 2012年闵行区土地储备中心部门预算收支总表 | 2012-2-23 |
| 49 | 关于闵行区土地储备中心2011年部门预算执行情况和2012年部门预算安排情况的报告 | 2012-2-23 |
| 50 | 闵行区土地储备中心2012年部门预算概览表 | 2012-2-23 |
| 51 | 2012年上海市闵行区土地储备中心部门预算公开编制说明 | 2012-2-23 |
| 52 | 2012年闵行区土地储备中心财政拨款支出预算表 | 2012-2-23 |
| 绩效预算评价 | | |
| 1 | 【自评项目】道路标志标线 | 2011-10-19 |
| 2 | 【区评项目】教学设备更新与购置 | 2011-10-17 |
| 3 | 【区评项目】视频图像监控租赁项目 | 2011-10-14 |
| 4 | 【区评项目】家庭医生制度建设 | 2011-10-14 |
| 5 | 【区评项目】闵行区公共自行车服务 | 2011-10-14 |
| 6 | 【区评项目】直管绿地养护 | 2011-10-14 |
| 7 | 【区评项目】水域保洁 | 2011-10-14 |
| 8 | 【自评项目】市政道路保洁 | 2011-10-14 |
| 9 | 【自评项目】生态公益林管理 | 2011-10-14 |
| 10 | 【区评项目】区属公园养护 | 2011-10-14 |

| 政府预决算报告 | 内容 | 时间 |
|---|---|---|
| 11 | 【区评项目】垃圾分类推进 | 2011-10-14 |
| 12 | 【自评项目】景观灯光运行 | 2011-10-14 |
| 13 | 【自评项目】公共厕所保洁 | 2011-10-14 |
| 14 | 【区评项目】公交补贴 | 2011-10-14 |
| 15 | 【区评项目】有线电视数字转换 | 2011-10-14 |
| 16 | 【区评项目】临时救助 | 2011-10-14 |
| 17 | 【自评项目】伤残抚恤补助 | 2011-10-14 |
| 18 | 【自评项目】城镇义务兵优待 | 2011-10-14 |
| 19 | 【自评项目】支内退休（职）回沪定居人员帮困补助 | 2011-10-14 |
| 20 | 【自评项目】重残无业人员生活补助（城镇） | 2011-10-14 |
| 21 | 【自评项目】退伍军人安置 | 2011-10-14 |
| 22 | 【自评项目】职教帮困助学经费 | 2011-10-14 |
| 23 | 【区评项目】民办教育扶持项目 | 2011-10-14 |
| 24 | 【区评项目】粮食种植户补贴 | 2011-10-14 |
| 25 | 【自评项目】中小河道养护 | 2011-10-14 |
| 26 | 【区评项目】产业化项目补贴 | 2011-10-14 |
| 27 | 【区评项目】蔬菜种植户补贴 | 2011-10-14 |
| 28 | 【自评项目】雨污水管道养护 | 2011-10-14 |

政府绩效预算中的绩效信息

| 政府预决算报告 | 内容 | 时间 |
|---|---|---|
| 29 | 【区评项目】万名劳动者技能培训 | 2011-10-14 |
| 30 | 【自评项目】社区医疗互助帮困经费 | 2011-10-14 |
| 31 | 【区评项目】城镇居民医保资金区本级财政筹集资金 | 2011-10-13 |
| 32 | 【区评项目】劳动关系和谐模范企业创建 | 2011-10-13 |
| 财政专项资金使用管理办法、操作流程和绩效 | 二〇一二年度闵行区本级绩效预算前评价总报告 | 2012-3-5 |

# 参考文献

## A. 中文著作

[1] 白景明，赵新国，李成威，马洪范等. 广东南海模式与建立中国式绩效预算 [M]. 北京：中国财政经济出版社，2010.

[2] 财政部财政科学研究所. 地方公共财政管理实践评价 [M]. 北京：中国财政经济出版社，2011.

[3] 财政部预算司. 绩效预算和支出绩效考评研究 [M]. 北京：中国财政经济出版社，2007.

[4] 陈工，袁星侯. 财政支出管理与绩效评价 [M]. 北京：中国财政经济出版社，2007.

[5] 陈伙平. 教育科学研究方法与原理 [M]. 福州：福建科学技术出版社，2005.

[6] 陈世军. 技术评估理论与方法 [M]. 北京：中国农业出版社，2008.

[7] 陈振明. 公共管理学 [M]. 北京：中国人民大学出版社，2005.

[8] 陈振明，黄新华. 新政治经济学导论（第2版）[M]. 北京：中国人民大学出版社，2010.

[9] 戴维·奥斯本，彼得·哈钦森. 政府的价格：如何应对公共财政危机 [M]. 上海：上海译文出版社，2011.

[10] 道格拉斯·诺斯. 经济史中的结构与变迁 [M]. 上海：上海人民出版社，1994.

[11] 邓毅. 绩效预算制度研究 [M]. 武汉：湖北人民出版，2009.

[12] 丁圣荣．政府绩效管理江财模式[M]．北京：中国财政经济出版社，2008．

[13] 凡勃伦．有闲阶级论[M]．北京：商务印书馆，1964．

[14] 菲利普·G 乔伊斯．基于绩效的预算：公共预算经典一面向绩效的新发展[M]．上海：上海财经大学出版社，2005．

[15] 葛家澍，余绪缨．会计学[M]．成都：四川人民出版社，1992．

[16] 苟燕楠．绩效预算：模式与路径[M]．北京：中国财政经济出版社，2011．

[17] 广东省财政科学研究所．中国政府管理改革突破口——绩效预算在珠三角地区的理论与实践[M]．北京：经济科学出版社，2011．

[18] 过剑飞．绩效预算：浦东政府治理模式的新视角[M]．北京：中国财政经济出版社，2008．

[19] 黄芳铭．结构方程模式：理论与应用[M]．北京：中国税务出版社，2005．

[20] 詹姆斯·费斯勒，唐纳德·凯特尔．行政过程的政治[M]．北京：中国人民大学出版社，2002．

[21] 0] 凯瑟琳·纽科默，爱德华·詹姆斯．迎接业绩导向型政府的挑战[M]．广州：中山大学出版社，2003．

[22] 柯武刚，史漫飞．制度经济学：社会秩序与公共政策[M]．北京：商务印书馆，2000．

[23] 孔志峰．绩效预算论[M]．北京：经济科学出版社，2007．

[24] 李怀祖．管理研究方法论(第2版)[M]．西安：西安交通大学出版社，2004．

[25] 李建发．政府财务报告研究[M]．厦门：厦门大学出版社，2006．

[26] 李习彬，李亚．政府管理创新与系统思维[M]．北京：北京大学出版社，2002．

[27] 李燕. 政府预算理论与实务（第2版）[M]. 北京：中国财政经济出版社, 2010.

[28] 林聚任, 刘玉安. 社会科学研究方法 [M]. 济南：山东人民出版社, 2004.

[29] 马克斯·舍勒著. 艾彦译. 知识社会学问题 [M]. 南京：译林出版社, 1999.

[30] 马洪范. 绩效预算信息论——信息视角下的政府绩效预算管理与改革 [M]. 北京：经济科学出版社, 2008.

[31] 马丽扬. 系统论、信息论、控制论通俗讲话 [M]. 石家庄：河北人民出版社, 1987.

[32] 尼古拉斯·亨利. 公共行政与公共事务（第8版）[M]. 北京：中国人民大学出版社, 2002.

[33] 彭国甫. 地方政府公共事业管理绩效评价研究 [M]. 长沙：湖南人民出版社, 2004.

[34] 彭健. 政府预算理论演进与制度创新 [M]. 中国财政经济出版社, 2006.

[35] 乔伊斯著. 苟燕楠译. 基于绩效的预算, 公共预算经典——面向绩效的新发展 [M]. 上海：上海财经大学出版社, 2005.

[36] 青井和夫. 社会学原理 [M]. 北京：华夏出版社, 2002.

[37] 青木昌彦. 比较制度分析 [M]. 上海：上海远东出版社, 2001.

[38] R.科斯等. 财产权利与制度变迁 [C]. 上海：上海三联书店, 上海人民出版社, 2005.

[39] 荣泰生. AMOS与研究方法（第2版）[M]. 重庆：重庆大学出版社, 2010.

[40] 王进杰. 政府绩效预算管理改革研究 [M]. 北京：中国财政经济出版社, 2009.

[41] 王文贵. 互动与耦合：非正式制度与经济发展 [M]. 北京：中国社会科学出版社, 2007.

[42] 乌家培. 信息经济学与信息管理 [M]. 北京：方志出版社, 2004.

[43] 吴建南. 公共管理研究方法导论 [M]. 北京：科学出版社, 2006.

[44] 钨焜. 信息认识论 [M]. 北京：中国人民大学出版社, 2002.

[45] 维纳著. 郝季仁译. 控制论（第 2 版）[M]. 北京：科学出版社, 1985.

[46] Stephen A. Ross, Randolph W. Westerfield et al. 吴世农译. 公司理财 [M]. 北京：机械工业出版社, 2000.

[47] 夏书章. 行政管理学 [M]. 广州：中山大学出版社, 2003.

[48] Polster T H. 肖鸣政译. 公共与非营利组织绩效考评：方法与应用 [M]. 北京：中国人民大学出版社, 2001.

[49] 谢维和. 教育活动的社会学分析——一种教育社会学的研究 [M]. 北京：教育科学出版社, 2000.

[50] 姚宝艳. 权责发生制政府会计改革问题研究——基于政府绩效治理的视角 [M]. 厦门：厦门大学出版社, 2010.

[51] 杨玉霞. 中国政府预算改革及其绩效评价 [M]. 北京：北京师范大学出版集团, 2011.

[52] 游祥斌. 公共部门绩效预算研究 [M]. 郑州：郑州大学出版社, 2007.

[53] 张雪芬. 政府会计发展与对策 [M]. 北京：中国时代经济出版社, 2006.

[54] 张志超. 美国政府绩效预算的理论与实践 [M]. 北京：中国财政经济出版社, 2005.

[55] 珍妮特 M. 凯丽. 苟燕楠译. 地方政府绩效预算 [M]. 上海：上海财经大学出版社, 2007.

[56] 珍妮特 M. 凯丽, William C. Rivenbark. 苟燕楠译. 透视美国管理与

预算局 [M]. 上海：上海财经大学出版社，2009.

[57] 朱春奎. 政府绩效预算——美国经验与中国方略 [M]. 北京：中国财政经济出版社，2008.

[58] 朱德全. 教育研究方法 [M]. 重庆：重庆出版社，2006.

[59] 朱志刚. 财政支出绩效评价研究 [M]. 北京：中国财政经济出版社，2003.

[60] 周志忍. 当代国外行政改革比较研究 [M]. 北京：北京国家行政学院出版社，1999.

[61] 卓越. 公共部门绩效评估(第2版)[M]. 北京：中国人民大学出版社，2011.

[62] 卓越. 政府绩效管理概论 [M]. 北京：清华大学出版社，2007.

[63] 马克思. 第六届莱茵省议会的辩论（第一篇论文）(A). 中共中央马克思、恩格斯、列宁、斯大林著作编译局. 马克思恩格斯全集（第1卷）[C]. 北京：人民出版社，1964.

[64] R. 科斯，A. 阿尔钦，D. 诺斯. 财产权利与制度变迁——产权学派与新制度学派译文集 [C]. 上海：上海三联书店，上海人民出版社，1991.

[65] 贾西津. 公共政策过程中的公民参与 [R]. 2006 中华环保民间组织可持续发展年会，2006.

[66] T.W. 舒尔茨. 制度与人的经济价值的不断提高 [A]. R. 科斯，A. 阿尔钦，D. 诺斯. 财产权利与制度变迁——产权学派与新制度学派译文集 [C]. 上海：上海三联书店，上海人民出版社，1991.

[67] 王永礼. 预算程序的价值及其实现的保障 [A]. 中山大学行政管理研究中心. "国家治理与公共预算"国际学术研讨会论文集 [C]. 2006.

[68] 谢新水. 论官僚制的不确定性与政府绩效评估 [A]. 鲍静，包国宪. 政府绩效评价与行政管理体制改革 [C]. 北京：中国社会科学出版社，2008.

## B. 中文论文

[1] 白文杰. 财政支出绩效评价内涵解析 [J]. 地方财政研究, 2011(1): 42-59.

[2] 包国宪, 曹西安. 论政府绩效管理中的绩效沟通 [J]. 经济体制改革, 2007(1): 118-121.

[3] 毕鹏志. 绩效信息失真的博弈分析 [J]. 科技情报开发与经济, 2007(7): 83-85.

[4] 曹艳杰. 我国部门预算委托代理问题的制度分析 [J]. 审计与经济研究, 2006(3): 74-76.

[5] 常丽. 新公共治理——政府绩效评价与我国政府财务报告的改进 [J]. 会计研究, 2008(4): 19-93.

[6] 陈国权, 王柳. 基于结果导向的地方政府绩效评估——美国凤凰城的经验及启示 [J]. 浙江学刊, 2006(2): 209-212.

[7] 陈工. 英美澳新等国家实施绩效预算的改革及对我国的启示 [J]. 财政研究, 2006(1): 74-76.

[8] 陈志英. 预算参与权: 被忽略的和被误解的 [J]. 兰州学刊, 2011(1): 210-212.

[9] 戴激涛. 从程序走向实质: 地方人大预算监督的新图景——"广东现象"的启示 [J]. 人大研究, 2011(12): 10-13.

[10] 邓毅. 绩效预算制度研究 [D]. 华中科技大学博士学位论文, 2008:164-165.

[11] 董晓辉, 谭婷. 公民参与预算的平台构建和路径设计 [J]. 财经问题研究, 2011(2): 81-84.

[12] 费方域. 经理行为、代理成本与所有权结构: 詹森和梅克林的企业理论评介 [J]. 外国经济与管理, 1995(10): 31-34.

[13] 付代红, 朱敏文. 我国政府绩效审计发展的瓶颈及对策研究 [J]. 财会通讯, 2010(8): 146-148.

[14] 郝书辰, 王进杰. 政府绩效预算执行控制改革研究 [J]. 财政研究, 2007(4): 24-28.

[15] 胡春萍, 孟凡荣. 中国地方政府绩效评估信息来源的现状——基于德尔菲法的研究 [J]. 情报杂志, 2009, 28 (10): 10-14.

[16] 蒋会强. 绩效信息: 绩效预算和绩效评价的现实基础 [J]. 中国财政, 2005(3): 42-44.

[17] 江龙. 公共财政监督产生的理论溯源 [J]. 财政研究, 2001(11): 12-16.

[18] 晋小琴. 我国政府会计权责发生制改革面临的挑战及对策 [J]. 会计之友, 2012(3): 20-22.

[19] 李建德. 论"制度成本"[J]. 南昌大学学报, 2001(1): 44-49.

[20] 李院力. 构建吉林省地方政府多元主体参与的绩效评价体系 [J]. 华章, 2011(30): 58.

[21] 梁耀盛. 德克萨斯州战略规划与绩效预算体系研究 [J]. 地方财政研究, 2009(1): 27-32.

[22] 刘国常, 路云峰. 政府绩效审计质量控制研究 [J]. 广东审计, 2007(1): 21-26.

[23] 刘群, 邱锦异. 浅议项目绩效预算 [J]. 现代商业, 2008(23): 128-129.

[24] 芦刚, 汤继伦. 地方政府绩效评估结果的信度问题探析 [J]. 行政论坛, 2007(3): 26-28.

[25] 路军伟, 陈希晖. 法国政府预算与政府会计改革: 评价与借鉴 [J]. 审计与经济研究, 2009(5): 78-81.

[26] 路云峰. 政府绩效审计质量控制研究: 模型与框架 [J]. 财会通讯,

2011(4): 118–120.

[27] 吕昕阳. 英国绩效预算改革研究 [J]. 经济研究导刊, 2011(22): 24–26.

[28] 马蔡琛. 政府预算管理中的"寻租"活动分析 [J]. 财贸经济, 2004(11): 50–54.

[29] 马骏. 新绩效预算 [J]. 中央财经大学学报, 2004(8): 1–6.

[30] 马骏. 中国公共预算改革的目标选择：近期目标与远期目标 [J]. 中央财经大学学报, 2005(10): 1–15.

[31] 牛美丽, 马骏. 新西兰的预算改革 [J]. 武汉大学学报（哲学社会科学版）, 2006(3): 802–810.

[32] 牛美丽. 推广温岭经验应超越技术层面 [J]. 决策探索, 2010(4): 53.

[33] 彭国甫. 地方政府绩效评估程序的制度安排 [J]. 求索, 2004(10): 63–65.

[34] 彭国甫. 对政府绩效评估几个基本问题的反思 [J]. 湘潭大学学报, 2004(3): 6–11.

[35] 乔彬彬. 绩效预算实施条件的中外比较及原因分析 [J]. 经济体制改革, 2007(1): 133–136.

[36] 盛明科, 杨玉兰. 西方国家政府绩效信息资源公共获取的法制保障及其启示 [J]. 湘潭大学学报（哲学社会科学版）, 2012(1): 39–76.

[37] 宋健敏, 丁元. 绩效评估对政府预算决策的作用与局限：布什政府项目评级工具(PART)的实证分析 [J]. 中国行政管理, 2010(9): 108–112.

[38] 宋涛. 从绩效评估标准看澳大利亚地方政府管理理念及特点 [J]. 河南社会科, 2009(1): 83–85.

[39] 孙克竞. 政府部门预算支出绩效管理改革框架分析 [J]. 审计研究, 2011(3): 102–108.

[40] 孙一平. 美国联邦政府项目等级评估工具应用及借鉴意义分析 [J].

理论界, 2009(6): 194-196.

[41] 唐琦玉. 西方公共部门绩效管理探索及启示 [J]. 湖南行政学院学报, 2007, 43(1): 5-7.

[42] 万新. 爱沙尼亚对绩效预算进行的实验性探索 [J]. 工业审计与会计, 2003(5): 39-42.

[43] 王长胜. 2009年中国电子政务发展报告 [J]. 行政管理改革, 2009(1): 50-55.

[44] 王德祥, 黄萍. 美国新绩效预算改革及其对我国公共财政建设的启示 [J]. 科技进步与对策. 2004(12): 85.

[45] 王鹤, 韩扬. 公众参与地方政府预算的困境思考 [J]. 商业时代, 2012(2): 128-129.

[46] 王宏利, 龚瀛. 论财政支出绩效评价指标体系的构建 [J]. 地方财政研究, 2009(10): 38-51.

[47] 王晓明, 谭静. 新加坡的绩效预算管理 [J]. 中国财政, 2010(5): 75-76.

[48] 王俞, 孙路. 不确定性与制度: 关于制度研究的经济学方法 [J]. 江苏社会科学, 2007(5): 69-76.

[49] 魏四新, 郭立宏. 晋升激励下地方政府虚假绩效信息产生与治理 [J]. 科技管理研究, 2011(6): 202-205.

[50] 吴建南, 杨宇谦. 地方政府绩效评估创新: 主题、特征与障碍 [J]. 经济社会体制比较, 2009(5): 152-158.

[51] 吴世雄. 加强预算绩效监督建立健全预算绩效管理制度 [J]. 北京人大, 2011(8): 12-17.

[52] 徐燕. 深化预算执行绩效审计研究 [J]. 审计月刊, 2010(4): 10-11.

[53] 杨宏山. 美国城市运行管理及其启示——以巴尔的摩市的Citistat项目为例 [J]. 城市管理与科技, 2008(6): 40-42.

[54] 阳迅,陈靓.绩效预算导向下政府会计确认基础变迁及建议[J].商业会计,2010(8): 66-67.

[55] 杨琪.绩效预算与绩效评价有机融合的思考[J].财经界,2009(5): 52-55.

[56] 叶风华,刘用铨.新绩效预算基本特征、技术支持及其适用性[J].会计之友,2010(1): 57-58.

[57] 尹淑平,吴立权.论完善财政专项资金绩效审计评价[J].财会月刊,2011(13): 39-41.

[58] 游祥斌.试论绩效预算改革的战略规划基础[J].中国行政管理,2010(1): 30-34.

[59] 余满均,王丽萍.非营利组织绩效预算管理模式研究[J].财会月刊,2007(7): 19-21.

[60] 余明远.基层政府绩效评价机制优化探索[J].生态经济,2010(2):75-77.

[61] 袁娟,沙磊.美国和日本政府绩效评估相关法律比较研究[J].行政与法,2009(10): 39-42.

[62] 赵合云,陈纪瑜.公共财务受托责任、绩效评价与政府财务报告改革[J].财经理论与实践,2008(5): 84-87.

[63] 赵永全.瑞典绩效预算改革的研究[J].理论界,2010(10): 199-201.

[64] 张创新,芦刚.地方政府绩效评估信息失真的成因及其治理[J].学术探索,2006(12): 25-29.

[65] 张雪芹.对构建高校专项资金预算管理体系的几点思考——基于"绩效预算"的视角[J].会计之友,2009(11): 21-23.

[66] 张岩鸿.政府绩效评估:述评、探究及改进策略[J].政治学研究,2008(5): 108-115.

[67] 朱国玮.绩效信息获取、使用、公开研究[J].情报科学,2005,

23(4): 621–625.

[68] 朱国玮，黄珺，汪浩．政府绩效信息的获取、使用与公开制度研究[J]．情报科学，2005, 23(4): 621–625.

[69] 朱红．新绩效预算理论在高校预算中的运用[J]．管理方略，2009(5): 46–50.

[70] 朱文明，王昊，胡汉辉．审计数据质量：一个审计研究的新视角[J]．生产力研究，2008(3): 128–131.

[71] 卓越，孟蕾，林敏娟．构建整体性绩效管理框架：西方政府绩效管理的新视点[J]．中国行政管理，2011(4): 27.

[72] 卓越，杨浙闽．公共部门绩效评估的过程控制[J]．天津行政学院学报，2003, 5(3): 28–31.

[73] 卓越，赵蕾．绩效评估：政府绩效管理系统中的元工具[J]．公共管理研究，2008(6): 207–217.

[74] 崔佳颖．组织的管理沟通研究[D]．首都经济贸易大学博士学位论文，2006: 16.

[75] 邓毅．绩效预算制度研究[D]．华中科技大学博士学位论文，2008: 170.

[76] 于兴治．国家行政监控系统的分析理论与应用研究[D]．大连理工大学博士学位论文，2010: 42.

[77] 陈家刚．参与式预算的兴起与发展[N]．学习时报，2007(1): 1–3.

[78] 李纪平．北京市人大常委会今年将开展专题询问，推动提高预算资金使用效益[N]．法制日报，2012-02-17.

[79] 宋凯，王劲松．要花财政钱，绩效过三关[N]．中国财经报，2012-03-16.

[80] 丁永勋．如何提高民众参与预算的热情[N]．新华每日电讯，2011-12-28.

[81] 杨华云. 审计署: 16个政府投资项目违规占地8千亩[N]. 新京报, 2011-03-26.

[82] 张璐. 北京试点推行预算绩效管理监管政府花钱效果[N]. 北京晨报, 2012-01-09.

## C. 网络资源

**国内网站**

[1] 江泽民. 江泽民在党的十六大上所作的报告[R/OL]. 新华网, 2002-11-17. http://news.xinhuanet.com/newscenter/2002-11/17/content_632260.htm.

[2] 胡锦涛. 党的十七届五中全会报告[R/OL]. 人民网, 2010-10-15. http://politics.people.com.cn/GB/8198/204472/.

[3] 中国共产党第十六届中央委员会. 完善社会主义市场经济体制若干问题的决定[R/OL]. 新华网, 2003-10-21. http://news.xinhuanet.com/newscenter/2003-10/21/content_1135402_6.htm.

[4] 上海市闵行区财政局. 二〇一二年度闵行区本级绩效预算前评价总报告[R/OL]. 2012-03-05. http://www.shmh.gov.cn/xxgk/Content.aspx?Id=158920.

[5] 上海市闵行区财政局. 二〇一二年度闵行区本级绩效预算前评价总报告[R/OL]. 2012-03-05. http://www.shmh.gov.cn/xxgk/Content.aspx?Id=158920.

[6] 申相臣. 创新管理工具, 深化预算改革——焦作市地方政府绩效管理改革探索之路[R/OL]. 2010-05-18. http://www.jgjs.cn/E_ReadNews.asp?NewsID=9312.

[7] 陈加兴. 信息不对称对审计工作的危害及对策[R/OL]. 审计署网站, 2008-1-4. http://www.audit.gov.cn/n1057/n1072/n1342/1068975.html.

[8] 万源市审计局. 万源市审计局处理首例提供虚假资料的单位和个

人 [R/OL]. 万源市审计局, 2011-07-05. http://www.wanyuan.gov.cn/wywz/zwgk/xxgkInfo.jsp?ID=45977.

[9] 张辉. 论信息不对称下的审计管理分析 [OL]. 中华人民共和国审计署网站, 2006-11-30. http://www.audit.gov.cn/n1057/n1072/n1342/29679.html.

[10] 贺劲松. 温总理谈服务型政府:"文山会海"问题必须解决 [OL]. 人民网, 2004-03-09. http://www.people.com.cn/GB/shizheng/1024/2381334.html.

[11] 王玉金. 浅议信息不对称下政府投资建设项目审计风险控制 [OL]. 审计署, 2012-03-07. http://www.audit.gov.cn/n1992130/n1992150/n1992576/2936725.html.

[12] 马曙光. 中国政府审计人员选任标准的历史变迁 [OL]. 中国国家审计署网站, 2006-12-25. http://www.audit.gov.cn/n1057/n1072/n1342/30091.html.

[13] 姜艳洁. 沈阳市审计局注重更新知识结构积极培养复合型审计人员 [OL]. 沈阳市审计局, 2008-12-21. http://www.audit.gov.cn/n1057/n1072/n1207/1720018.html.

[14] 财政部, 中国人民银行. 财政部、中国人民银行关于印发《财政国库管理制度改革试点方案》的通知 [OL]. 找法网, 2001-03-16. http://china.findlaw.cn/fagui/jj/23/65690_4.html.

[15] 中华人民共和国财政部. OECD 实行绩效预算的总体情况 [OL]. 中华人民共和国财政部. http://www.mof.gov.cn/mofhome/yusuansi/zhengwuxinxi/guojijiejian/200810/t20081023_83674.html.

[16] 民建湖北省委员会. 关于对政府重大投资项目实行绩效审计的建议 [N]. 中国人民政治协商会议湖北省委员会, 2010-03-05. http://www.hbzx.gov.cn/newsdetail.jsp?id=201003051427441087.

[17] 吴君亮. 缺失的 3 号账本——点评 2012 年政府预算草案报告 [N/OL]. 南方周末, 2012-03-16. http://www.infzm.com/content/72843.

[18] 中国人民大学公共组织绩效管理研究中心. 美国《政府绩效与结果法案》的内容及实施情况 [OL]. 2012-01-07. http://www.mof.gov.cn/pub/yusuansi/zhengwuxinxi/guojijiejian/200810/t20081007_80367.html .

**国外网站**

[1] Centre for good governance[OL]. http://www.cgg.gov.in/index_id29e.jsp .

[2] Fairfax County Manages For Results: A Guide to Advanced Performance Measurement Performance Measurement Team Department of Management and Budget[R/OL]. http://www.fairfaxcounty.gov/dmb/performance_measurement/manages_for_results.pdf.

[3] Philip Joyce. Obama's Performance Measurement Agenda: Will the president's performance measurement efforts be used to balance the budget, or to fund successful programs?[OL]. Governing: The States and Localities, 2011-03-23. http://www.governing.com/columns/mgmt-insights/obama-performance-measurement-agenda.html.

[4] The Green Book – Appraisal And Evaluation In Central Government of UK[R/OL]. 2003. http://www.hm-treasury.gov.uk/d/green_book_complete.pdf .

[5] Performance Measurement Advice and examples on how to develop effective frameworks[R/OL]. The State Services Commission and The Treasury of New Zealand Government. http://www.ssc.govt.nz/performance-measurement.

[6] The Treasure of Australian Government. [OL]. http://www.treasury.gov.au/documents/109/HTML/Part4_4.asp .

[7] U.S. Office of Personnel Management. [OL]. http://www.opm.gov/perform/.

[8] Julia Melkers, Katherine Willough. Staying the course: The use of performance measurement in state governments[J/R/OL]. Washington,D.C.: IBM Center for the Business of Government, 2004 -11. http://www.businessofgovernment.org/

sites/default/files/StateGovernmentMeasurement.pdf.

[9] Jeffrey D. Zients. Before the Committee on Homeland Security and Governmental Affairs[R/OL]. United States Senate. Subcommittee on Federal Financial Management, Government Information, Federal Services, and International Security. 2009-09-24. http://www.whitehouse.gov/sites/default/files/omb/assets/testimony/092409_government.pdf.

[10] Improving performance information [R/OL]. The public audit forum. 2005-12. http://www.public audit forum.gov.uk.

[11] Department of national treasury of Republic of South Africa. Framework for Managing Program Performance Information[R/OL]. 2007-05. http://www.treasury.gov.za/publications/guidelines/FMPI.pdf.

[12] North Carolina Office of State Personnel. Performance culture[OL]. http://www.performancesolutions.nc.gov/performanceculture/index.aspx.

[13] California State Government. What gets measured gets done? An Advisory Report from the Performance Management Council[R/OL]. 2010-09-30. http://www.lafollette.wisc.edu/publicservice/performance/Performance_Management_In_California_State_Government_2010.pdf.

[14] Geoffrey F. Segal and Adam B. Summers. Citizens' Budget Reports: Improving Performance and Accountability in Government[R]. Policy Study. Los Angeles: Reason Public Policy Institute, 2002-03.

[15] Swarnim Waglé, Janmejay Singh, Parmesh Shah. Citizen Report Card Surveys-A Note on the Concept and Methodology[R/OL]. 2004-02: 1-2. http://siteresources.worldbank.org/INTPCENG/1143380-1116506267488/20511066/reportcardnote.pdf.

[16] India Primer on Accrual Accounting Government Accounting Standards Advisory Board[R/OL]. http://www.gasab.gov.in/pdf/Primer151107.pdf.

[17] U.S. Department of Health and Human Service[OL]. http://www.hhs.gov/about/.

[18] Fiscal year 2013 budget in brief strengthening health and opportunity for all Americans[R/OL]. U.S. Department of Health and Human Service. http://www.hhs.gov/budget/budget-brief-fy2013.pdf.

[19] Fiscal year 2011 summary of performance and financial information[R/OL]. U.S. Department of Health and Human Service. http://www2.ed.gov/about/reports/annual/2011report/summary.pdf.

[20] Fiscal year 2013 annual performance report and performance plan[R/OL]. U.S. Department of Health and Human Service. http://www.hhs.gov/budget/performance-appendix-fy2013.pdf .

## D. 外文文献

[1] Rhys Andrews, George A. Boyne. Capacity, Leadership, and Organizational Performance: Testing the Black Box Model of Public Management[J]. Public Administration Review, 2010, 70(3): 443-454.

[2] Jostein Askim, Åge Johnsen, Knut-Andreas Christophersen. Factors behind organizational learning from benchmarking: Experiences from Norwegian municipal benchmarking networks[J]. Journal of Public Administration Research and Theory, 2008(18): 297-320.

[3] Gianpaolo Baiocchi, Josh Lerner. Could Participatory BudgetingWork in the United States?[J]. The Good Society, 2007, 16(1): 8-13.

[4] Bernardino Benito, Francisco Bastida. Budget Transparency, Fiscal Performance, and Political Turnout: An International Approach[J]. Public Administration Review, 2009, 69(3): 403 - 417.

[5] Peter J. Bickel, Kjell A. Doksum. Mathematical Statistics: Basic Ideas and Selected Topics[M]. New Jersey: Prentice Hall, 2000.

[6] Kenneth A. Bollen. Structural equations with latent variables[M]. New York: Wiley, 1989.

[7] Brizius, J. et al. Deciding for Investment: Getting Returns on Tax Dollars[M]. Washington, D.C.: Alliance for Redesigning Government, National Academy of Public Administration, 1994.

[8] Michael W. Browne., Robert Cudeck. Alternative ways of assessing model fit[A]. Kenneth A. Bollen, J. Scott Long. Testing structural equation models[C]. Newbury Park: Sage,1993: 136–162.

[9] Barbara M. Byrne. Confirmatory factor analysis. Rocio Fernandez-Ballesteros (Ed.). Encyclopedia of psychological assessment[M]. Thousand Oaks: Sage, 2003, 1: 399 – 402.

[10] Barbara M. Byrne. Factor analysis: Confirmatory.// Everitt, Howell. Encyclopedia of statistics in behavioural science[M]. London: Wiley, 2005: 599 – 606.

[11] Barbara M. Byrne. Structure Equation Modeling with AMOS (2nd editon)[M]. New York: Routledge, 2009.

[12] Dan A. Cothran. Entrepreneurial Budgeting: Amerging reform?[J]. Public Administration Review, 1993, 53(5): 445–454.

[13] Teresa Curristine. Performance Information in the Budget Process: Results of the OECD 2005 Questionnaire[J]. OECD Journal On Budgeting, 2005, 5(2): 87 – 131.

[14] Andrew Dunsire. Control in a Bureaucracy: The Execution Process [M]. Oxford: MartinRobertson, 1978.

[15] Karl W. Deutseh. Polities and Government—How People decide their

fate [M]. Boston: Houghton Mifflin Company, 1980: 194-195.

[16] Leandre R. Fabrigar, Duane T. Wegener, et al. Evaluating the use of exploratory factor analysis in psychological research[J]. Psychological Methods, 1999, 4: 272 - 299.

[17] R. Edward Freeman. Strategic Management: A Stakeholder Approach[J]. Harpercollins College Div, 1984.

[18] Felix Geyer, Johnnaes van der Zouwen. Nobert Wiener and the Soeial Seiences[J]. Kybemetes, 1994, 23(6/7): 46-61.

[19] John B. Gilmour, David E. Lewis. Assessing Performance Budgeting at OMB: The Infuence of Politics, Performance,and Program Size[J]. Journal of Public Administration Research and Theory, 2005(11): 169-186.

[20] John B. Gilmour, David E. Lewis. Does Performance Budgeting Work? An Examination of the Office of Management and Budget's PART Scores[J]. Public Administration Review, 2006, 66(5): 742 - 752.

[21] Gloria A. Grizzle. Performance Measures for Budget Justifications: Developing a Selection Strategy [J]. Public Productivity Review, 1985, 9(4): 328-341.

[22] Joseph F. Hair, Rolph E. Anderson et al. Multivariate Data Analysis with Readings(4th editon)[M]. New Jersey: Prentice Hall, 1995: 628-629.

[23] Joseph F. Hair, William C. Black et al. Multivariate Data Analysis (7th Edition) . New Jersey: Prentice Hall, 2009.

[24] Arie Halachmi. Performance and quality measurement in government: Issues and experiences[M]. Burke: Chatelaine Press, 1999.

[25] Mark K. Hirst. The Effects of Setting Budget Goals and Task Uncertainty on Performance: A Theoretical Analysis[J]. Public Productivity Review, 1987, 9(4): 774-784.

[26] Eeva-Mari Ihantola. The budgeting climate concept and its application to case organizations' budgeting—an explorative study[J]. Emerald Management Reviews, 2006, 22(2): 138-168.

[27] Rex B. Kline. Principles and Prcatice of Structural Equation Modeling [M]. New York: The Guilford Press, 2010.

[28] George Kopits, Jon Craig. Transparency in government operations [J]. IMF Occasional Paper, 1998: 158.

[29] S. R. Osmani. Expanding voice and accountability through the budgetary process [J]. Journal of Human Development, 2002, 3(2): 1-19.

[30] J. Scott Long. Confirmatory factor analysis [M]. Beverly Hills: Sage, 1983.

[31] Lu Yi. Performance Budgeting: The Perspective of State Agencies [J]. Public Budgeting & Finance, 2007, 27(4):1-17.

[32] Lu Yi, Katherine G. Willhougby, Sarah Arnett. Legislating results: Examining the legal foundations of PBB systems in the states [J]. Public Performance andManagement Review, 2009(33): 266-287.

[33] Alex Matheson. Better Public Sector Governance: The Rationale for Budgeting and Accounting Reform in Western Nations [J]. OECD Journal on Budgeting, 2002, 2 (Supplement 1): 44.

[34] Andrews Matthew, Donald P. Moynihan. Why reforms don't always have to work to succeed:A tale of two managed competition initiatives [J]. Public Performance and Management Review, 2002, 25(3): 282-297.

[35] Robert C MacCallum, Michael W. Browne et al. Power analysis and determination of sample size for covariance structure modeling [J]. Psychological Method, 1996, 1: 130-149.

[36] Robert C MacCallum, Keith F. Widaman, Shaobo Zhang et al. Sample

size in factor analysis [J]. Psychological Methods, 1999(4): 84–99.

[37] Lee McCormack Performance Budgeting in Canada [J]. OECD Journal on Budgeting, 2007, 7 (4): 9.

[38] Julia E. Melkers, Katherine G. Willoughby. Budgeters' Views of State Performance-Budgeting Systems: Distinctions across Branches [J]. Public Administration Review, 2001, 61(1): 54–64.

[39] Julia Melkers, Katherine Willoughby. Models of performance-measurement use in local governments: Understanding budgeting, communication, and lasting effects [J], Public Administration Review, 2005, 65: 180–190.

[40] Donald P. Moynihan. What Do We Talk About When We Talk About Performance? Dialogue Theory and Performance Budgeting [J]. Journal of Public Administration Research and Theory, 2006, 16(2): 151–168.

[41] Donald P. Moynihan, Noel Landuyt. How do public organizations learn? Bridging structural and cultural divides [J]. Public Administration Review, 2009(69): 1097–1105.

[42] Donald P. Moynihan, Sanjay K. Pandey, Bradley E. Wright. The Big Question for Performance Management: Why Do Managers Use Performance Information? [J]. Journal of Public Administration Research and Theory, 2012, 22 (1): 143–164.

[43] Donald P. Moynihan, Patricia Wallace Ingraham. Integrative leadership in the public sector: A model of performance information use [J]. Administration and Society, 2004, 36: 427–453.

[44] Zafar Noman. Performance Budgeting in the United Kingdom [J]. OECD Journal on Budgeting, 2008, 8(1): 2–3.

[45] Hossein Nouri, Larissa Kyj. The effect of performance feedback on prior budgetary participative research using survey methodology: An empirical study [J].

Critical Perspectives on Accounting, 2008, 19(8): 1431–1453.

[46] Mohamed Onsi. Factor Analysis of Behavioral Variables Affecting Budgetary Slack [J]. American Accounting Association, 1973(48): 535–548.

[47] David T. Otley. Budget Use and Managerial Performance Institute of Professional Accounting [J]. Journal of Accounting Research, 1978, 16(1): 122–149.

[48] Robert J. Parker, Larissa Kyj. Vertical information sharing in the budgeting process [J]. Accounting, Organizations and Society, 2006, 31(1): 27–45.

[49] Vicente Pina, Lourdes Torres. Reshaping Public Sector Accounting: An International Comparative View [J]. Canadian Journal of Administrative Sciences, 2003, 20 (4), 334–350.

[50] Theodore H. Poister. Measuring Performance in Public and Nonprofit Organizations [M]. San Franciso: Jossey–Bass Press, 2003.

[51] Kristopher J. Preacher, Robert C MacCallum. Repairing Tom Swift's electric factor analysis machine [J]. Understanding Statistics, 2003(2): 13–43.

[52] Irene S. Rubin. The politics of public budgeting: getting and spending, borrowing and balancing [M]. New York: Chatham House Publishers, 2000.

[53] Allen Schick. An inquiry into the possibility of a budgetary theory. Irene Bubin. New Directions in Budget History [M]. New York: State University of New York Press, 1988: 63–65.

[54] Allen Schick. The Performing state: Reflection on an Idea whose Time Has Come but whose Implementation Has Not [J]. OECD Journal on Budgeting, 2003, 3(2): 71–103.

[55] Randall E. Schumacker, Richard G. Lomax. A beginer's guide to structural equation modeling (3rd edition) [M]. Mahwah: Lawrence Erlbaum Associates, 1996.

[56] Robert Simons. Performance Measurement and Control Systems for Implementing Strategy: Text and Cases [M]. New Jersey: Prentice Hall, 1999.

[57] J. H. Steiger, A. Lind. Statistically based tests for the number of common factors[R]. The Psychometric Society annual meeting, Iowa City, 1980-06.

[58] Wouter Van Dooren. Nothing new under the sun? Change and continuity in twentieth century performance movements Wouter Van Dooren, Steven Van de Walle. Performance information in the public sector: How it is used? [J] Houndmills: Palgrave, 2008: 11-23.

[59] Wampler B. A Guide to Participatory Budget [R]. Working Paper, 2000.

[60] Carol H. Weiss, Michael J. Bucuvalas. SocialScience Research and Decision-Making [M]. New York: ColumbiaUniversity Press, 1980.